동양철학
스케치 ②

동양철학 스케치 ❷

초판 인쇄 2009년 10월 20일
초판 2쇄 2012년 3월 8일

글 | 김선희
펴낸이 | 홍석
펴낸곳 | 도서출판 풀빛
기획위원 | 채희석
편집진행 | 유남경
디자인 | 김준영
마케팅 | 김명희 · 홍성우
등록 | 1979년 3월 6일 제8-24호
주소 | 120-818 서울특별시 서대문구 북아현3동 177-5
전화 | 02-363-5995(영업), 02-362-8900(편집)
팩스 | 02-393-3858
홈페이지 | www. pulbit.co. kr
전자우편 | pulbitco@hanmail. net

ISBN 978-89-7474-441-0 44150
ISBN 978-89-7474-439-7 (세트)

이 도서의 국립중앙도서관 출판시도서목록(CIP)은 e-CIP 홈페이지(http://www. nl.go. kr/ecip)에서 이용하
실 수 있습니다.(CIP제어번호: CIP2009002980)

지은이와 협의해 인지는 생략합니다.
책값은 뒤표지에 있습니다.

이야기로 만나는
고양의
세계

동양철학
스케치 ②

김선희 지음

풀빛

극복과 종합, 유학의 창조적 혁신

10 새로운 창으로 유학을 보다 북송의 철학자들 9

유학에서 성리학으로 | 송나라의 문치주의와 사대부 | 성리학의 선구자—주돈이와 《태극도설》 | 기氣의 철학자, 장재 | 우주의 근원, 태허 | 인간 본성의 두 측면 | 만물을 하나로 하는 안仁 | 한 번 음하고 한 번 양하게 하는 것을 도道라 한다 | 본성이 곧 이치다

11 천리天理를 실현하는 도덕적 인간 주희의 철학 41

주희의 학문을 넘어 주자학으로 | 선배들의 학문을 정리하고 체계화하다 | 리理와 기氣의 이론을 종합하다 | 하나의 달과 달그림자들 | 사람의 본성이 곧 이치다 | 경敬에 머물고 이치를 끝까지 탐구하라

12 본성에서 마음으로 왕양명의 철학 63

왕양명과 양명학 | 내 마음이 곧 이치 | 양지良知, 내 마음의 천리天理 | 격물치지格物致知에 대한 다른 해석 | 앎과 실천은 하나다 | 거리에 가득 찬 사람들이 성인이다

변화를 모색하는 비판자들

13 격변기의 목소리들 명말明末의 사상 지형 87

왕양명의 후계자들 | 청년 왕기, 스승을 만나다 | 양명학의 갈림길 | 양지는 이미 이루어졌다 | 소금 장수, 철학을 배우다 | 새로운 격물 이론 | 양명학을 대중화하다 | 한 마리 개였던 사나이 | 거짓 학문에 도전장을 내다 | 어린아이의 마음으로 세상을 보다 | 동림서원을 다시 열다 | 흔들리는 세상을 걱정하다 | 경세치용經世致用의 학문

14 푸른 눈의 유학자, 서양을 들여오다 서학의 전래와 영향 116

푸른 눈의 유학자 | 지도와 달력, 중국인을 놀라게 하다 | 상제上帝가 천주天主다 | 태극을 비판하다 | 영혼은 불멸한다 | 새로운 학문에 눈뜨다

15 전통을 딛고 근대를 열다 청 대의 철학자들 141

반성과 비판에서 경세치용으로 | 유학의 집대성자 왕부지 | 음양 외에 별도의 태극은 없다 |
이치와 욕망은 근원이 하나다 | 새로운 학풍의 등장 | 강희제, 학술을 후원하다 | 고증학, 실사
구시實事求是의 학문 | 강유위, 대동大同의 희망을 품고 시대에 도전하다 | 모두 하나 되는 사회

 제6부 조선과 일본—사상적 변용과 창조

16 성리학의 또 다른 깊이와 넓이 조선 성리학 173

고려에 건너 온 성리학 | 조선의 성장 엔진, 성리학 | 사단칠정四端七情 논쟁 | 퇴계와 고봉,
편지를 주고받다 | 사단은 리가 발하되 기가 따르는 것이다 | 사문난적이 된 윤휴 | 강력한
도덕 국가를 위해

17 변혁을 위한 사상적 모색 조선 실학의 도전 200

실학에 대한 오해와 이해 | 성호 이익과 그 제자들 | 경서를 읽고 서학을 연구하다 | 경학에
서 경세치용의 학문으로 | 중국은 세계의 중심이 아니다 | 정약용, 서학과 정조를 만나다 |
태극은 우주 만물의 중심이 아니다 | 상제를 경외하는 이성적 인간

18 유학을 넘어 국학으로 근세 일본의 사상 229

에도 시대, 유학이 독립하다 | 통치에 유학을 이용하다 | 후지와라 세이카, 강항을 만나다 |
일본 주자학의 토대를 닦은 하야시 라잔 | 고의학과 이토 진사이 | 상인의 아들, 《대학》을 읽
다 | 오규 소라이, 도를 새롭게 정의하다 | 오규 소라이의 영향

동양 철학 여행을 마치며 254

동양 철학 공부에 도움이 되는 책들 **서가書架 탐험 안내도** 256

사진 자료 제공에 도움을 주신 분들과 단체 271

동양 철학 여행을 떠나며

동양 철학 여행의 길잡이

 제1부 # 문명앞에 선 선구자들

01 문명을 향한 도전 중국 고대의 신화와 사상

02 인仁, 인간의 길, 정치의 길 공자의 철학

03 도道의 형이상학과 무위無爲의 정치학 노자의 철학

 제2부 # 세상을 바꾸는 각자各自의 길

04 자연과 자유의 함수관계 장자의 철학

05 도덕적 인간이 세상을 구한다 맹자의 철학

06 공동체에 운명을 걸다 묵자의 철학

 제3부 # 나를 넘어 깨달음을 향해

07 깨달은 자의 길 인도의 사상과 불교의 성립

08 불교, 큰 수레로 중국까지 불교의 발전과 중국 전파

09 온 우주이자 하나의 마음 화엄종과 선종

동양 철학 공부에 도움이 되는 책들 서가書架 탐험 안내도

제4부

극복과 종합, 유학의 창조적 혁신

어느 날 제자가 주희에게 물었다.

"선생님, 기질에 맑은 것도 있고 탁한 것도 있어서 각기 다르다면
하늘에서 부여받은 본성도 치우침과 완전함이 있는 것 아닙니까?"

주희가 대답했다.

"사람과 사물이 생겨날 때 하늘이 부여한 리理는 모두 다르지 않다.
다만 사람과 사물이 그것을 부여받을 때 각각 다르게 되는 것이다.
예를 들어 강물은 다 같지만 국자로 담으면 다만 한 국자의 물이 되고
사발로 담으면 한 사발의 물이 되고 항아리로 담으면 한 항아리의 물이 되어
그릇에 따라 용량이 달라지는 것과 마찬가지다. 리 또한 이에 따라서 달라진다."

10

새로운 창으로 유학을 보다

북송의 철학자들

송나라 초기 어느 유학자의 이야기다. 이 유학자가 어느 날 어머니에게 드릴 고기를 사려고 장에 나갔다. 가는 길에 마침 고기 파는 집이 있었다.

'옳거니. 돌아오는 길에 저 집에서 고기를 사면 되겠구나.'

이렇게 생각하고 이것저것 필요한 다른 물건들을 사다보니 그는 어느 새 시장 끝까지 오게 되었다. 그러는 사이 고기를 사야 한다는 생각도 깜박 잊고 말았다. 장을 다 보고 돌아가려는데 그의 눈앞에 고기집이 보였다.

'여기서 고기를 사고 이 길로 곧바로 집에 가면 되겠구나.'

그렇지만 그는 지름길로 가지 않았고 눈앞의 고기 집에도 들르지 않았다. 그는 발걸음을 멈추고 다시 생각했다.

'당장 이로운 길이 있다 해서 마음을 고쳐먹는 것은 내가 처음에 가졌던 마음을 내 스스로 속이는 일이 아니겠는가.'

그는 다시 시장을 빙 돌아서 처음 사려고 마음먹었던 고기 집에 가서 고기를 산 뒤 집에 돌아갔다고 한다.

이 유학자의 행동은 미련하고 고지식한 학자의 전형적인 모습 같아 보인다. 빠른 길을 두고 왜 먼 길을 돌아서 가야 했는지 우리는 납득하기가 쉽지 않다. 그의 행동이 우스워 보이는 것은 행위에 대한 판단의 기준이 우리와 다르기 때문이다. 현대적 관점에서 그의 행동은 비효율적이고 비합리적이다. 그러나 효율적인 것이 곧 합리적인 것이라고 생각하는 관점은 현대인들의 생각일 뿐이다.

유학자에게는 '얼마나 효율적인가?' 보다는 '얼마나 스스로에 대한 약속에서 일관성을 지켰는가?' 가 중요했다. 유학자들에게 합리적인 행동은 '얼마나 이익이 되는가?' 가 아니라 '얼마나 도리에 합당한가?' 이다. 그래서 유학자들을 현대와의 다른 의미에서 '합리주의자' 라고 말할 수 있다. 그들은 인간의 외부에 어떤 이치 또는 도리가 있고, 이것이 인간을 포함한 우주 전체에 일관되게 관통해 있다고 믿었기 때문이다. 북송 대의 성리학자들은 이런 믿음을 체계적인 이론으로 만들었던 사람들이다.

유학에서 성리학으로

거두절미하고 따져보자. 성리학은 어떤 학문인가? 한마디로 말해 송나라 때 일어났던 새로운 사상적 흐름을 말한다. 성리학이 무엇을 주장하고 어떤 이론을 펼쳤기에 '새로운' 사상이라고 말하는가? 결론적으로 말하자면 성리학은 고대 유학을 시대의 요구에 맞게 재해석하고 체계화한 사상운동이다. 그러니 '새롭다'는 말은 일차적으로 유학을 '새롭게' 했다는 의미를 갖는다. 따라서 유학과 성리학은 연속적인 관계에 있다. 그러나 성리학은 단순히 유학의 이론을 새롭게 조명한 것에 머물지 않는다. 그래서 유학과 불연속적이라고 볼

❖ 새로운 유학의 다양한 이름들

북송 대에 시작되어 명 대까지 이어진 새로운 유학 운동은 신유학 외에도 성리학, 주자학, 정주학, 리학 등의 다양한 이름으로 불린다. 물론 이들 명칭은 약간의 차이는 있지만 대체로 같은 학문을 가리키는 표현이다. '주자학'은 집대성자로서의 주희를 독자적으로 내세운 것이고 '정주학'은 주희와 그가 계승한 정호와 정이 형제의 철학을 대표적으로 내세운 것이다. '성리학'은 대략 본성과 이치의 학문이라는 의미로 보면 된다. '신유학'은 양명학까지 포함하는 보다 범위가 넓은 말이다. 주자학이나 양명학은 서로 다른 부분도 있지만 공통적으로 유학의 이론과 가치를 인정하면서 유학을 시대에 맞게 새롭게 체계화하려는 사상운동이었다. 그래서 이 둘을 함께 묶어 새로운 유학이라는 의미에서 신유학이라고 부른다. 신유학을 '리학理學'이라고 표현하기도 한다. '리'가 핵심 주제였기 때문이다. 혹은 주자학과 양명학이 번성했던 시대를 내세워 '송명리학', '송명유학'이라고 말하기도 한다. 명칭은 다양하지만 정작 송명 시대의 당사자들은 자신들의 학문을 '도학道學'이라고 불렀다.

수도 있다.

  공자의 철학에서 가장 중요한 문제 중 하나는 '어떻게 사는 것이 올바른 삶인가?' 일 것이다. 이에 대한 대답은 아마도 '인과 예를 실천하는 삶이 가장 올바르다.' 가 될 것이다. 이처럼 공자와 맹자로 대표되는 선진 유학은 인과 예를 중심으로 하는 실천적 도덕론에 가깝다. 공자는 '인간이 어떻게 살아야 하는가?' 에 대해서 말하지만 '왜 그런가?', '인간의 삶 바깥은 어떠한가?' 에 대해서는 거의 답하지 않았다. 자연의 구조나 원리에 대해서도 마찬가지다. "성性과 천도天道에 대해서는 말하지 않는다."거나 "삶도 모르는데 어떻게 죽음에 대해 이야기하겠느냐."라던 공자의 말이 이를 잘 보여준다.

  그러나 성리학자들은 이 질문을 좀 더 깊이 파고 들어간다. 성리학자들은 유학의 기본적인 주제들을 모두 계승했지만 질문 자체를 바꾸었다. "인간이 인과 예를 실천해야 한다면 그 근거는 무엇인가?" 성리학자들은 인간이 도덕적 실천을 해야 한다는 유학의 기본 명제를 그대로 수용한 뒤 그 근거와 구조를 물었다. 다시 말하면 '우주 만물은 어떻게 구성되어 있는가?', '우주와 인간은 어떤 관계인가?', '인간은 왜 도덕적으로 살아야 하는가?' 를 물었다는 뜻이다. 성리학은 이처럼 유학 사상의 기본 바탕 위에서 보다 근본적이고 구조적인 질문을 던진 사람들이다. 그렇다면 왜 이들은 고대 유학을 넘어서는 질문을 했을까?

  자신에게 비판적이었던 유학을 탄압하고자 책을 불태우고 유학자를 구덩이에 묻어 죽였다는 진시황의 분서갱유焚書坑儒 같은 탄압을 받는 등, 선진 시대 유학은 그 뒤로도 한동안 사회에서 강력한 지위를 얻지 못했다. 후대에 와서 유학은 동아시아에서 가장 강력한 사상이 되지만 실제 역사적으로는 탄압도 받았고 다른 사상과 경쟁도 해야 했다. 특히 유학과 세계관이 달랐던 불교나 도가 사상과는 오랜 세월 동안 경쟁적인 관계에 있었다. 유학이 정치 이념으로 이용되는 동안 대중들은 도가 사상이나 불교에서 위안을 찾았다. 도가나 불교에는 유학이 다루지 못한 인생과 우주 만물에 대한 답이 있는 것처럼 보였다.

도가는 만물의 근원인 '도'를 통해 우주 만물과 인간에 대해 설명한다. 불교도 만물과 인간 세계 전체가 연기(緣起, 모든 현상은 원인과 조건이 상호 관계하여 성립한다는 불교 용어)로 이루어져 있으며 본래는 공(空)이라고 설명한다. 이런 가르침을 통해 사람들은 현재를 넘어서는 삶의 진정한 근원에 대해 생각하게 되었다. 도가 사상과 불교

진시황
중국 최초의 황제. 대규모 문화탄압 사건인 분서갱유를 일으켜 중국 역사상 최대의 폭군이라는 비판을 받았다. 하지만 도량형을 통일하고 만리장성을 완성했으며 분열된 중국을 통일하고 황제 제도와 군현제를 정비함으로써, 이후 2천 년 중국 왕조들의 기본 틀을 만들었다.

는 수나라와 당나라를 거치면서 점차 발전해나갔다. 특히 당나라 때에는 많은 사람들이 불교를 통해 삶의 위안을 얻었다.

시대적 분위기에 따라 유학자들도 자연스럽게 당시 유행하던 선불교나 도가 사상을 접했다. 대부분의 성리학자들은 자신이 진짜 가야 할 길을 찾기 전에 도가 사상이나 불교에 한 번쯤 발을 들여놓았

다고 한다. 다만 이들은 도가나 불교의 형이상학적 사유에 영향을 받았지만 그쪽으로 흘러가지 않았다. 이들의 학문적 목표는 유학에 있었기 때문이다.

이런 분위기에서 송나라 시대의 유학자들은 유학을 보다 경쟁력 있는 학문으로 만들기 위해 불교나 도가처럼 세계의 근원, 인간과 우주의 근원에 대해 답하지 않을 수 없었다. 이를 위해 내놓은 답이 바로 리理, 기氣, 태극太極 같은 형이상학적 개념들이다. 다시 말해 우주와 인간의 구조와 본성을 설명하는 이론들인 것이다.

결론적으로 말하자면 송나라의 성리학자들은 선진 시대의 유학을 '리'와 '기'의 문제 즉 형이상학적 토대 안에서 재구성한 학자들이다. 이들은 이기론理氣論을 바탕에 두고 그 위에 앎의 문제, 수양의 문제, 정치론 등 유학의 본래적 영역들을 쌓아올렸다. 그 결과 성리학은 자연과 인간, 과학과 도덕을 하나로 연결하는 거대하고 체계적인 이론이 되었다. 마음을 보존하고 본성을 기르는 것과 인간과 자연 전체의 원리를 탐구하는 것을 두 축으로 선진 유학을 창조적으로 재해석하는 데 성공한 것이다.

송나라의 문치주의와 사대부

송나라는 중국 역사상 하나의 분기점으로 평가받는다. 송나라는 당나라 멸망 이후 무인들의 횡포와 도발로 점철된 54년간의 오대십국五代十國 시대를 수습하고 통일을 이루었다. 혼란을 수습하고 새롭

게 나라를 세운 송나라의 태조 조광윤(趙匡
胤, 재위 960~976)은 전 시대와 같은 극단
적인 분열을 반복하지 않기 위해서 처음부
터 군사력이 아닌 학문과 제도로 교화하는
정치를 펴나갔다. 문치주의文治主義를 표방
하면서 중앙집권 체제를 갖추어 나간 것이
다. 태조의 문치주의는 무력은 약화시켰지
만 내부적으로는 강력한 중앙집권이 이루
어졌기 때문에 농업 · 상업 · 공업 등 전반
적으로 사회 · 경제적 발전으로 연결될 수
있었다. 정치적 안정과 경제적 안정이 맞

조광윤
중국 북송의 초대 황제. 과거제도를 개
선하여 황제가 직접 주관하는 전시殿試
를 행하고, 무인보다 문인을 상위에 두
는 문치주의를 확립했다.

물렸던 시기라고 할 수 있다. 또한 사회 · 경제적 발전은 자연스럽게
학술과 문화의 발전으로 이어지게 되었다.

학술과 문화의 발전을 이끌어 간 계층은 당나라 때부터 실시된 과
거제도를 바탕으로 성장한 지식인들이었다. 이들을 사대부士大夫라
고 부른다. 이들은 어느 정도의 경제적 능력을 바탕으로 유학을 익
혀 관직에 나갈 수 있는 지식인들이었다. 과거의 지배 집단은 귀족
이 중심이었는데, 정치를 하는 데 있어 이들에게 학문과 교양은 필
수적인 것이 아니었다. 그러나 과거제도가 자리 잡히자 사회를 운영
하는 계층의 문호가 열리게 된다. 송나라 때에는 안정된 과거제도를
통해 유학을 익힌 사람들이 관직에 나아갈 수 있었다. 유학에 바탕
을 둔 교양과 지식의 습득 여부가 정치적인 진출 요건이 된 것이다.

그런 의미에서 사대부의 존재는 열려 있는 사회적 분위기와 학문

적 풍토를 상징한다. 사대부들은 관직에 나아가는 것과 관계없이 자유롭게 학문을 토론하고 정치에 능동적으로 참여할 수 있는 자율성을 가진 계층이었다. 교양을 갖춘 능동적 지식인들의 등장은 송나라의 사회적 분위기와 사상적 풍토에 영향을 주게 된다. 그러나 이들 유학을 배운 사대부들에게는 넘어야 할 산이 있었다. 상당한 사회적 영향력을 가지고 있던 불교를 극복하는 것이었다.

> "선불교의 학설은 이미 유행이 되었습니다. 물론 옛날에도 불교가 성행했던 적이 있었지요. 하지만 그때는 다만 백성들이 불상을 앞에 두고 받드는 정도였을 뿐입니다. 그러나 지금은 오히려 사람의 본성에 대해서 그리고 어떻게 살아야 올바르게 사는 것인지에 대해 불교가 가르치고 있어요. 그러니 똑똑한 사람들이 다 그리로 몰려갈 수밖에요. 지위가 높고 학식 있는 사람일수록 더욱 불교에 빠지기 쉬우니 큰 일이 아닐 수 없습니다."

불교가 성행하는 세태를 한탄하는 이 인물은 신유학의 선구자 정호와 정이 즉 이정 형제다. 당시 이런 걱정을 한 사람은 이정 형제뿐만이 아니었다. 전통적인 유학의 계승자라고 자처한 사람들은 누구라도 불교를 비판하거나 배척하는 글을 쓸 정도였다.

유학자들의 눈에 불교는 '의지할 곳 없는 사람들의 마음을 이용해 헛된 위안을 주려는' 사특한 가르침에 불과했다. 이들이 불교를 경계하고 배척했던 것은 불교의 가르침이 유학의 세계관을 붕괴시킬 가능성이 있었기 때문이다. 예를 들어 자기를 둘러싼 세계와 자기에 대한 집착을 버리라는 무아無我의 가르침을 그대로 받아들인다면 국가도, 왕도, 가족도 의미가 없어진다. 국가의 위계질서와 가족의 가부장적 질서를 유지하고, 그 안에서 도덕적인 실천을 해야 한다는 유학의 가르침은 불교에서는 한낱 헛된 집착이 될 수도 있다.

불교에 대한 대결 의식은 신유학 전체에 걸쳐 오랫동안 지속된다. 그러나 문제는 간단치 않았다. 성리학의 기원에는 도가 사상이나 불교의 영향이 있기 때문이다. 성리학의 핵심 개념인 '리理'의 연원을 추적하다보면 화엄학의 사상이 나온다. 또 성리학의 핵심 개념인 '태극'은 유가뿐 아니라 도가 사상에서도 중요하게 여기던 개념이었다. 개념이나 용어의 문제뿐만 아니라 보다 근본적인 문제의식에서 성리학은 불교와 닮아 있다. 세계의 근원과 구조를 묻는 것은 본래 유학의 일반적인 문제의식이 아니라 불교나 도가의 문제의식이기 때문이다.

그래서 어떤 이들은 송 대 유학자들을 유학자의 옷을 걸친 불교도라고도 하고 유학이 도가와 불교의 이론을 훔친 것이라고 말하기도 한다. 그러나 학문은 원래 닫혀 있는 체계가 아니고 대결 의식 또한 반드시 이론적 차이에서 생기는 것만도 아니기 때문에 성리학과 불교의 관계에 대해서는 쉽게 단정할 수 없는 복잡한 국면이 있다.

북송 대 성리학자에게 불교는 자기 사상의 자양분이면서 또한 벗어나야 할 벽이었다. 물론 신유학자들이 도가나 불교의 우주론과 형이상학적 사유 체계를 수용했다는 사실을 들어 그들 학문의 독자성과 독창성을 깎아내릴 필요는 없다. 그들은 자신들이 받은 영향을 뛰어넘어 그 위에 유학의 본령을 체계적으로 세워 독자적인 학문을 완성했기 때문이다. 다시 말하자면 신유학은 인간과 자연, 도덕과 과학을 통합적으로 사유하려는 시대적 요청에 유학자들이 부응한 결과물이면서 독창적 이론이었다.

소쇄원의 광풍각

주돈이
중국 송나라의 사상가로 성리학의 기초를 닦았다. 그가 지은 〈태극도설〉은 성리학에 형이상학적 사유와 도덕론의 기본 방향을 제시했다.

성리학의 선구자
―주돈이와 《태극도설》

전남 담양에 가면 소쇄원瀟灑園이라고 하는 고풍스런 정원이 있다. 소쇄원은 조선 중종 때의 학자였던 양산보(梁山甫, 1503~1557)가 고향에 세운 것으로, 대나무를 비롯한 아름다운 꽃나무들과 자연스러운 돌담들, 그리고 멋스러운 건축물로 이루어진 조선 시대 최고의 정원이라 할 수 있다.

소쇄瀟灑란 맑고 깨끗하다는 뜻으로 마음에 그 어떤 장애도 없이 천리가 소통하는 상태를 말한다. 이는 원래 주돈이(周敦頤, 1017~1073, 주무숙周茂叔 또는 주렴계周濂溪라고도 불림)라는 송나라 학자의 인품을 가리키는 표현이었다.

송나라 때 시인 황정견(黃庭堅, 1045~1105)은 친구였던 주돈이에 대해 '인품

송나라 시인 황정견의 글씨

이 매우 높고 가슴속이 맑고 깨끗하여 마치 비갠 뒤의 빛나는 바람과 맑은 달과 같다胸懷灑落, 如光霽月.'고 칭찬한 바 있다.

소쇄원을 세운 양산보처럼 주돈이도 살아 있는 동안에는 크게 주목받지 못했다. 그는 평생 동안 지방의 하급 관리에 머물면서 제자를 기르고 책을 저술했다. 그의 제자 중에는 정호, 정이와 같은 뛰어난 학자들이 있었지만 도리어 두 정씨 형제의 그늘에 가려 당대에 주돈이는 인정받지 못했다. 주돈이를 신유학의 핵심 인물로 추앙한 것은 주희였다. 주희에 의하면 맹자 이후 1400년 동안 묻혀있던 도통의 맥을 다시 이은 것은 바로 주돈이라고 한다.

주돈이의 학설은 크게 〈태극도설太極圖說〉과 〈통서通書〉에 집약되어 있다. 이 중 〈태극도설〉의 첫 문장은 주희에 의해 성리학의 진입문 역할을 하게 된다. 원문을 조금 읽어보자.

무극無極이 태극太極이다. 태극이 움직여서 양陽을 낳고 그 움직임이 극에 달하면 고요해진다. 고요해져서 음陰을 낳으며 그 고요함이 극에 달하면 다시

태극도

움직인다. 한 번 움직이면 한 번 고요해지니 서로의 뿌리가 된다. 순환하면서 음으로 갈라지고 양으로 갈라지니 음과 양이 세워진다. 양이 변화하고 음이 합하여 수화목금토의 오행을 낳는다. 이 다섯 가지 기가 순조롭게 펼쳐지면서 사계절이 운행된다.

〈태극도설〉은 '태극도'라는 그림에 붙인 해설이다. 주돈이는 우주의 근원인 태극이 운동하면서 소극적인 '음'과 적극적인 '양'이라는 요소가 나오고 여기에서 다섯 가지 물질인 수水·화火·목木·금金·토土 오행이 생성되며, 이 오행이 서로 결합해서 인간과 만물이 생겨난다고 생각했다. 이어지는 내용에서 주돈이는 음양의 변화로 생성된 만물 가운데 인간만이 가장 뛰어난 정수를 받아 가장 빼어난 존재가 되었다고 선언한다. 주돈이는 249자의 짧은 글로 우주가 어떻게 이루어져 있고 어떻게 만물로 나누어지는지를 설명할 뿐 아니라 인간이 어떤 존재이며 어떻게 살아야하는지를 압축적으로 웅변하고 있다.

주돈이는 한번 움직이면 한번 고요해지는 것을 우주 만물의 근본적인 리듬으로 보았다. 이런 리듬이 자연의 변화를 만든다. 자연적 변화의 양상을 각각 음과 양이라고 부른다. 교대로 일어나는 음과 양의 활동을 통해 오행이 생긴다. 오행이 분화되면 우주 만물이 생긴다. 이런 설명은《주역》을 바탕으로 한 것이다. 중요한 것은 이 변화의 근원이 '태극'이라고 선언한 것이다.

태극은 《주역》에 나오는 '만물의 최고 원리'를 가리키는 말이다. 《주역》에는 변화의 바탕이 태극이며 이것이 음양을 낳고 음양이 점차 분화되어 만물을 이룬다는 설명이 있다. 따라서 주돈이의 설명은 《주역》을 기반으로 우주 전체의 분화 과정, 우주에서의 인간의 의미와 역할 등에 대해 정리한 것으로, 모든 유학자들이 인정할 만한 내용이었다.

주희는 주돈이가 강조하는 태극을 자기 철학의 정점에 두고 다른 이론들을 펼쳐나간다. 주희는 모든 것은 리와 기의 결합으로 이루어져 있는데 태극은 '리理'의 다른 표현이라고 보았다. 인간을 인간답게 만들고 책상을 책상답게 만드는 것이 각각의 리라면 태극은 모든 리의 총합 또는 리 가운데서도 가장 으뜸가는 리를 의미한다. 우주는 태극으로부터 시작된 것이고, 태극은 만물의 근원이면서 도덕적 가치의 원천이기도 했다.

문제가 되는 것은 주돈이가 태극을 설명하면서 그 앞에 '무극'이라는 표현을 써넣었다는 점이다. 특히 '태극'을 자기 철학의 핵심 축으로 삼고 그 위에 다른 철학 영역을 구축하려고 했던 주희에게 '무극'이라는 표현은 몹시 부담스러웠다. 그것은 '무극이태극無極而太極'이라는 주돈이의 구절이 '무극에서 태극이 나왔다.'고 해석될 여지가 있었기 때문이다. 무극에서 태극이 나왔다고 하면 태극보다

주희

중국 남송의 유학자로, 존칭으로는 주자朱子라 불렸다. 유학을 집대성했으며 북송 오자(주돈이·소옹·장재·정호·정이)의 학문을 '주자학'으로 통합했다. 또한 그는 불교와 도가 사상의 영향을 극복하여 우주와 인간 전체를 포괄하는 이기론을 수립함으로써 신유학의 이론적 토대를 구축했다.

한 차원 더 높은 곳에 무극을 설정하게 되고 이렇게 되면 무에서 유가 생긴다고 하는 도가 사상의 관점과 비슷해진다. 주희는 바로 이 점을 피하고자 했던 것이다.

주희는 무극이 따로 존재하는 것이 아니라 단지 태극을 수식하는 표현이라고 보았다. 태극은 우주 만물의 최고 원리로서 존재하지만 소리도 냄새도 없는, 말 그대로 형체가 없는 것이기 때문에 고정된 모습이 없다는 의미에서 무극이라는 표현을 붙였다고 본 것이다. 주희는 '무극이면서 태극'이라는 주장을 일관되게 밀고 나가면서 감각적으로 확인할 수 없지만 태극이라는 우주 자연의 근원적 이치는 반드시 존재한다고 선언한다. 자연적 변화의 축으로 이해되던 태극은 주돈이를 거쳐 주희에 이르러 보다 형이상학적이고 가치론적인 개념으로 바뀌게 된다.

주희는 도가의 영향을 인정하지 않았지만 주돈이의 사상은 유가와 도가의 학설을 절충해 세워진 것이다. 그러나 주돈이의 태극설은 주희에게 큰 영향을 미쳐 성리학의 학문적 기초를 이루었다. 더 나아가 주돈이는 우주와 인간의 구조 그리고 윤리적 가치를 하나로 설명하는 성리학의 학문적 경향의 문을 열었다는 점에서 성리학의 개척자라고 할 수 있다.

기의 철학자, 장재

1779년 겨울 조선의 어느 암자 풍경. 눈이 쏟아지는 겨울 저녁,

지금의 경기도 광주에 있는 천진암 안에 십여 명의 젊은이가 모여 열띤 토론을 벌이고 있었다. 모임을 주관한 것은 남인南人 계열의 학자 권철신이었다. 열띤 토론을 벌이고 있는 이들은 정약용과 그의 형제들, 이승훈, 이벽 등 촉망받는 청년 유학자들이었다.

그들은 공동생활을 하면서 이른 새벽에 일어나 얼음을 깨고 찬물로 세수를 한 후에 다 같이 모여 자기 계발을 위한 수양적 성격의 글을 암송했다. 이들은 다함께 아침에는 〈숙야잠〉을 외고, 해가 뜬 다음에는 〈경재잠〉을, 정오에는 〈사물잠〉을 낭송했으며 해가 지면 〈서명西銘〉을 읊었다고 한다. 여기서 가장 중요한 글이 〈서명〉으로, 다른 글들은 〈서명〉의 영향으로 나중에 쓰인 글들이다.

〈서명〉이란 서쪽에 써서 붙여 두는 글이라는 뜻인데, 집이 주로 남향이니 서쪽은 자신이 앉는 자리의 오른쪽이 된다. 요즘 말하는 좌우명座右銘인 셈이다. 〈서명〉의 첫머리는 다음과 같다.

> 하늘을 아버지라 부르고, 땅을 어머니라 부르니, 내 몸은 그 가운데에 있다.
> 그러므로 천지에 가득 차 있는 것을 내 몸으로 삼고 천지를 이끄는 것을 나의
> 본성으로 삼으니 백성들은 나와 한배에서 나온 형제자매요, 만물은 나와 함께
> 하는 것이다.

깊은 숲 속에 들어가 있거나 장엄한 자연현상을 바라보고 있다고 생각해보자. 어느 순간 우리는 나 자신이 외따로 떨어진 개체가 아니라 주변 세계와 연결되어 있는 느낌을 받을 때가 있을 것이다. 이 글은 이런 장엄한 느낌을 글로 옮겨 놓은 것이다. 하늘과 땅 한가운

장재
중국 송나라의 사상가로 성리학의 기초를 닦았다. 그가 내세운 기의 철학은 당시 학자들의 사상과 비교할 때 매우 특색 있는 것이었다.

데 내가 있다. 나는 단지 그 속에 독립된 개체가 아니라 우주 만물과 연결되어 있는 존재다. 하늘과 땅 사이에 가득 차 있는 기氣가 내 몸에도 그대로 흐르고 있기 때문이다.

하늘과 땅만이 아니라 그 속에 존재하는 모든 존재들, 인간과 만물의 구분 없이 우주 안의 모든 존재는 하나의 기로 연결된 거대한 가족과도 같다. 이 글 속의 '나'는 우주적 존재로서의 인간의 위치를 확인하고 우주 만물을 가족으로 여기는 일종의 우주적 가족주의를 몸소 실천하고자 노력하는 존재다. 성리학의 세계관을 이처럼 분명하게 보여주는 글은 없을 것이다. 이 글을 쓴 사람은 장재(張載, 1020~1077, 횡거진橫渠鎭 출신이었기 때문에 횡거橫渠 선생이라고도 불림)다.

이 글은 《정몽正蒙》이라는 책의 결론에 해당하는 부분으로, 그의 철학이 집약된 명문이라는 평을 받는다. 이후 학자들은 이 글을 마음에 새기면서 실천하고자 노력했다. 조선 유학자들이 함께 학문을 연구하고 토론하는 모임인 강학회講學會에 모여 〈서명〉을 읊었던 것도 그런 맥락에서다.

장재는 북송 중기에 태어났다. 이 시기는 북방의 이민족이 자주 쳐들어오고 정치적으로도 혼란스러웠지만 사상적으로는 자유로운 풍토가 형성되어 여러 학자들이 자기 학문을 펼쳐가던 때였다. 장재도 이런 분위기 속에서 성장한다. 그는 어려서 부모를 잃고 병법 책을 즐겨 읽었다고 한다. 도가나 불교 관련 책도 그의 흥미를 끌었다. 그러나 존경받는 학자이자 고위 관리였던 '범중엄(范仲淹, 989~1052)'과의 만남을 계기로 학문적 경향이 완전히 바뀐다. 재주 있는 젊은 학자가 병서나 불교 서적을 읽고 있는 것을 본 범중엄은 장재에게 유학을 공부할 것을 권한다. 장재의 인생을 바꾼 책이 바로 범중엄이 권한 유학의 정수 《중용》이었다. 이후 그는 유학자로서의 길을 걷게 된다.

범중엄
북송 초의 학자이자 정치가. 이론적 차원이 아니라 정치적 차원에서 유학을 부흥시킨 인물이다. 유학을 토대로 인재를 양성해서 사회를 경영하고 백성을 구제하는 경세제민經世濟民의 학술을 펼 것을 주장했다.

우주의 근원, 태허

사람이 죽었을 때 우리는 '돌아갔다'고 말한다. 사람은 태어나면 언젠가는 죽는다. 인간만이 아니라 우주 만물이 다 그렇다. 봄에 꽃이 피고 가을에 열매가 맺지만 겨울엔 다시 땅으로 돌아간다. 우주 안의 모든 존재가 생성과 소멸을 거치면서 끝없이 순환한다. 동아시아인들은 이 순환을 담당하는 것이 '기氣'라고 생각했다.

우리는 보통 '기'를 물질이라고 생각하지만 원래 기의 의미는 현대어로 쉽게 번역하기가 어렵다. 기는 한마디로 단정 짓기 어려운 복합적인 성격을 가지고 있다. 일단 물질적인 것들을 기라고 부를 수 있다. 그러나 기는 물질 그 자체에 한정되지 않는다. 기는 우주를 흐르는 힘이고 변화며 운동성 자체이기도 하다. 눈에 보이는 물질부터 그 배후의 에너지, 더 근원적인 운동성까지, 기는 포괄적인 의미를 담고 있다.

더욱 중요한 것은 기가 '생명성'과 관계된다는 것이다. 서양의 물질 개념에는 생명성 개념이 없지만 기는 물질적인 성격과 함께 생명의 성격을 가지고 있다. 그러니 어렵지만 대략 기를 물질적 원리를 포함하는 생명 원리 정도로 이해하기로 하자.

기의 구체적인 활동은 음양과 오행으로 나타난다. 음과 양이라는 상대적인 운동을 통해 만물은 연속적인 리듬으로 변화한다. 음의 성질과 양의 성질은 서로 교대하면서 만물을 변화시킨다. 오행은 음양을 보다 구체적으로 나눈 것이다. 고대로부터 동아시아인들은 물·불·나무·쇠붙이·흙이라는 다섯 가지의 기가 만물을 구성한다고 생각했다. 다섯 가지 기운 간의 관계와 변화를 통해 인간의 신체적 현상부터 천문 현상까지 모든 현상들이 펼쳐진다. 그러나 음양오행은 궁극적으로 개별적인 현상으로 나타난 기의 다른 이름일 뿐 그 자체는 실체가 아니다.

장재의 철학은 이 우주적 생명성인 '기'에서 출발한다. 장재는 우주의 보편적 근원을 '태허太虛'라고 부른다. 태허는 우주의 다른 이름이다. 태허는 기로 가득 차 있다. 그래서 태허를 기의 본체라고 한다. 태허는 완전히 텅 빈 상태를 말하기 때문에 굳이 비유하자면 기로 가득 찬 우주 전체의 공간과도 같다. 개별적인 만물은 태허 속의 기가 모여서 만들어진 것이다. 다시 말해 태허는 기가 가득한 우주 전체와도 같은데 태허 안의 기가 응집해서 만물이 되었다가 다시 흩어지면 태허로 돌아가게 된다는 것이다. 만물의 생성과 소멸은 결국 기의 응집과 확산의 과정일 뿐이다. 이를 장재는 "태허에는 기가 없을 수 없으며 기는 모여서 만물이 되지 않을 수 없으며 만물은 흩어져서 태허로 돌아가지 않을 수 없다."라는 말로 표현한다.

태허는 기의 응집과 확산, 즉 만물의 생성과 소멸의 배후라고 할 수 있다. 태허와 만물의 무한한 순환과정이 인간을 포함한 우주의 본모습이다. 장재는 이런 모습을 물에 비유하기도 한다. 물이 얼면 얼음이 된다. 물은 형체가 없지만 물이 응결되어 만들어진 얼음은 형체가 있다. 그러나 얼음은 언젠가는 녹아서 다시 물이 된다. 사람의 삶과 죽음도 이와 같이 기의 모이고 흩어짐일 뿐이다. 이처럼 태허는 그 자체에 모임과 흩어짐이라는 역동적인 활동성을 갖는다. 그런 활동성의 결과가 바로 눈에 보이는 하나하나의 만물이다.

그런데 이처럼 텅 빈 것에서 만물이 생겨난다면 무에서 유가 생긴다는 노자의 관점과는 어떻게 다른가? 장재는 자신의 이론이 노자의 학설과 비슷하게 보이리라는 점을 잘 알았다. 그래서 그는 태허는 노자가 말하는 '무' 가 아니며 기로 가득 차 있는 상태인 태허가 본래부터 존재하기 때문에 우주에서 '무' 는 결코 '없다' 고 강조한다. 그러나 장재의 주장에도 불구하고 그가 노자가 말하는 무나 허의 이론에 영향을 받았음은 부인할 수 없다.

장재는 일반적인 유학의 주제가 아니었던 인간과 자연의 구조를 연구했다는 점에서 다른 유학자들과는 달랐다. 그러나 장재는 우주 만물의 구조를 태허와 기의 역동적인 변화 과정으로 보고 그 위에 우주와 인간에게 도덕성을 연결시켰다는 점에서 유학의 테두리 안에 있다고 볼 수 있다.

인간 본성의 두 측면

장재의 학설 중 빼놓을 수 없는 부분이 인간의 본성에 관한 논의다. 우주의 구조와 변화에 대해 논의한 바탕 위에서 그는 인간이 어떻게 살아야 하는가의 문제를 연구했다. 장재는 먼저 인간과 만물이 보편적인 본성을 공유하고 있다고 강조한다. 본성은 나 혼자 개별적으로 가지고 있는 것이 아니다. 본성이란 모든 존재가 가지고 있는 보편적인 공통성이다. 이 공통성의 범위에는 인간과 만물의 차별이 없다. 우주의 모든 만물이 동일한 본성을 가지고 있는 것이다.

인간을 포함한 만물이 보편적인 본성을 가지고 있기 때문에 세계는 궁극적으로 차별 없이 하나가 될 수 있다. 모든 사람이 형제이고 모든 만물이 나와 더불어 존재한다는 〈서명〉의 첫 구절은 바로 이런 우주적인 연대를 인간적 관점에서 풀어나간 것이다.

그러나 실제로 우주 만물과 하나가 될 수 있는, 즉 '천인합일天人合一'할 수 있는 사람은 흔하지 않다. 오직 성인만이 자기와 자연의 구분을 뛰어넘어 하나가 될 수 있다. 보통 사람이 그렇게 하지 못하는 것은 기질의 제한을 받기 때문이다. 인간도 다른 존재들처럼 기가 모여서 만들어진 존재다. 인간이 가진 기질의 측면을 장재는 기질지성氣質之性이라고 부른다. 기질지성은 사람마다 다르다. 기가 모일 때 맑고 탁함의 차이가 생기기 때문이다. 맑은 기를 타고 난 사람은 선한 삶을 살 수 있고 탁한 기를 타고 난 사람은 그렇지 못하다.

그렇다고 기에 선악이 있다는 말은 아니다. 기 자체에는 선과 악이 없지만 탁한 기는 사람을 악으로 흐르게 할 가능성이 있다는 것이다. 탁한 기가 본래의 선한 성품을 가리면 사람은 악으로 흐르기 쉽기 때문이다. 이 때문에 사람에게는 성인이 되려는 노력, 즉 수양이 필요하다. 탁한 기를 맑게 돌리려는 노력을 통해 악을 제거하고 본성의 선함을 회복하기 위해서다.

성인은 탁한 기의 제한을 벗어났기 때문에 결국 안과 밖, 나와 남의 구별을 뛰어넘어 만물과 하나가 될 수 있는 존재다. 성인이 되는 것은 쉽지 않다. 그러나 불가능한 것은 아니다. 모든 사람에게는 성인과 같아질 가능성이 있다. 그것은 인간에게 기질지성 외에도 천지지성이라는 측면이 있기 때문이다.

천지지성天地之性은 개별적이고 구체적인 기질의 제한을 받지 않는 본래의 성품을 말한다. 개별적인 기로 구체화되기 이전의 태허라고도 할 수 있다. 이 본연의 성품에 바로 하늘의 덕이 자리한다. 인간은 물질화되기 이전의 우주의 본체를 본성으로 가지고 있다. 이 본성은 고요하지만 동시에 만물을 생산하는 '성실성誠'을 가지고 있다. 이 성실성은 인간에게는 도덕성을 의미한다. 따라서 천지지성은 인간의 선천적인 도덕성을 상징한다고 할 수 있다. 이렇게 본다면 인간은 하늘로부터 도덕성을 명령받은 존재다.

기질지성이 인간의 자연적이고 생리적인 생명활동의 측면이라면 천지지성은 하늘의 명령으로 내가 얻은 진정한 도덕적인 본성을 말한다. 이처럼 장재는 인간의 본성을 천지지성과 기질지성으로 나누었지만 이 말은 인간에게 두 가지 본성이 있다는 의미가 아니다. 하늘로부터 인간이 받은 본성은 하나다. 그러나 관점에 따라 각각 천지지성과 기질지성으로 나누어 볼 수 있다는 것이다.

인간의 본성을 두 가지 측면에서 설명하는 장재의 인성 이론은 인간이 근본적으로 도덕적인 존재라는 사실을 강조하는 효과가 있다. 인간에게 천지지성과 기질지성이 있다는 것은 인간이 기질지성의 제한을 벗고 천지지성을 회복해야 한다는 말과도 같다. 인간은 언제나 도덕적 수양과 실천을 통해 기질을 극복해서 자신의 본성으로 돌아가도록 노력하는 존재라는 의미다.

결과적으로 장재의 철학은 신유학에 우주 만물의 자연적 구조와 변화에 관한 이론을 제공한다. 기 이론은 주희가 집대성한 성리학에서 가장 중요한 한쪽 축 역할을 한다. 자연의 구조를 이해하고 이를 체계적으로 설명하되 그 안에 인성의 문제, 윤리의 문제, 수양의 문제를 덧붙이는 장재 철학의 전개 방향은 주희에게 큰 영향을 주었다. 결국 주희는 장재의 '기' 이론과 이정 형제의 '리' 이론을 결합하여 신유학의 가장 핵심적인 토대인 이기론을 완성시키는 데 이른다.

만물을 하나로 하는 인仁

장재가 관직에서 물러나 제자들을 가르치고 있을 무렵의 이야기다. 장재가 제자들에게 《주역》을 강의하고 있던 어느 날, 조카뻘인

두 정씨 형제가 그를 찾아왔다. 장재보다 나이
는 어렸지만 학문이 높았기에 그들은《주역》에
대해 함께 토론하게 되었다. 이 토론에서 두 형
제가 얼마나 훌륭했던지 장재는 그들의 학문에
미치지 못함을 깨닫고, 앉아 있던 호랑이 가죽
을 걷고 강의를 폐했다고 한다.

　이 이야기는 두 형제의 제자가 남긴 기록이
기 때문에 과장이 섞여 있을 가능성이 높다. 실
제로 이정 형제는 여러 번 장재의 인품과 학문
에 대해 칭찬하는 글을 남겼다. 그러므로 누가
더 뛰어났는지 따지는 것은 의미가 없을 것이
다. 누가 더 뛰어난가에 관계없이 장재와 두 형
제는 서로 학문적 자극을 받으며 각자의 이론
을 발전시켰을 것이다. 정씨 성을 가진 두 형제
는 정호와 정이로, 이 두 사람을 함께 이정 형
제라고 부른다.

　정호(程顥, 1032~1085)와 한 살 아래 동생 정
이(程頤, 1033~1107)는 신유학의 토대를 닦은
학자로 각각 명도明道 선생, 이천伊川 선생으로
불리기도 한다. 정호와 정이의 사상은 대부분
후대에 주희(朱熹, 1130~1200)에 의해 계승되었
다. 주희의 핵심적 이론 가운데는 이정 형제의
문제의식과 주장을 그대로 계승한 것이 많다.

정호上, 정이下
북송 대의 성리학자로 정호와
그의 동생 정이를 함께 이정二程
형제라고 부른다. 유학의 도통
을 계승하고자 했으며 리理를 토
대로 새로운 유학의 학풍을 열
었다.

후에 주희가 정치적 적들에게 '거짓된 학문'이라며 박해받을 때 그 박해의 명분 중 하나가 이정 형제의 학설을 훔쳤다는 것이었을 정도다. 그러나 주희는 이정 형제의 철학을 비판 없이 수용하지도 않았고 그들의 말을 그대로 반복한 것도 아니었다.

정호와 정이는 함께 학문 활동을 했다. 그래서 두 사람의 사상을 명확하게 구별하는 것은 쉽지 않다. 제자들이 두 사람 중 누가 한 말인지 명확하게 표시하지 않은 구절들이 많기 때문이다. 두 사람의 학문적 경향은 구별될 수 있을 정도로 차이가 나는 것도 있고 대체로 일치해서 구분하기 어려운 것도 있다. 그러나 그들은 기질적으로 달랐다고 한다. 정호의 성품과 사상을 보여주는 일화가 있다.

정호의 서재 앞마당에는 계단을 덮을 정도로 잡초가 무성하게 자라 있었다. 주변 사람들은 그에게 풀을 베는 것이 좋겠다고 권했다. 그러나 정호는 고개를 저으며 말했다.

"잡초의 모습은 곧 천지가 만물을 낳는 모습 그 자체입니다. 나는 저 잡초에서 만물에 가득 찬 생명의 의지를 볼 수 있습니다. 이 마당에 가득한 생명의 힘을 내가 어찌 꺾을 수 있겠습니까."

천지 만물을 하나의 거대한 생명 의지 또는 생명의 힘으로 보는 것은 동아시아 사상의 고유한 특징 중 하나다. 이런 관점은 자연을 하나의 거대한 기계로 보는 서양의 근대적 사고와는 다르다. 유학자들 중에서 만물을 유기적으로 연결된 존재로 보고 그 속에 생명의 힘이 흐르고 있다고 본 학자들은 더러 있지만 이를 사상적으로 개념화한 것은 다름 아닌 정호였다.

《주역》을 기반으로 연구한 정호는 우주의 모든 사물은 모두 다 음양 두 기氣의 상호 작용에 의해 나온 것이라고 보았다. 기가 우주에 가득 흘러 만물을 낳고 변화시킨다. 이 생성과 변화에 존재하는 일정한 질서가 있다. 이 질서를 '도道'라 부른다. 정호가 말하는 도는 주희의 표현으로 하자면 '리理'에 해당할 것이다. 정호는 기에 의한 변화를 '도'라고 불렀다. 이는 '도', 즉 '리'가 기보다 앞선 '기의 주재자'라고 생각하지 않았음을 의미한다. 이런 맥락에서 정호는 사람의 본성도 곧 기 밖에서 찾아서는 안 된다고 주장한다. 사람의 본성이란 만물을 변화시키는 하늘과 땅의 능력을 부여받아서 이루어진 것이다. 사람을 비롯한 만물은 그 속에 하늘과 땅의 생명력을 담고 있다. 이것을 정호는 '춘의春意' 즉 생명 의지라고 말한다. 봄에 생명을 싹틔우려고 약동하는 생명력을 비유한 말이다. 정호는 인간이 본성적으로 선한 것은 생명 의지를 따르기 때문이라고 본다. 인간의 도덕성과 우주 자연의 생명력을 하나로 보는 관점이라고 할 수 있다.

그래서 학문하는 사람들에게 가장 중요한 것은 생명 의지로 연결된 우주 만물을 내 몸과 같이 여기는 사랑의 마음이다. 이것을 '만물을 하나로 하는 인(만물일체지인萬物一體之仁)'이라고 말한다. 유학에서 인은 공자 이래로 가장 중요한 개념이었다. 그렇지만 정호가 강조하는 '인'은 단순히 도덕적인 가치 덕목이 아니라 일종의 사랑이며 만물과 하나가 되는 단계다. 그러므로 사랑 즉 '인'이란 만물과 하나 되는 연대와 소통의 상태를 의미한다.

정호가 든 예를 보자. 의학책에 의하면 손발에 마비가 오는 것을

'불인不仁'이라고 한다. 불인이란 생명의 기가 흐르지 않아 막혀 있다는 뜻이다. 이를 뒤집어 생각한다면 생명력 또는 생명 의지가 막힘없이 자연스럽게 소통해서 전체가 연결된 상태가 인이라고 할 수 있다. 춘의가 곧 인인 셈이다.

만물은 연속되어 있으며 우주는 생명으로 가득 차 있다. 풀 한 포기, 나무 한 그루에서도 나와 공통적인 생명의 의지를 본다. 인간의 책임은 만물에 가득 찬 생명 의지를 읽고 스스로 단절한 그 연대를 다시 회복하도록 노력하는 것이다. '만물을 하나로 하는 인'이라는 표현은 정교하고 논리적인 개념 정의라기보다는 인간의 존재와 사명에 대한 일종의 시적 비유처럼 느껴지지만, 여기서 정호 사상의 특징을 엿볼 수 있다.

주희는 정호의 사상을 받아들였지만 '만물을 하나로 하는 인'에 대해서는 '너무 막연해서 학문을 처음 하는 사람들이라면 길의 실마리를 찾기가 어렵다.'는 말로 경계한다. 현실에서 이를 어떻게 적용하고 구체적으로 실천해야 할지 분명하지 않다는 뜻이다. 그러나 이런 평가는 정호 사상의 한계라기보다는 주희 철학에 비추어진 결과라고 보아야 한다. 주희는 정호에 비해서 개념적이고 분석적이었던 정이의 철학에서 더 큰 영향을 받았던 것이다.

한 번 음하고 한 번 양하게 하는 것을 도라 한다

정호보다 한 살 어린 동생이었던 정이는 형만큼이나 뛰어난 학자였다. 과거의 자격시험에 합격한 후 그는 더 이상 시험을 보지 않았지만 그의 명망을 들은 사람들이 추천해서 어린 황제 철종을 가르치는 '임금의 스승'이 되었다.

어느 날은 어린 철종이 양치질을 하고 물을 뱉으려 할 때 개미가 보이기에 개미를 피해 물을 뱉었다고 한다. 이 이야기를 들은 정이는 임금에게 그런 일이 있었느냐고 물었다. 임금이 그렇다고 대답하자 정이는 임금을 칭찬하면서 "임금께서 그 마음을 온 나라에 적용하신다면 천하는 크게 복을 얻을 것입니다."라고 말했다고 한다. 사소한 일도 그냥 지나치지 않았던 정이의 올곧은 성품을 알 수 있는 일화다.

그러나 그의 정치 생활은 평탄하지 않았다. 정적과의 갈등 끝에 그는 유배되기에 이르렀고 말년에는 제자를 가르치는 것조차 허용되지 않을 정도로 궁지에 몰렸다. 그가 죽었을 때 그의 장례에 모인 사람은 넷뿐이라고 전해진다. 정치 싸움에 말려드는 것이 두려웠기 때문이다. 정이의 연보를 정리하고 그를 '도통道統을 이은 사람'으로 높인 것은 남송의 성리학자 주희였다.

정이가 철학사에 남긴 가장 큰 공헌은 리와 기로 우주 만물의 존재와 변화를 설명한 것이다. 정이도 정호와 마찬가지로 사람과 사물이 모두 기에 의해서 만들어진 것이라는 점을 인정한다. 정호는 음양 두 기가 움직이는 것이 곧 도道라고 보았다. 음양의 움직임에 따른 질서가 곧 도라는 말이다. 그러나 정이의 생각은 달랐다.

《주역》의 〈계사전繫辭傳〉에는 "한 번 음하고 한 번 양하는 것을 도라 한다."라는 구절이 있다. 정이는 이 구절을 다르게 해석한다. 음과 양의 변화가 곧 도가 아니라 한 번 음하게 하고 한 번 양하게 하는 '근거'가 도라고 본 것이다. 정호가 음양의 운동이 곧 도라고 본 반면 정이는 음양의 움직임에 도라는 근거가 있다고 보았던 것이다. 정이가, 음양의 운동 자체를 도라고 보았던 《주역》의 본래 의미를 바꾼 이유는 세계의 생성과 변화를 '기'라는 자연적 원리에 가두지 않기 위해서였다.

음과 양은 물질적인 속성인 기의 운동을 가리키는 표현이다. 따라서 음과 양이 곧 도라면 자연적이고 물질적인 원리가 곧 세계를 움직이는 도가 된다. 그러나 정이는 도와 기를 다른 차원으로 보았다. 도는 물론 음양이라는 자연적 계기를 떠나지 않지만 음양 그 자체를 도라고 보아서는 안 된다는 것이다. 물질적 원리보다 더 근본적인 도가 있기 때문이다.

또한 《주역》에는 "형상을 넘어선 것을 도道라 하고 형상을 갖추고 있는 것을 기器라고 한다."라는 구절도 있기 때문에 정이는 이 두 구절을 종합적으로 이해한다. 음과 양의 운동은 기氣의 차원으로 우리 눈에 보이는 그릇器 같은 것이고, 음과 양을 운동하게 만드는 근거가 바로 형상을 넘어서 보이지 않는 도道라는 것이다. 이 도가 곧 '리'다.

'리'는 '기'와 다른 차원에서 만물의 근거가 된다. 정이에게 리는 기가 보여주는 질서가 아니라 기와 별도로 존재하는 순수한 원리다. '리' 즉 기의 자연적이고 물질적인 성격을 조금도 포함하지 않는 순수한 원리의 세계가 기와 별도로 존재한다고 본 것이다. 이로써 정이는 세계를 리와 기의 결합으로 보는 이론을 세우게 된다.

이 새로운 해석은 나중에 주희에게 그대로 계승된다. 정이를 이어 주희는 자연적이고 물질적 차원과 구분되는 순수한 원리의 영역을 리 또는 태극으로 설명함으로써 성리학의 고유한 이론인 이기론을 완성하게 된다.

본성이 곧 이치다

인간의 본성이 어떠한가는 신유학의 핵심적 주제 중 하나다. 인간의 본성 문제는 곧 '어떻게 살아야 하며 어떻게 실천해야 하는가.'의 문제로 연결되기 때문에 유학자들에게는 곧 사회 경영의 문제이자 윤리의 문제이기도 했다.

맹자가 인간이 본성이 본래 선하다고 주창한 이래 맹자의 성선론은 유학의 기본틀 역할을 했다. 그러나 맹자 이후 모든 시대, 모든 유학자들이 이 이론에 동의한 것은 아니었다. 인간의 본성을 어떻게 파악하는가에 따라 우주 만물 속에서의 인간의 위치, 국가와 사회의 경영, 인간의 행위에 대한 옳고 그름의 판단 등이 결정되었기 때문에 여러 학자들은 각자 자신의 입장에서 이 문제에 매달렸다. 예를 들어 순자는 인간이 본성적으로 선함보다는 악을 지향한다고 봄으로써 예에 의한 통치 제도를 확립해야 한다고 주장했고 당나라의 한유 같은 학자는 인간의 본성에 상·중·하의 3가지 등급이 있다고 주장하기도 했다. 그 외에도 많은 학자들이 인간의 본성에 대해 여러 주장을 했지만 이 문제는 사실 북송의 성리학자들이 들고 나오기

구양수
중국 송나라 정치가이자 문인, 학자이다. 당송8대가唐宋八大家의 한 사람으로 후학들에게 많은 영향을 주었다. 주요 저서에는 《구양문충공집》 등이 있다.

전에는 철학의 주요한 주제가 아니었다.

그래서 북송 초기의 뛰어난 사상가 중 하나였던 구양수(歐陽修, 1007~1072)는 본성 논의가 학자들에게 시급한 문제도 아니고 성인이 중요하게 여긴 문제도 아닌데 학자들이 지나치게 빠져 있다고 비판하기도 했다. 구양수의 비판은 성리학 이전의 유학자들에게 본성이 '논의의 대상'이 아니라 단지 '실천의 대상'이었음을 단적으로 보여준다. 선하든 악하든 군자라면 누구나 자기 인격을 닦아서 다른 사람을 교화시켜야 하기 때문에 지나치게 이론적으로 자기 본성이 선한지 악한지 따질 필요가 없다는 의미다.

그러나 장재나 이정 형제 같은 사람들은 본성이 선한지 악한지를 묻는 정도가 아니라 더 근본적인 차원에서 인간의 본성이 우주 자연을 관통하는 이치와 어떤 관계인지를 연구했다. 정이가 이해한 본성은 장재와 마찬가지로 자연적인 생명이 아니라 하늘로부터 받은 본성을 의미한다. 하늘이 명령한 본성 즉 천명지성天命之性은 단순히 먹고 마시고 자고 생활하는 생명 활동에 제한되는 것이 아니라 인간이 태어날 때부터 하늘로부터 받은 도덕성을 담고 있다.

그런 의미에서 천명지성은 기의 제한에 속박되지 않는 선천적인 도덕적 본성이라는 의미를 갖는다. 여기까지는 장재의 관점을 계승한 것이라고 볼 수 있다. 그렇지만 정이는 이 이론을 한 단계 더 밀고 나간다. 정이는 하늘로부터 받은 것이 바로 '리'라고 선언한다. 우리가 천성적으로 갖추고 있는 본성은 동물적인 본능이나 자연적인 성향을 의미하는 것이 아니다. 우리는 이미 우주의 질서 즉 리를 하늘의 명령으로 받은 존재다.

인간의 본성이 선한 것도 이 '리'를 부여받았기 때문이다. 이것을 정이는 성즉리性卽理, 즉 '본성이 곧 이치'라는 말로 정식화한다. 인간에게는 기가 조금도 관여하지 않은 순수한 리가 흐르는 영역이 있다. 그것이 바로 우리의 본성이다. 리는 우주의 근원이며 가치의 원천이기 때문에 이 '리'를 본성으로 부여 받은 우리는 이미 모든 가치의 근원을 내 안에 가지고 있는 것과 마찬가지다. 우리 안에는 이미 인의예지가 갖추어져 있다. 이것이 정이가 생각하는 인간이 본래부터 선하다는 말의 진짜 의미였다.

그러나 본래의 선함은 말 그대로 본래의 선함일 뿐 현실 세계에서 인간은 기질의 제한을 받을 수밖에 없다. 따라서 본연의 성을 지켜 천리天理를 밖으로 드러낼 수 있는 방법을 찾아야 한다. 정이는 몸과 마음을 수렴해 본연의 성을 지키는 방법으로 '경敬'을 제시한다. 경이란 마음을 어느 곳에도 가지 않게 하고 정신을 집중해 다른 일에 미혹되지 않는 것이다. 경의 이론은 내면을 수양하는 방법으로, 외부 세계의 이치를 연구하는 '격물치지'의 방법과 더불어 유가 수양론의 두 축을 이루게 된다.

결론적으로 정이는 인간의 본성이 도덕적이라는 유학의 전통적 이론을 '리'의 차원에서 다시 세웠다. 본성이 곧 이치라는 정이의 주장은 주희에게 계승되어 이후 수백 년 동안 동아시아의 정치, 사회, 학문을 관통하는 핵심적 이론의 자리에 오른다.

송나라 시대의 새로운 유학 운동은 고대 유학처럼 인간관계, 인간다운 삶에 대해 고민한다는 점에서 유학의 테두리 안에 있다. 그러나 이들의 고민이 새로웠던 것은 이들이 우주 만물의 근본적인 이치로부터 인간이 어떠한 존재인지, 어떻게 살아야 하는지를 규명하고자 했다는 것이다. 우주 만물의 근본적 원리에 대한 관심과 연구는 이들이 불교나 도교의 영향과 도전을 창조적으로 극복해나갔음을 의미한다.

이후 이들의 사상은 주희라는 용광로를 만나 거대하고 일관된 사유 체계로 재구성된다. 이후 신유학은 단순한 학문이 아니라 통치 원리이자 관료 제도의 근간이 되었고, 교육의 바탕이자 사회규범의 뿌리였으며 모든 문화의 토대 역할을 하게 된다. 그만큼 강한 권위를 가지게 되었던 것이다. 문제는 권위가 사상의 다양성과 차이를 용납하지 않는다는 점에 있었다. 따라서 주자학으로 정리되기 이전, 신유학 운동의 주역들을 그 나름의 자리에서 평가할 필요가 있다. 그들의 사유에는 수많은 차이가 존재했다. 그 차이들은 결국 새로운 유학의 다양한 가능성을 의미하는 것이었다. 다양한 접근과 해석이 중요한 까닭은 학문이 굳어지면 그 경직성이 사람과 사회를 옥죌 가능성이 높기 때문이다.

천리를 실현하는 도덕적 인간

주희의 철학

선생의 견해는 지나치게 독단적이고 치우쳐 있습니다. 선생은 구구한 이론을 펼치는 데 지나치게 몰두하고 있소. 그래서 참된 이치와 관계없는 잡다한 이론들을 만들어내는 것이지요. 선생처럼 지나치게 자기주장만을 붙잡고 있는다면 서로에게 도움이 되는 결론을 내는 것이 아니라 단순히 이기기 위한 논쟁이 될 수도 있습니다. 다른 사람의 의견도 무시하고 말이지요.

—육구연이 보낸 편지에서

그는 첫째, 자신의 어머니를 그 고장의 좋은 쌀이 아

육구연
중국 남송의 사상가. 그의 사상적 핵심은 심즉리心卽理, 즉 '마음이 곧 이치' 라는 것인데, 이는 명나라 유학자 진백사陳白沙를 거쳐 왕양명王陽明에게 영향을 주었다.

닌 오래된 쌀로 봉양했습니다. 둘째, 지방관리가 되는 것은 응했으면서도 황제가 임명하는 중요한 관직은 물리쳤습니다. 이는 지방관리가 뇌물 수입이 많았기 때문입니다. 셋째, 그는 친구를 승진시키기 위해 황실의 장지와 묘제에 대해 부당한 주장을 펼쳤습니다. 넷째, 그의 무리가 그를 황제에게 강의하는 시강侍講에 등용해 그로 하여금 황제의 신임을 얻게 하는 간교를 부렸습니다. 그 밖에도 그는 비구니를 첩으로 얻고 학생들의 수업료를 착취했으며 그의 아들은 소를 훔치는 등 수없는 패륜을 저질렀습니다.

— 호굉이 황제에게 보낸 탄핵문에서

누가 이토록 극단적인 비판을 받았던 것일까. 토론의 상대자로부터는 독단적이라는 평가를, 정치적 대립자로부터는 부정부패한 관리라는 황당한 비난을 받는 이 인물이 바로 동아시아 사상사에서 공자 다음으로 중요하고 위대한 학자로 인정받는 주희다. 철학사 속의 주희가 성리학을 집대성하고 완성한 위대한 학자라면 역사 속의 주희는 인간적인 약점을 드러내고 정치적인 탄압까지 받았던 보통의 인간이었다.

주희의 학문을 넘어 주자학으로

철학사에는 언제나 앞선 시대의 사상을 담아서 다음 시대로 흘려보내는 저수지 역할을 한 학자들이 있다. 서양 철학에서 그런 역할을 한 인물을 고르라면 단연 토마스 아퀴나스나 칸트를 꼽는 사람이 많을 것이다. 동아시아 사상사에도 그런 역할을 한 사람이 있다. 주자朱子라는 존칭으로 더 유명한 남송 시대의 철학자 주희(朱熹, 1130~1200)다.

물론 주희의 철학적 여정에 대한 평가는 학자마다 다를 수 있다. 그러나 적어도 주희가 선진 유학부터 북송에 이르는 오랜 사상적 흐름과 축적들을 하나의 저수지에 담아 독창적으로 정리하고 체계화해서 새로운 유학을 이끌었다는 사실을 부정할 수는 없을 것이다. 그런 의미에서 주희는 선배들의 학문을 정리하고 체계화한 학문에 '주자학'이라는 자신의 이름을 내걸 충분한 자격이 있을 것이다.

하지만 역사적으로 살펴보면 주자학이 주희 개인의 학문을 넘어 지식인과 정치를 움직이는 일종의 사상운동으로 자리 잡게 된 것은 주희의 제자들 덕택이었다. 주희는 많은 뛰어난 제자들을 길렀고 또한 제자들과 활발하게 토론했다. 주희가 죽은 이후 제자들은 이 토론을 기록해 스승의 가르침을 정리해서 출판했다. 이런 제자들의 힘으로 주희의 사상은 점차 정통의 자리에 서게 되었던 것이다.

주자학은 결과적으로는 동아시아 사회 전체에서 가장 영향력 있는 학문이 되었다. 죽은 지 불과 40여 년 뒤에 주희는 그 자신이 높이 평가한 주돈이, 장재, 이정 형제와 함께 공자묘에 배향되어 사람들의 존경과 참배를 받는 인물이 되었다. 주희가 정통 학문을 계승했다는 점이 드디어 국가적으로 공인된 것이다. 그러나 이런 영화는 주희가 살아 있을 때의 모습과는 거리가 있다. 주희는 65세에 황제의 부름을 받고 수도에 들어가 황제에게 학문을 강의하는 역할을 맡았지만 곧 반대파들에게 밀려나 파직되고 말았다. 그들은 주희의 학문이 '거짓 학문僞學'이라며 금지시켰다. 주희가 이정 형제의 학문을 훔쳤으며 거짓 학설로 사람들을 현혹시켰다는 것이었다. 물론 이 시련에는 송 대의 복잡한 정치적 파벌과 당쟁의 역사가 숨겨져 있다. 주희는 정치적 싸움에 휩쓸리면서 그간 쌓아온 학문적 지위까지 잃게 되었던 것이다.

'거짓 학문의 금지僞學之禁'라는 탄압과 불명예는 주희가 죽을 때까지도 풀리지 않았다. 그러나 주자학은 사라지지 않았을 뿐더러 되살아나 도리어 어떤 학문이 '거짓 학문'인지를 결정하는 유일한 정통적 기준이 되었다. 살아남은 것은 주희의 반대자들이 아니라 주희였다. 왜 주희였을까?

선배들의 학문을 정리하고 체계화하다

주희가 유학의 계보 내에서 학문적 정점에 서게 된 것은 당시의 시대가 요구하는 학문의 요청에 답이 될 만한 무언가를 가지고 있었기 때문일 것이다. 문제는 무엇이고 답은 또 어떤 것이었을까?

당시 학자들은 두 가지 숙제를 안고 있었다. 첫째는 당시 세력이 커져 있던 불교, 도가 등 유학 밖의 사상을 배척하고 유학을 다시 사회적인 정통으로 내세우는 일이었다. 둘째는 불교와 도가 사상의 영향으로 당시 학문적 풍토에 흘러들어온 형이상학적 주제를 유학 안에서 다시 설명하는 일이었다. 전자는 사실 당나라 때부터 존재했던 문제의식이었다. 여러 유학자들이 불교를 유학의 적으로 여겼고 불교를 배척하자는 글도 남겼다. 이 숙제에 대해서는 학자들 내부에서 '알고 있는 것'과 '해야 하는 것' 즉 인식과 실천이 동일하게 드러난다고 할 수 있다.

이에 비해 후자는 조금 다르다. 학자들은 두 번째 문제를 명확하게 표면화하지 않았다. 당시 학자들은 후자의 숙제를 분명히 의식하고 실천한 것이 아니라 무의식적으로 진행하는 정도였다. 다시 말해 인식과 실천이 달랐다는 것이다. 실제로 성리학자들은 불교나 도가를 배척해야 한다는 점을 확실히 인식하고 있었지만 그들의 학문은 불교나 도가의 영향을 받아 이루어진 것이었다. 물론 그들은 자기 학문 안에 있는 불교, 도가의 영향을 인정하지 않았다. 아마도 불교, 도가 사상을 배척하려는 의지가 의식적으로 불교나 도가 사상의 영향을 받은 흔적을 지우는 결과를 낳았는지 모른다.

사실 후자에 답하려면 여러 사상적 경향들을 종합적으로 바라보는 높은 수준에 도달해야 한다. 따라서 사상적 성숙이 어느 정도 궤도에 오르기 전까지는 실현되기 어려운 일이라고 할 수 있다. 실제로 당나라 말에서 북송 초의 유학자들은 후자의 문제로 나아가지 못했다.

이에 비해 우리가 성리학자로 분류하는 사람들은 모두 불교나 도가 사상의 영향을 받았지만 송 대의 학문적 성숙을 바탕으로 불교와 도가를 뛰어넘어 후자의 문제를 풀어나갔다. 그러나 그들은 한 장의 그림 중 각각 한 조각씩만 가지고 있었을 뿐이다. 반면에 주희는 그들의 조각들을 하나의 그림으로 맞추면서 선대의 누구도 하지 못했던 종합을 실현시켰다. 그것이 주희가 역사와 철학사에 남은 이유다.

결과적으로 본다면 주희는 정통적 유학의 이론을 우주론과 형이상학의 차원으로 끌어올렸을 뿐만 아니라 흩어져 있던 이론들을 모아 체계화에 성공한 사람이다. 이로써 성리학은 우주와 자연에 관한 이론, 인간의 본성과 마음에 관한 이론, 그리고 사회적 실천과 정치적 실천의 문제가 하나로 어우러지는 거대한 사상 체계로 끌어올려졌다. 이는 유학의 자기 혁신을 뛰어넘은 창조적 종합의 과정이었다.

중국의 변방, 복건성에서 태어난 주희는 어려서부터 영특했다고 한다. 정치적 격변기에 관직에서 물러난 아버지는 아들에 대한 기대가 컸지만 주희가 14살이 되던 해에 세상을 떠나고 말았다. 아버지의 죽음으로 주희의 삶도 불안정해지기 시작한다. 소년기의 주희는 아버지의 유언에 따라 아버지의 친구였던 호적계胡籍溪, 유백수劉白水, 유병산劉屛山 등에게서 배운다. 주희는 이들에게서 유학의 기본 경전을 배우는 것은 물론 비교적 자유롭게 다른 학문들도 접하게 된다. 그 중 하나가 선불교였다. 스승 중 하나였던 유병산이 선불교의 대가였던 대혜종고(大慧宗杲, 1089~1163)와 친분이 있었기 때문이다.

주희가 진정한 스승을 만난 것은 24세 때였다. 과거에 낮은 성적으로 급제한 청년 주희는 부임지로 떠나는 길에 아버지의 친구였던 이연평李延平 선생을 만나 배움을 구하게 된다. 그리고 주희와 연평 선생과의 서신 교류는 연평 선생이 돌아가실 때까지 7년간 이어진다. 연평 선생과의 만남은 주희에게 대단히 의미 있는 사건이었다. 주희는 이 만남을 통해 도가 사상과 불교로부터 몸을 돌려 유학에 정착할 수 있었기 때문이다.

연평 선생을 만나러 가는 길에 주희의 짐 속에는 《맹자》와 당대 선불교 서적인 《대혜어록大慧語錄》 밖에 없었다는 이야기가 있을 정도로 젊은 시절의 주희는 선불교에 빠져 있었다고 한다. 그러나 주희는 연평 선생을 만나면서 자기 학문의 본령이 무엇인지 깨닫게 되고 충실하게 유학자로서의 길을 걷게 된다. 더욱 중요한 것은 연평 선생과의 만남을 통해 주희가 바로 앞 세대, 즉 장재와 이정 형제 등의 철학적 쟁점들을 흡수할 수 있었다는 점이다. 이후 주희는 중앙 관직에 나아가지 않고 고향으로 돌아가 도

홍콩에 있는 도교 사원
중화문화권에서 도교가 종교로 자리 잡은 모습을 보여준다.

교 사원의 관리인으로 살았다. 이 자리는 직책만 있을 뿐 실제로는 임지에 부임하지 않아도 되는 일종의 관리 우대제도 중의 하나다. 주희는 여기서 나오는 적은 월급과 제자들이 가져온 사례금으로 생활을 꾸려가면서 자기 학문에만 매진할 수 있었다. 주희가 남긴 방대한 고전 문헌의 정리와 주석 작업은 이런 배경에서 가능했던 것이다.

리와 기의 이론을 종합하다

일전에 나는 운곡에 가려고 남쪽 기슭에서 산을 오른 일이 있었다. 산을 오르는 도중 소나기를 만나 온몸이 흠뻑 젖은 채 그곳에 도착했다. 그 순간 나는 〈서명〉의 '천지에 가득 찬 것이 나의 몸이고 천지를 이끄는 것이 나의 본성이다.'라는 구절의 뜻을 깨달았다.

어느 날 주희는 깊은 산중을 가다가 갑자기 쏟아져 내리는 소나기를 맞았다. 한여름, 갑자기 내리는 산속의 풍경을 떠올려보자. 거침없이 쏟아지는 비에 산속의 만물이 마치 살아 움직이는 듯한 느낌이 들었을 것이다. 이런 상황에 맞닥뜨렸다면 누구라도 자연의 생명력과 생동감이 나를 휘감고 있는 듯한 강렬한 인상을 받았을 것이다.

주희는 이 장엄한 광경의 감격을 장재의 말을 인용해 표현하고 있다. 주희가 말하는 '천지에 가득 찬 것'은 바로 기氣다. 기는 천지에 가득 차 있을 뿐 아니라 나의 몸을 이루고 있기 때문에 나는 자연과 같은 물질성과 생명성의 근원을 가지고 있는 존재다. 중요한 것은 천지를 이루는 기보다는 기로 이루어진 천지를 이끄는 것이 본성이라고 말한 점이다. 주희가 말하는 천지를 이끄는 본성이란 곧 각 사물 안에 들어와 있는 리理를 의미한다. 리는 모든 사물을 구성하는 바탕이자 물질적 원리인 기에 형태를 부여하고, 어떤 사물을 어떤 사물이게끔 만들어주는 근본 원리다. 리는 인간을 비롯한 우주 만물의 근거며 우주의 현상과 만물을 총괄하는 질서이자 이치다. 리는 인간이 그냥 먹고 마시고 자는 자연적인 본능이 아니라 바로 이 우주적 이치로 이루어진 존재임을 증명한다.

이렇게 우주 만물이 리와 기의 결합으로 구성된 것이라는 관점이 주희 사상의 기본적인 토대다. 물론 리나 기의 이론들은 주희가 독창적으로 생각해낸 것은 아니다. 먼저 주희는 장재로부터 우주 만물의 재료 혹은 바탕이라는 '기'를 유학의 틀 안에서 다룰 수 있다는 것을 배웠다. 인간과 우주 만물을 모두 '기'의 작용에 따른 결과로 본다는 것은 인간과 우주 만물을 하나로 보는 관점을 제공한다. 인간과 자연을 독립적으로 보지 않고 거대한 하나의 체계로 볼 수 있는 기틀을 마련한 셈이다.

그러나 주희는 인간과 우주 만물의 최종적인 근원을 기에 두려고는 하지 않았다. 물질적인 성격을 가진 기는 물질적 성향이 그렇듯 언제나 우연적이고 불확실하다. 주희는 세계가 기를 바탕으로 이루어져 있다는 점은 인정하지만 기가 실제로 구체화되는 것은 그렇게 만드는 원리의 힘 때문이라고 보았다. 그것이 바로 리다.

'리理'라는 글자는 본래 옥玉의 결이나 주름을 의미하는 용어였다. 송 대 성리학자들이 리를 특별한 의미로 사용하기 전까지, 리는 '다스린다' 등의 뜻으로 쓰인 일상용어 중 하나였고 화엄종에서 불교의 진리를 설명하는 중요한 개념 중 하나였다. 유학 내에도 리라는 개념이 있었지만 사물의 법칙이나 규칙 정도의 의미로, 그 의미가 제한적이었으며 크게 주목받지도 않았다. 리에 형이상학적 의미를 부여하고 세계와 인간을 이해하는 기틀로 삼은 것은 이정 형제가 먼저였다. 주희는 정호로부터 주자학의 가장 핵심적 개념을 유산으로 받는다. 그것이 바로 '천리天理'다.

천리란 모든 사람이 반드시 따라야 할 우주적 질서와 이치를 뜻하는 말이다. 천리라는 말 속에는 자연계와 인간이 모두 따라야 할 원리, 즉 절대적 원리가 있다는 선언이 담겨 있다. 우주는 무작정 흘러가는 우발적이고 우연적인 세계가 아니다. 인간 역시 단지 먹고 마시다 일생을 마치는 자연적이고 생리적인 존재만은 아니다. 자연 세계도 인간 세계도 따라야 할 질서가 있고 마땅히 그렇게 되어야 할 원칙이 있다.

이것은 누군가 조작하는 것도 아니고 시대에 따라 달라지는 것도 아니다. 자연의 법칙만도 아니고 인간의 법칙만도 아닌, 인간과 자연을 아우르는 보편적 원리, 모든 존재가 마땅히 따라야 하고 또 마땅히 그렇게 되어야 할 원리가 바로 천리다. 더 나아가 정이는 천리 즉 리가 인간의 본성에 내면화되어 있다고 보았다.

이처럼 주희는 이정 형제가 틀을 잡은 '리' 이론과 장재의 '기' 이론을 결합해 이기론을 세우기에 이른다. 주희는 리와 기, 그리고 그 둘의 관계를 다음과 같이 설명한다.

> 하늘과 땅 사이에는 리도 있고 기도 있다. 리는 형체를 뛰어 넘는 도이며 사물을 생성하는 근본이다. 기는 형체를 갖추게 하는 기틀이며 사물을 생성하는 도구다. 그러므로 사람과 사물은 반드시 이 리를 부여받은 이후에 본성이 생기고 기를 부여받은 이후에 형체가 생기는 것이다.

리가 우주 만물의 본질이며 근원적인 규칙이라면 기는 우주 만물의 재료 혹은 바탕이다. 리가 '형체화되지 않는 것(형이상자形以上者)'

이라면 기는 '형체를 지닌 이후의 것(형이하자形而下者)'이다. 리가 만물이 보편적으로 가진 원리라면 기는 각각의 개별적인 것을 구분하게 해주는 차별적인 원리다. 만물은 리에 의해 존재하기 때문에 본성에서는 동일한 존재지만 부여받은 기가 다르기 때문에 현실적으로는 각기 다르게, 다양하게 나타난다.

사물을 그 사물이게끔 해주는 법칙인 리와, 그 원리에 따라 구체적으로 현실화되는 기가 하나의 이론으로 통합되면서 새로운 힘을 발휘하게 된다. 리와 기의 이론으로 만물의 구조와 본성을 체계적이고 일관되게 설명할 수 있었기 때문이다. 바로 이 점에 주희의 독창적인 공헌이 있다. 주희 이전의 철학자들은 리나 기라는 그림의 조각들을 유학의 이론 틀에서 해결했지만 이 둘을 하나의 짝으로 체계화하고 종합해서 그림을 완성한 것은 주희였다. 주희는 기를 리와의 관계에 두고 설명함으로써 유학 내에는 없었던 일종의 과학적 탐구의 방향을 열었을 뿐 아니라, 리를 도덕적인 원리와 결합시켜 자연에 관한 학문과 도덕에 관한 학문을 통합하는 새로운 이론을 세웠다는 평가를 받는다.

하나의 달과 달그림자들

성리학의 관점에서 만물은 기와 리의 결합 즉 경험할 수 있는 물질성, 생명성과 그것을 조직하는 원리로 구성되어 있다. 이 결합은 필연적이다. 현실에서는 리가 없이는 기도 있을 수 없고 기 없이는 리도 있을 수 없다. 하지만 생각 속에서는 리나 기를 각각 분리해서 따져볼 수 있다.

성리학에서는 어디로 흐를지 어떤 변화를 겪을지 알 수 없는 자연성의 영역은 반드시 근원적인 원리의 지배를 받아야 한다고 본다. 지배적인 원리 없는 자연성은 고삐 풀린 망아지처럼 어디로 어떻게 흐를지 알 수 없기 때문이다. 주희는 자연성을 결코 가볍게 여기지 않았지만 반드시 근원적 원리의 지배 아래에 두고자 했다. 기가 어떻게 변화하고 생성 소멸하건 리는 그 자체로 완전하고 영원하며 선하다. 이런 맥락에서 주희는 리와 기 중 어느 것이 먼저이고 우선인지는 말할 수 없다고 강조하면서도 원리적인 차원에서는 분명히 선후가 있음을 강조한다.

리의 절대성, 근원성을 부각시키기 위해 주희는 '태극太極'이라는 전통적인 개념을 끌어온다. 태극은 거대한 중심 또는 축이라는 의미로 《주역》에 나오는 개념이다. 주희는 태극의 의미를 새롭게 정리한 주돈이의 《태극도설》에서 태극의 의미를 끌어온다. 주희에게 태극은 모든 리의 총합 또는 모든 리 중에서 가장 으뜸가는 리를 가리키는 말이었다.

우주에는 책상을 책상답게 만들어주는 이치, 사슴을 사슴답게 만들어주는 이치, 사람을 사람답게 만들어주는 이치가 있다. 이들은 기를 현실화시키면서 책상, 사슴, 사람의 형태를 띠게 만든다. 리가 각 사물의 본성을 이루는 것이다. 각각의 본성, 즉 이치는 서로 다르지만, 실제로 그 근원은 하나다. 이치를 총괄하는 모든 이치의 이치가 바로 태극이다. 태극은 천지만물의 리의 총체적인 명칭인 것이다.

태극은 언제나 완전하고 영원히 하나다. 영원하고 완전한 태극은 하나지만 이 태극의 부분이라고 할 수 있는 개별적인 이치들도 영원하며 완전하다. 각각의 이치를 통합해서 말하면 태극이고, 나누어서 말한다면 만물은 각각 하나의 태극을 갖추고 있는 것이 된다. 태극은 개별적인 만물을 이루는 개별적인 리가 되지만 개별적 리나 태극 사이에는 아무런 차이가 없다.

　얼핏 생각하면 이런 설명에는 모순이 있는 듯하다. 이렇게 유일하고 절대적인 '하나'의 리가 어떻게 각기 다른 만물에서 그 절대성을 유지할 수 있을까? 어떻게 근원인 하나와 그것으로부터 나온 개별적인 것들이 같을 수 있을까? 전체로서의 태극에서 일부분의 리가 분리되는 것일까? 결론부터 말하자면 개별적인 것들의 이치가 서로 다른 것은 태극이 조금씩 나뉘어졌기 때문이 아니다.

　근원으로서의 태극과 나눠진 개별적인 리가 하나일 수 있는 것은 마치 달은 하나지만 강이나 호수, 바다에서 그것이 비추어질 때, 모두 온전한 달의 모습이 나타나는 것과 마찬가지다. 달은 하나뿐이지만 강 속에 비추어진 달은 무수히 많다. 강에 비추어진 달이 무수하다 해서 하나의 달이 무수한 조각으로 나뉘어 비추는 것은 아니다. 하나의 달과 온전한 무수한 달그림자 사이에는 아무런 모순이 없다. 태극도 이와 마찬가지다. 태극은 하나지만 만물에 나눠진 이치는 다양하다. 하나인 태극과 태극이 깃든 만물 사이에는 아무런 모순이 없다. 이를 '월인만천月印萬川'이라 한다. 원래는 불교 경전에 나타나는 비유지만 주희가 빌려 쓴 것이다. 주희는 이를 '이일분수理一分殊'라는 표현으로 바꾼다. 이일분수란 성리학에서 중요하게 다루는

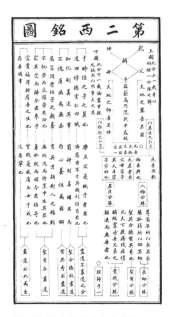

'이일분수'의 뜻이 담긴 서명도
서명도西圖銘는 북송 성리학자 장재가 쓴 〈서명西圖〉을 보고 원나라 학자 정복심이 그림으로 그린 것이다. 서명도는 상도와 하도로 나눠져 있는데 상도는 '이일분수理一分殊'에 대해 설명하고 있다.

개념으로 여기서 '이일'이란 만물은 하나의 원리에서 나왔다는 뜻이고 이것이 각각의 사물들로 나뉘는 것을 '분수'라고 한다.

인간을 비롯한 우주 만물이 영원히 존재하는 태극을 이미 그 안에 보유하고 있다는 것은 특별한 의미를 지닌다. 만물은 태극에 바탕해서 존재하기 때문에 이미 개체의 한계를 뛰어넘을 근거를 갖게 된다. 여기에서 우리는 동아시아적 존재론의 특색을 발견한다. 세상에는 수없이 많은 개별적인 것들이 존재하지만 그것들은 원리의 차원에서 언제나 동일하다. 그리고 완전하다. 다양의 세계는 태극이라는 절대적이고 근원적인 이치에 의해서 보장받는다. 동일한 태극을 가지고 있는 한, 인간과 인간 사이, 또는 인간과 자연의 관계에는 근원적인 차별이 없다. 물론 현실의 세계에는 다양한 차별이 존재한다. 인간 사회도 사회적이고 계급적인 차이가 있고 인간과 동물도 차이가 있다. 그러나 우주 전체의 차원에서 본다면 모든 것은 하나의 리를 부여받았다는 점에서 연결되어 있고 하나로 통합되어 있다.

그러나 동시에 바로 이 점에서 주자학은 정치 이데올로기적 성향을 나타내게 된다. 태극과 이일분수의 개념은 군주를 정점으로 한 통치 방식을 정당화할 수 있는 효과적인 모델이었기 때문이다. 이런 성격 때문에 주자학은 주희 생전에 억압받고 제지당했음에도 불구하고 주희 사후에 이른바 관학官學으로써 점차 강력한 권위를 가진 정치적 지배 이념이 되어갔다.

사람의 본성이 곧 이치다

어느 날 제자가 주희에게 물었다.

"선생님, 기질에 맑은 것도 있고 탁한 것도 있어서 각기 다르다면 하늘에서 부여받은 본성도 치우침과 완전함이 있는 것 아닙니까?"

주희가 대답했다.

"사람과 사물이 생겨날 때 하늘이 부여한 리는 모두 다르지 않다. 다만 사람과 사물이 그것을 부여받을 때 각각 다르게 되는 것이다. 예를 들어 강물은 다 같지만 국자로 담으면 다만 한 국자의 물이 되고 사발로 담으면 한 사발의 물이 되고 항아리로 담으면 한 항아리의 물이 되어 그릇에 따라 용량이 달라지는 것과 마찬가지다. 리 또한 이에 따라서 달라진다."

주희가 말하는 강물은 리이고 국자나 사발 같이 강물을 뜨는 것은 기에 해당한다. 같은 강물이라는 점에서 우리가 부여받은 리는 같지만 무엇으로 강물을 뜨느냐에 따라 달라지기 때문에 결과적으로는 사물에 따라 리도 달라진다. 여기에는 언뜻 모순이 있는 것처럼 보인다. 리는 모두 같다고 해놓고는 마지막에는 다시 리가 서로 달라진다고 했기 때문이다.

물론 주희가 실수를 했거나 한입으로 두 말을 한 것은 아니다. 보기에 따라서 또는 어디에 강조를 두느냐에 따라서 달라지기 때문에 모순적인 결과로 보이는 것이다. 원리적인 차원에서 본다면 리는 모든 존재에게 똑같이 부여된다. 그러나 어떤 기와 만나는가에 따라 결과적으로 리는 달라진다. 태극으로서의 리는 모두 같지만 사슴은 사슴으로 만드는 리를 부여받고 사람은 사람으로 만드는 리를 부여받는다. 원리의 차원에서는 같지만 현실의 차원에서는 다르다는 의미다.

기도 마찬가지다. 기는 만물이 제각각으로 달라지게 하는 원리다. 사람과 동물을 구분하는 것도 기고, 사람 중에서 훌륭한 사람과 어리석은 사람을 가르는 것도 기다. 그런 의미에서 기는 만물 각각에 따라 다르다. 그러나 기 전체의 차원에서 본다면 만물이 비슷하다. 먹고 마시고 자는 등 생존에 필요한 욕구라는 차원에서 본다면 동물이나 인간이나, 또는 훌륭한 사람이나 어리석은 사람이나 마찬가지이기 때문이다.

인간과 동물은 모두 동일한 리를 부여받았지만 인간이 동물과 다른 것은 동물보다 맑고 깨끗한 기를 받았기 때문이다. 더 나아가 인간은, 동물이 현실적으로 실현할 수 없는, 인의예지와 같은 도덕성을 부여받았다. 인간은 도덕적인 실천을 할 수 있지만 동물은 그렇게 하지 못한다.

이처럼 인간은 인간답게 살 수 있는 근거로서 리를 자기의 본성으로 부여받는다. 이를 '성즉리性即理'라 한다. 성즉리란 직역하면 본성이 곧 이치라는 말이다. 이 말의 의미를 이해하려면 개념을 거슬러 올라가야 한다. 앞에서 보았듯 주희에게 리는 사물이 그러한 까

닭, 혹은 사물을 그 사물이게끔 하는 이치였다. 또한 리는 만물이 마땅히 행해야 하고 따라야 하는 원칙이라는 의미도 가지고 있다.

인간도 마찬가지다. 리와 기의 결합으로 탄생한 인간은 그 안에 그 자신을 인간이게끔 하는 원리를 가지고 있다. 또 이 원리는 인간으로서 '어떻게 행동하고 실천해야 하는가'까지 제시하고 있다. 다시 말해 인간을 인간답게 만든 리는 인간이 어떻게 살아야 하는지도 결정해준다는 것이다. 인간으로서 어떻게 살아야 하는가에 대한 대답이 바로 인의예지와 같은 도덕성이다. 인간 안에 들어온 리는 그 자체가 도덕규범의 성격을 갖고 있다. 사람이 리를 통해 태어난 이상 사람 안에는 인의예지가 '리'로서 내면화되어 있다는 말이다.

결론적으로 말해 성즉리란 인간의 본성에 인의예지와 같은 도덕성이 흐르고 있다는 말에 다름 아니다. 주희의 성즉리 이론은 맹자의 성선설을 이론적으로 다시 설명한 것이다. 주희는 인간의 본성이 선하다는 맹자의 이론을 보다 발전시켜 이기론을 바탕으로 체계화했다. 막연히 '인간이 선하다.'고 선언하는 것이 아니라 이론적 토대를 세워 인간이 왜 도덕적인 존재인지, 왜 도덕적으로 살아야 하는지를 설명했다고 할 수 있다.

이렇게 본다면 인간은 태어남과 동시에 도덕적 실천을 하도록 명령받은 도덕적 가치의 저장고 역할을 한다고 말할 수 있다. 리가 우주의 보편적인 원리이자 동시에 근원적인 선함이기 때문이다. 완전한 선함 그 자체인 리가 나에게 들어와 본성이 되었다면 나는 이미 본성적 차원에서 선함을 내면적으로 가지고 있는 존재로서 언제나 도덕적 실천을 해야만 하는 존재다.

본성이 곧 이치라는 주희의 선언은 도덕적 완성을 추구하는 한 인간은 한낱 개별적인 생명체에 그치는 것이 아니라 우주와 소통하는 위대한 존재가 될 수 있다는 것을 의미한다. 우주의 자연적 법칙인 리가 인간에게 들어와 도덕적 법칙으로 작용하기 때문에 인간이 인의예지를 실천하려는 노력은 우주 자연의 법칙을 실현하는 것과 마찬가지다. 누구라도 본성에 새겨진 도덕성의 길을 따라 실천하면 우주의 근원적 가치와 하나가 될 수 있다. 이렇게 우주의 근원적 가치와 하나가 된 사람을 유학에서는 전통적으로 '성인聖人'이라 부른다. '성인'이 되는 것은 고대로부터 이어지는 유학의 학문적 목표였다.

그러나 문제는 누구나 쉽게 성인이 될 수는 없다는 것이다. 본성이 아무리 선하다고 해도 현실에는 수많은 악이 존재한다. 인간은 본성적으로 선한 가치를 타고 났는데도 왜 현실에서는 수많은 악이 행해지는 것일까? 왜 많은 사람들이 성인은커녕 악인이 되는 것일까? 우리가 늘 경험하듯이 내가 본래적으로 선하다는 것과 현실에서도 그렇다는 것은 서로 다른 문제다. 결론적으로 말하자면 인간은 가능성이나 원리의 차원에서는 선하지만 그것이 현실에서도 그대로 보장되는 것은 아니다.

인간이 현실에서 완전히 선할 수 없는 것은 인간에게 기질의 측면이 있기 때문이다. 기질은 자연적인 본성이기 때문에 언제 어떻게 흐를지 알 수 없다. 또 기질은 각 사물마다 주어지는 양태가 달라서 어떤 사람은 맑고 깨끗한 기를 타고나지만 어떤 사람은 탁하고 무거운 기를 타고 난다. 탁하고 무거운 기를 타고 났다고 해서 악인이 되는 것은 아니지만 노력하지 않으면 탁한 기질이 본성의 선함을 가릴 수도 있다.

맑고 깨끗한 기를 타고났더라도 노력하지 않으면 기질의 지배를 받을 수 있기 때문에 사람은 기질의 제한을 벗어나기 위해 언제나 노력해야 한다. 주희는 이런 노력을 '천리를 보존하고 인욕을 제거하는' 과정이라고 말한다. 인욕에 가려지지 않고 천리를 보존하려는 노력은 인간의 운명이며 필연이다. 정도의 차이는 있지만 누구라도 이런 노력을 게을리해서는 안 된다. 주희는 기질의 제한을 벗어나서 본성의 선함을 그대로 유지하기 위해 평생 공부하고 수양할 것을 주장했다. 문제는 무엇을 어떻게 공부하고 수양할 것인가 하는 점이다.

경敬에 머물고 이치를 끝까지 탐구하라

보통 수양론이란 일상생활 중에서 자기의 마음을 올바르게 기르고 다스리는 과정을 말한다. 수양의 목표는 본성의 회복이겠지만 실질적인 수양의 대상은 마음이다. 본성은 어차피 원리적이고 추상적인 차원이기 때문에 마음을 거치지 않는 한 결코 현실화되지 않기 때문이다. 주희는 이러한 마음과 본성의 관계를 다음과 같이 표현한다. "본성은 곧 마음이 가지고 있는 이치며, 마음은 이치가 머물러 있는 집이다." 본성이란 마음 안에 깃든 원리다. 이치는 마음 안에 갖추어져 있기 때문에 마음의 표현에 실리게 된다. 그러므로 마음을 어떻게 올바른 방향으로 이끌어 그 표현을 우주의 근원적 이치의 수준과 합치시키느냐가 관건이 된다.

주희는 이를 장재의 '마음이 성과 정을 아우른다心統性情.'라는 개념을 통해 설명한다. 이때 성이란 마음의 본체고 정이란 마음의 작용을 말한다. 마음에는 사람이 외부 세계를 의식하고 자기의 감정을 표출하는 모든 과정, 즉 지각과 사유의 총체적인 의미가 담겨 있다. 결국 마음이 성과 정을 아우른다는 말은 마음 안에 보편적인 원칙으로서의 이치와 구체적인 의식 활동으로서의 정이 모두 들어 있으며, 마음이 그것을 주재한다는 의미다. 그러므로 마음의 움직임은 언제나 도덕적인 의식으로 비도덕적인 감정적 반응들을 통제하는 과정이어야 한다. 마음이 얼마나 자기를 지키고 올바른 본령에 머물게 하는가가 곧 성으로서의 이치가 얼마나 현실세계에 실현되는가를 결정한다.

마음을 기르고 지켜서 올바른 가치를 드러내지 못하면 개인의 인생도, 그 개인을 둘러싼 주변 세계도, 혹은 국가도 가망이 없어진다. 올바른 가치가 내재된 인간의 본성이 흐려지기 때문이다. 그러므로 모든 일상생활 혹은 공부의 과정은 마음의 표현이 모두 이치에 합치되도록 하는 과정이어야 한다. 이는 본성이 방해받지 않으면서 현실세계에서 올바른 실천이나 생각에 영향을 미칠 수 있도록 해야 한다는 의미다.

주희는 이를 위해 경敬을 제안한다. 경은 우선 마음이 아직 대상세계와 접촉하지 않은 상태에서 도덕적인 의식을 길러나가는 과정을 의미한다. 고요한 상태에서 자기 내면에 흐르는 도덕적인 본성을 인식하고 마음을 이 본성과 합치하려고 노력하는 과정인 것이다. 뿐만 아니라 경은 이미 외부 세계와 접촉한 마음이 선한 가치 기준에 합치하도록 노력하는 과정을 의미하기도 한다. 경건한 마음으로 마음의 외적인 발현을 통제하는 것이다. 이런 이중적인 경의 작용을 '거경함양(居敬涵養, 경에 머물며 본성을 기른다)'이라고 한다. 마음이 대상과 접촉하는가 아닌가, 앎의 문제인가 행동의 문제인가를 막론하고 주희에게 경은 반드시 지켜야 하는 중요한 수양의 방법이었다.

인식의 차원에서도 수양의 문제가 발생한다. 주희가 제안하는 것은 《대학》에 뿌리가 있는 격물치지格物致知의 방법이다. 격물치지란 단계적으로 지식을 터득하고 축적해 나가서 궁극적인 경지에 이르는 과정을 말한다. 객관적인 사물과 현상에 하나하나 접근해 지식을 쌓고 체계화해 나가는 과정이 중요하다. 그러나 이러한 작은 단위의 지식을 정리하는 것은 공부의 목적이 아니다. 이런 작업이 계속해서 이루어지면 어느 순간에는 활연관통豁然貫通, 즉 '훤히 트여서 모든 것을 꿰뚫는' 궁극적인 진리의 경험을 할 수 있다. 이러한 공부의 방법을 통해 지식 추구의 중요성을 강조하면서도 그 학문의 방향성을 외부로 향하게 하는 것이 아니라 궁극적으로는 자기 안의 근원적인 원리와 그 도덕성을 추구하는 과정으로 돌린다.

외부 세계에 대한 지식을 쌓아가는 과정格物致知과 자기 내면의 본성을 깨닫고 기르는 과정居敬涵養이 하나의 지점에서 만나게 될 때 인간은 어떤 상황에 처해서도 자기 자신을 지키면서 우주 안에서의 자기 위치에 올바르게 서게 된다. 이러한 자기 수양의 과정은 사회적인 모든 존재에게 요구되지만 특히 나라를 다스리는 정치 집단에게 요구되는 것이었다. 도덕적 완성은 곧 정치적 과제이기도 했다. 주희가 평생에 걸쳐 임금에게 도덕적 수양을 바탕으로 통치할 것을 주장한 것도 이와 같은 맥락이다. 정치적 이상의 실현이란 권력의 효과적인 발현을 통해 사회를 안정시키는 과정만이 아니다. 이보다는 군주부터 평민에 이르기까지 모든 사람이 자기의 도덕성을 기르고 본성을 회복하려고 노력하는, 이른바 도덕성의 왕국을 현실화하는 과정에 가깝다.

선진 시대의 유학은 도덕성을 통해 폭압의 지배를 끊고, 도덕적 주체에게 사회 경영을 맡기는 진보성을 띄고 있었지만 역사적으로 보았을 때 체제를 유지하는 보수적 사상의 역할을 했다. 유학의 도덕 정치 이론은 실제 역사상에서 백성들을 위한 진보적 사상이 아니라 군주를 위한 사상으로 기능했기 때문이다. 실제로 도덕규범은 권력자에 의한 지배를 정당화하고 사회를 통합시키며, 아랫사람으로부터 자발적인 복종을 이끌어내는 역할을 했다고 할 수 있다.

바로 이런 점 때문에 주자학은 중국과 조선 등 봉건 사회의 얼개 역할을 하면서 '관학'의 지위를 누렸다. 이른바 정통이 된 것이다. 주희가 죽은 후에 제자들에 의해 정리되고 체계화된 주희의 학문은 시대의 표준으로 작용했고, 과거 시험의 교본이 되었다.

하지만 어떤 학문도 교과 영역에 들어가는 순간 활력을 잃고 경직되어 버린다. 권위의 자리에 앉게 되면 비판이나 새로운 문제 제기가 불가능해진다. 권력자들은 이 권위에 기대어 자신들의 권력에 정당성을 부여하려는 태도를 보이게 된다. 이 보수성은 시간이 지날수록 사회의 지적 활력과 시대에 대한 새로운 시선을 차단하는 가림막 역할을 하게 된다. 중국과 조선의 마지막 봉건 왕조 후기에 나타났던 주자학을 벗어나려는 움직임, 즉 고증학이나 실학은 바로 이런 보수성과 경직성에 대한 반발이었다고 말할 수 있다.

12

본성에서 마음으로

아직 젊은데도 불구하고 학문이 높은 수준에 이른 촉망받는 젊은이가 있었다. 이 젊은이는 어느 날 주희의 글을 읽다가 한 가지 궁금증을 얻게 되었다.

"주자께서는 사물에 이르러 그 사물의 본질을 깨달으면 모든 것을 다 알 수 있다고 하셨다지. 그렇다면 나는 저 대나무를 통해 만물을 이해하고 싶네."

친구들은 의아해했지만 이 젊은이의 넘치는 지적 욕구와 의지를 꺾을 수는 없었다. 마당으로 나간 젊은이는 대나무 앞에 자세를 바르게 하고 앉아 대나무를 뚫어지게 바라보았다.

그러기를 사흘, 아무것도 먹지도 마시지도 잠도 자지 않은 채 대나무만을 바라보던 젊은이는 결국 사흘 째 되는 날 그 자리에서 쓰러지고 말았다. 어리석고 고지식한 듯한 이 청년이 바로 양명학을 세운 왕양명이다.

왕양명과 양명학

왕양명(王陽明, 1472~1529)은 명나라에서 고위 관리의 아들로 태어났다. 왕씨 가문에서 태어난 그의 이름은 '인을 지킨다'는 의미의 수인守仁이었다. '양명'이라는 호는 그가 한동안 기거하면서 학문을 닦은 양명동이라는 지명에서 유래한 것이다.

그는 말을 늦게 배우긴 했지만 천재적인 재능을 가진 문학 소년이었다고 한다. 그러나 왕양명은 사람들의 기대만큼 쉽게 성공하지는 못했다.

그는 21살에 지방 행정을 맡는 낮은 등급의 과거에는 붙었지만 중앙 정부의 관리가 될 수 있는 본격적인 과거 시험에서는 두 번이나 낙방하고 말았다. 중앙의 벼슬자리에 나아가서도 태형(죄인의 볼기를 작은 형장으로 치던 형벌)을 당하거나 귀양을 가는 등 여러 시련을 겪었다. 그러나 동시에 왕양명은 우수한 행정가로서 역량을 발휘하기도 했다. 유학자로서 가장 독특한 이력은 그가 서재에 틀어박힌 학자만이 아니라 지략 있는 장군이기도 했다는 점이다. 그는 뛰어난 군사 전략으로 반란군과 도적떼를 토벌해 많은 사람들의 찬탄을 받기도 했다.

이처럼 영광과 몰락을 거듭하던 그는 결국 그의 능력을 시기한 사람들에 의해 불안한 일생을 살다가 57세의 나이에 먼 타향에서 갑작스러운 죽음을 맞으며 인생을 마감하게 된다. 그의 학문에는 이런 모든 경험과 그 경험의 배후였던 사회적 불안, 그리고 그 불안과 문제를 해결하고자 하는 진정한 학자로서의 고뇌가 모두 담겨 있다.

왕양명
육구연을 계승하고 주자학을 비판적으로 수용해 새로운 학문인 심학心學을 열었다. 마음 그 자체를 리로 보는 그의 학설은 이후 사상 운동으로 확대되어 사회적으로 큰 영향을 끼쳤다.

왕양명이 활동하던 명나라 중기는 사회적으로 불안정한 시기였다. 환관이 장악한 조정은 권위를 잃었고 전시대에 혁신적 학풍이었던 주자학은 과거 시험을 위한 시험 과목으로 전락해버린 지 오래였다. 중국 곳곳에서 반란이 발생했다는 점이 그 사회의 불안을 잘 보여준다. 원나라가 망하고 명나라가 들어섰을 때 사회적 분위기는 이민족인 몽고족을 누르고 다시 한족漢族이 국권을 회복했다는 자부심으로 넘쳤다. 그러나 중기로 올수록 사회적으로나 사상적으로 그런 활력을 찾기 어려웠다.

명나라 때는 주희가 주석을 단 경전이 과거 시험의 공식적인 시험서가 되었기 때문에 주자학은 모든 지식인들이 배워야 하는 필수 학문이 되었다. 주희가 정리한 학문은 지나칠 정도로 엄밀하고 체계적이었기 때문에 중국 사상이 주희에서 완성되었다고 보고 더 이상 철학적 탐구를 하지 않으려는 사람들도 많았다. 심지어는 '모든 진리는 주자에 의해서 밝혀졌다. 이제 남은 것은 실천뿐'이라고 말하는 이들도 있었다. 더 이상 주자학의 이론적인 활력과 탄력성이 사라졌다는 이야기다. 교과서가 생기고 교과서 안에서 시험이 나오는 한 아무리 재미있는 학문도 결국 암기 과목이 되어버리는 것과 같은 이치다.

왕양명은 이런 분위기를 뚫고 새로운 학문을 들고 나온 사람이다. 그의 학문은 주자학의 한 지류가 아니라 주자학과는 다른 새로운 학문이라는 의미에서 '양명학' 또는 '마음心'을 철학적 핵심으로 놓았다고 해서 '심학心學'이라고 불린다. 그래서 보통 양명학이 주자학을 극복한 반대의 자리에 있다고 생각하기 쉽다. 그러나 양명학과 주자학을 대립항으로 보는 것은 올바른 이해가 아니다.

왕양명의 학문이 주자학과 다른 새로운 학문적 경향이라는 점은 사실이지만 그렇다고 해서 주자학과 반대의 자리에 있다고는 말할 수 없다. 왕양명은 주자학을 비판하고 어떤 면에서 극복했지만 근본적으로는 연속의 자리에 서 있었다. 왕양명이 이론을 새롭게 정리한 것은 대부분 주희에 의해서 철학적 문제로 정식화된 영역들이기 때문이다. 왕양명은 주희가 끌어낸 토론 주제들에 새롭게 접근해서 다른 답을 내놓았다고 할 수 있다.

왕양명은 이미 굳어져 권위로 자리 잡은 주자학과 그 시대가 안고 있는 문제를 정확하게 꿰뚫어보고 새로운 문제를 제기해 그 해결 방법을 고민했다. 왕양명이 제기한 문제들은 주자학 내부의 핵심 주제들이었지만 왕양명은 자신만의 독특한 방법으로 새로운 학설을 제시했다. 그러므로 양명학이 주자학의 한계를 뛰어넘었다고 말할 수는 있지만 유학의 범위를 넘어섰다고 말하기는 어렵다.

그러나 좀 더 극단적으로 양명학을 주자학, 즉 정통에 대한 이단으로 치부하는 시선도 존재한다. 실제로 조선 시대에는 주희의 사상만을 정통으로 여겼기 때문에 주자학과 다른 문제의식으로 새로운 사상을 정립한 양명학은 일종의 이단으로 치부되었다. 어떤 학자들은 양명학을 불교의 아류로 여기면서 극단적으로 배척하기도 했다. 왜 조선의 학자들은 양명학을 불교의 아류라거나 사회적 병폐를 낳을 이단으로 여겼던 것일까? 그 대답은 양명의 사상에서 찾아야 한다.

내 마음이 곧 이치

1506년은 왕양명에게 결코 잊을 수 없는 해였다. 폭력, 그것도 공적인 폭력에 의해 잊을 수 없는 모욕을 당한 해였기 때문이다. 감옥에 갇혀 있던 왕양명은 황제의 집무실에서 다른 관리들이 지켜보는 가운데 40대의 곤장을 맞았다.

사건의 발단은 왕양명이 황제에게 보낸 상소였다. 상소에서 왕양명은 당시 황제의 정치에 간섭하는 등 점차 권세를 쌓아가던 환관 유근劉瑾을 비판했다는 이유로 두 명의 관리를 감옥에 보낸 일을 비판했다. 정치를 쥐고 흔드는 유근에 대한 불만은 대부분의 유학자들과 관리들이 동의하는 것이었지만 이들의 반대는 결국 투옥이나 체벌, 감금으로 이어졌다. 모두들 전면에 나서지 않으려는 상황에서 왕양명은 위협에 굴하지 않고 유학자이자 관리로서의 의무를 다한 것이다. 그러나 그 결과는 왕양명 개인에게는 비극으로 돌아왔다.

곤장을 맞은 후 그는 말도 통하지 않는 변방인 용장龍場에서 공무용 말을 관리하는 역승驛丞 자리로 좌천되고 만다. 그러나 이 쓰라린 경험은 왕양명에게 인생을 바꾸는 결정적인 체험의 토대가 되었다.

귀주 용장은 중국 서남부의 오지였다. 척박한 산간지대로 묘족 같은 소수민족이 근근이 살아가던 곳이기 때문에 말이 통하지 않는 것은 물론, 움막도 손수 짓고 식량도 손수 길러 먹어야 할 정도로 상황이 열악했다. 심지어는 자신을 모시던 시종이 병이 들었지만 아무도 도와줄 사람이 없어 왕양명이 밥을 지어 시종의 병구완을 했을 정도다. 이와 같이 보통 사람도 견디기 힘든 열악한 상황에서 과거를 통해 중앙에 진출한 관료로서 그리고 무엇보다 학문에 뜻을 둔 학자로서 왕양명은 무엇을 생각했을까? 보통 사람이라면 견디기 힘든 좌절감 속에서 자포자기하는 심정이 되었을 것이다. 그러나 왕양명은

❖ 왕양명, 묵묵히 운명의 길을 걷다

1507년 봄에 출발한 그의 유형 길은 다음 해 봄에 끝났다. 일 년 동안 묵묵히 유형의 길을 걸었던 것이다. 후대의 기록에 의하면 왕양명은 뒤쫓아 오는 환관 유근의 암살자들을 피해 강물에 빠져죽은 척하기도 했다고 한다. 그가 겪은 고난은 보통 사람이 상상하기 어려운 일이었다. 외국으로 망명하는 등 고통을 벗어날 방법이 없었던 것은 아니었지만 양명은 자신에게 주어진 운명의 길을 그대로 걸었다. 사실 감옥이나 곤장보다 더 무서운 것이 귀양이나 좌천이었다. 정치적인 생명이 끝나는 것은 물론, 학문적 교류나 토론도 불가능하고 자신의 사상을 발표할 수도 없는 등 학자로서의 생명도 끝나는 것이 바로 귀양이다. 정치가로서, 학자로서 모든 가능성이 봉쇄되는 셈이다. 왕양명은 이렇게 자기 삶의 목표를 상실하고 제한당하는 고통스러운 경험을 겪으면서 자신의 학문을 완성한다.

보통 사람과는 달랐다. 그는 결국 전염병과 언제 다시 찾아올지 모르는 유근 일당의 암살자들, 부족한 식량에 대한 공포를 극복하고 마음의 평화를 찾게 되었다. 평화로운 가운데 그는 어느 순간 잊을 수 없는 경험을 하게 된다.

어느 날 그는 잠을 이루지 못한 채 뒤척이다가 새벽녘 어떤 목소리를 들었다고 한다. 그것은 왕양명이 오랫동안 고민해오던 주자학의 격물치지에 관한 내용이었다. 그 목소리를 통해 양명은 자기의 내부에서 어떤 깨달음이 불현듯 찾아온 것을 느꼈다. 양명은 생각했다.

'성인의 도가 나의 본성에 완전하게 갖추어져 있는데, 나의 밖에 있는 사물에서 이치를 구하려 한 것이 잘못이다.'

왕양명은 리가 이미 나의 내면에 갖추어져 있다는 것을 깨닫게 되었다. 이제까지 학문의 문제는 리를 바깥에서 찾으려고 했기 때문에 생긴 것이다. 이것이 양명의 깨달음이었다. 얼핏 단순하면서도 평범한 듯한 이 깨달음은 이후 중국뿐만 아니라 조선과 일본에까지 영향을 미친 큰 사상, 양명학이 열리는 첫 번째 문이 되었다. 양명학은 이 갑작스러운 깨달음으로부터 이제까지의 주자학과는 다른 경로로 나아가게 된다.

왕양명은 마음이 바깥의 사물이나 일에 따라 움직이는 그 자체가 바로 리라고 보았다. 마음 밖에서 리를 찾을 필요가 없고 오직 마음이 바깥의 일에 따라 움직이는 그 자체가 리 즉 올바름이라는 말이다. 불쌍한 이를 보면 돕고 불의를 보면 참지 못하며 부모를 보고 효를 실천하는 그 마음이 곧 올바름이다. 바깥에 있는 올바름의 이치를 '따라서' 혹은 그런 이치가 내 마음에게 '시켜서' 효도가 나오는 것이 아니라, 그냥 내 마음에서 자연스럽게 효도가 나온다는 말이다.

왕양명은 본성性과 마음心을 나눠서 보지 않았다. 내 마음이 곧 올바른 이치지 그 밖에 별도의 리가 존재하는 것은 아니다. 마음 밖에는 이치가 없다는 것이다. 왕양명에 따르면 나는 이미 우주 전체를 관통하는 도리를 내 마음에 담고 있다. 왕양명은 리의 주소를 외부 세계가 아니라 사람의 마음 안으로 가지고 들어온다. 바로 이 점이 양명학의 가장 큰 특징이다.

사실 성性이란 원래 사람들이 경험할 수 있는 것이 아니다. 만물을 각각의 것으로 만드는 원리로서 본성은 경험할 수 없는 추상적인 성격을 갖는다. '인간성'이란 말을 하지만 우리가 경험하는 것은 '인간성' 그 자체가 아니라 그것이 실려 있는 구체적인 생각이나 행동일 뿐이다. 따라서 우리의 본성에 우주적 이치가 담겨 있다는 것을 확인하려면 경전을 통한 공부와 자기의 본성을 닦으려는 수양이 필요하다. 앞의 과정을 격물치지라고 한다면 뒤의 과정은 경 공부라고 할 수 있다. 결국 주자학은 격물치지와 경의 공부를 통해 자기의 본성 속에 담겨 있는 우주적 이치를 막힘없이 발현하고자 하는 과정이라고 말할 수 있다. 따라서 여기에 정치적·사회적·개인적 실천이 포함되는 것은 당연하다.

이에 비해 양명학은 마음 밖이 아니라 오직 마음 안에 우주적 이치가 담겨 있다고 본다. 그런 의미에서 양명학도 역시 우주적 이치 즉 리를 중심으로 하는 리학이라고 말할 수 있다. 다만 본성이 아니라 마음에서 우주의 이치를 찾는다는 점이 다르다. 마음에 이치가 있다는 것은 우리 안에 내면화된 우주적 이치를 담고 있는 영역과 체험하고 실천하는 영역이 분리되지 않는다는 의미다. 일상생활의 모든 사물, 사건과 맞부딪치는 마음에 이미 이치가 들어와 있다면 더 이상 성과 심의 구분은 큰 의미가 없다.

그러나 진짜 문제가 있다. 이미 세계에 우주적 원리로서의 천리가 흐르고 있다면 왜 현실세계는 여전히 불안하고 혼돈스러운가? 농민들의 봉기를 진압해서 훌륭한 장군 소리를 듣게 되었지만 왕양명의 마음은 편치 않았다. 그렇게도 많은 사람들이 일거에 일어나 나라와 백성을 배신하다니 어찌 된 일인가? 어째서 도덕은 땅에 떨어지고 사람들은 제 살길만 찾는단 말인가? 왕양명은 사람들의 관계를 질서 짓고 가치 기준 역할을 했던 인의예지 같은 규범이 더 이상 사람들에게 먹혀들지 않는다는 점에서 큰 충격을 받았다. 농민들이 일으킨 봉기는 개인과 사회를 꿰뚫는 절대적 원리인 천리를 부정하는 것이나 마찬가지였다.

이 문제를 오래 고민한 왕양명은 다음과 같은 결론을 내린다. '천리가 잘못된 것이 아니다. 천리를 내 마음 밖의 문제로 만들어버린 주자의 이론이 잘못된 것이다.' 양명이 느낀 가장 큰 문제점은 천리가 밖에서 사람을 구속한다는 것이었다. 본성 안에 내재되어 있다는 천리는 사람이 경험 가능한 것이 아니다. 따라서 본성에 천리가 내재되어 있다고 아무리 말해도 결과적으로 사람은 바깥에 있는 천리에 의해 구속받는 것이나 마찬가지다. 내가 직접적으로 경험할 수 없는 천리가 내가 맺는 인간관계, 나의 개별적인 행동을 감시하고 옳고 그름을 따지는 기준 역할을 한다는 데서 왕양명은 일종의 소외

감을 발견한다.

'주자학은 천리라는 확고불변한 절대적 원리를 가지고 사람들을 바깥에서 구속하는 것이 아닌가? 바깥에서 억지로 구속하니 사람들은 이에 염증을 낼 수밖에 없지. 그러다보니 도덕이야 어떻든 나 좋은 대로만 살면 된다고 생각하게 된 것이 아니겠는가.'

천리가 밖에 있는 한 사람들은 도덕적 행위의 주인이 아니라 그저 억지로 그것을 따르는 수동적인 존재가 되어버린다. 도덕적 행위의 핵심은 '내가 원해서, 내 스스로 할 수 있는가' 라는 내적인 자발성에 있다. 용장에서의 깨달음은 바로 이런 내적인 자발성의 발견이었다.

왕양명은 보편적 이치와 개별적이고 구체적인 자아의 관계가 멀어서는 안 된다고 생각했다. 왕양명은 개인의 도덕적 자각을 주자학에 비해 더욱 강화했지만 그 목표는 주자학과 같은 틀 안에 있었다. 그것은 천리와 그것을 담고 있는 존재로서 도덕적 인간에 대한 확신이었다.

마음이 곧 이치라는 말은 도덕적 원리가 곧 내 마음에 있다는 뜻이다. 다시 말해 행위의 궁극적 원인은 나의 내부에서 나온다는 말이다. 이런 근거에서 양명학에서는 마음의 흐름에 따르기만 하면 올바른 도덕적 실천이 이루어질 수 있다고 본다. 경전 공부와 수양을 강조하는 주자학에 비해 간명하며 실천적이라는 평가가 가능하다. 이는 양명학이 사람은 누구나 마음속에 도덕적인 충동을 가지고 있으며 그 충동에 따라 실천하면 된다고 보기 때문이다. 그 도덕적 충동을 '양지良知' 라고 부른다.

양지, 내 마음의 천리天理

아버지를 섬기는 이치가 아버지에게 있고 왕을 섬기는 이치가 왕에게 있다면 아버지나 왕이 죽은 뒤에는 어떻게 되는가? 아버지와 왕을 섬기는 이치는 사라져버리게 되는가? 그럴 리 없으니 결국 아버지와 왕을 섬기는 이치는 내 마음에 있는 것이다.

왕양명의 이 말은 마음이 실천의 주체로서 가장 중요하다는 선언이다. 이 선언의 진짜 의미는 리의 근원을 바깥의 세계에서 내 마음의 세계로 바꾸었다는 것이다. 물론 주희도 아버지를 섬기는 이치가 아버지라는 구체적 대상에 있다고는 생각하지 않았다. 내가 실제로 아버지를 섬길 수 있는 것은 아버지를 섬기는 이치가 밖에 있어서 나에게 명령하기 때문이 아니라 나의 '본성' 안에 이미 아버지를 섬기는 이치가 들어 있기 때문이다. 특별히 배우지 않아도 효도하는 것은 곧 내 본성 안에 이미 그러한 이치가 내재되어 있음을 증명하는 것이다.

이처럼 주희가 생각한 리도 단순히 외부에 존재하는 초월적 명령자만은 아니었다. 인간이 도덕적인 실천을 할 수 있는 것은 나의 본성에 이미 그런 이치가 담겨 있기 때문이다. 결국 도덕적 실천은 천리가 내 안에 이미 심어놓은 명령을 따르는 것이므로 '내가' 실천한다고 말해도 무방하다. 그러나 이 과정은 확실히 나에게 '체험' 되는 것은 아니다. 본성은 체험되는 영역이 아니라 추상적인 영역이기 때문이다. 왕양명은 이 점을 문제 삼은 것이다.

왕양명은 내가 '체험'하고 그 체험을 바탕으로 실천하지 않으면 진정한 도덕적 실천이라고 말할 수 없다고 보았다. 내가 직접 체험할 수 없다면 이치가 아버지에게 있건 하늘에 있건 본성에 있건 아무 의미가 없다는 것이다. 그래서 왕양명은 아버지를 사랑하고 왕을 섬기는 이치가 이미 내 '마음'에 있다고 강력하게 주장하게 된다.

그 마음의 도덕적 실천 능력을 왕양명은 양지라고 보았다. '양지'란 맹자가 쓴 용어로, 배우지 않아도 할 수 있는 능력, 그것도 도덕적 실천을 할 수 있는 선천적 능력이라고 할 수 있다. 맹자는 인간에게는 누구나 양지가 있다고 선언했다. 그런데 무엇을 알고 무엇을 잘한다는 것일까? 그것은 도덕적인 앎과 실천이다. 양지양능良知良能이란 단순한 지식이나 능력이 아니라 선천적으로 도덕적인 것을 이해하고 실천할 수 있는 능력이라는 의미를 갖는다. 왕양명이 말하는 양지도 일차적으로는 바로 이런 선천적인 도덕적 직관력을 의미한다.

왕양명은 맹자로부터 한발 더 나간다. 왕양명은 양지가 모든 사람의 마음의 본체일 뿐 아니라 그것 자체가 이미 '천리天理'라고 말한다. 천리는 인간의 바깥에서 연구의 대상으로 존재하는 것이 아니다. 우리 마음속에는 이미 천리가 내재해 있다. 천리를 바깥에서 구할 필요가 없으며 내 마음속에 이미 내재하고 있는 천리를 깨닫는 것이 바로 우리 학문의 목표가 되어야 한다.

내 마음의 양지가 곧 천리라는 선언은 결국 마음과 이치가 하나라는 것이다. 왕양명에게 양지는 마음의 본체로서, 시비를 분별하는 마음이면서 배우지 않아도 저절로 할 수 있는 힘이다. 더 나아가 양지는 실천의 원천이기도 하다. 양명에게 안다는 것은 곧 실천하는 것이기 때문이다.

양지는 대상과의 만남 속에서 끝없이 변화하면서 그 상황에 대처한다. 이미 결정되어 있는 규범이 있어서 그것에 따라 행하는 것이 아니라 상황에 따라 내 마음이 올바른 이치를 만들어간다는 의미다. 왕양명이 바라보는 도덕적 실천의 세계가 주자학에 비해 역동적으로 느껴지는 이유가 여기에 있다. 왕양명은 굳어진 이치를 묵묵히 따르는 경직된 방법이 아니라 내 마음의 양지가 활발하게 움직이는 과정을 통해서 나와 우주가 하나될 수 있다고 믿었다. 내가 우주의 이치와 하나가 된다는 것은 무엇을 의미할까? 그것은 우리가 우주가 가진 근본적인 도덕성에 하나로 합치된다는 의미다. 양지의 활동이 근본적으로는 도덕적인 성격을 띤다는 의미다.

내 마음에서 시키는 대로 따라도 문제가 없는 것은 양지가 이미 완전한 도덕적 가치이기 때문이다. 또한 양지는 옳고 그름을 판단하는 가치의 평가 기준 역할도 한다. 이렇게 본다면 우리는 내 마음속에 이미 완전한 양지를 갖추고 있기 때문에 임금과 신하 사이에서 어떻게 해야 하는지, 아버지와 자식 사이에서 어떻게 해야 하는지를 억지로 배울 필요 없이 내 마음이 시킨 대로 행하면 된다는 말이 된다. 이렇게 양지의 학설에 따르면, 진짜 중요한 것은 밖의 이치를 익히고 깨닫는 과정이 아니라 내 안의 이치를 체험하고 실천하는 과정이 된다.

양지는 언제나 현재를 대상으로 하고 그때그때의 상황에 따라 달라지기 때문에 항상 유동적이고 현재적이라는 성격을 가진다. 그렇다고 해서 모든 사람이 양지에 따라 도덕적 실천을 한다고는 볼 수 없다. 만일 그렇다면 세상에는 선한 사람과 악한 사람, 성인과 어리석은 사람의 구분이 생기지 않을 것이다. 모든 사람이 보편적인 양지를 가지고 있음에도 사회에는 선과 악이 공존하고 뛰어난 사람과 어리석은 사람이 섞여 있는 이유는 양지가 현실적 상황에 따라 다르게 나타나기 때문이다.

격물치지에 대한 다른 해석

왕양명은 세계를 어떻게 인식할 것인가의 문제 즉 격물치지론에서도 주희와 다른 길을 갔다. 주희는 격물치지를 '사물에 나아가 지知를 얻는 과정'이라고 이해했다. 사물에 나아간다는 것은 체계적이고 점진적인 공부를 통해 만물에 존재하는 리를 포착하는 것을 말한다. 리는 만물에 내재해 있기 때문에 진정한 인식의 출발은 대상으로 나아가 각각의 이치를 연구하는 것이다. 사물을 대상으로 연구하면 언젠가 모든 이치를 한번에 꿰뚫어 알게 된다. 이렇게 본다면 주희의 인식론은 일종의 과학적 방법론과 유사하다고 할 수 있다.

이러한 주희의 방법에 왕양명은 회의를 느낀다. 아무리 해도 천하의 모든 사물의 이치를 아는 것은 불가능하기 때문이다. 풀 한 포기 나무 한 그루에도 모두 이치가 있다고 하는데 언제 그것을 다 연구할 수 있을까? 이것이 왕양명이 주희의 입장을 전적으로 수용하지 못한 이유였다. 그러나 더 근본적인 문제도 있었다. 풀 한 포기 나무

한 그루의 이치를 아는 것이 나에게 무슨 의미가 있는가? 왕양명이 주희의 학설에 불만을 느끼게 된 것은 주희의 학설이 '내 바깥의 사물'과 '내 마음'을 마치 두 개의 실체처럼 만들었다고 생각했기 때문이다. 이런 식이라면 결국 나의 내면은 바깥 세상에서 보고 들은 지식들에 의해서만 완성될 수 있다는 말이 된다. '천지 만물의 이치를 모두 안 후에야 그것의 이치와 내 마음이 하나가 된다면 내 마음은 바깥의 견문에 의존하는 것이 아닌가?'

그래서 왕양명은 다르게 생각했다. 격물이란 사물로 나아가 대상에 대한 지식을 축적하는 과정이 아니라 내 마음의 부정한 것을 제거하는 과정이다. 자기 멋대로 생각하거나 욕심을 부리는 마음의 잘못된 부분들을 제거하기만 하면 나는 사물의 이치를 통달할 수 있다. 내 마음에 이미 천리로서의 양지가 있기 때문이다. 왕양명은 올바른 인식과 실천을 위해 주희가 설정한 복잡한 인식의 단계를 제거해버린다. 중요한 것은 사물의 이치가 아니라 내 마음이라는 것이다.

여기서 경전을 읽고 생각하는 과정을 통해 지식을 조금씩 쌓아가야 한다고 보는 주희의 복잡한 길을 포기하고 직접적으로 진리를 파악할 수 있다고 보는 왕양명의 기질적 차이가 드러난다. 그렇다고 해도 왕양명이 경전 읽기를 게을리 하거나 경전 연구를 무시한 것은 아니었다. 다만 주희와 같이 경전 연구를 체계화하는 것을 중요하게 여기지 않았을 뿐이다.

주희도 격물의 과정이 마치 과학적인 지식의 습득처럼 외적인 학습 과정과 단계로만 비추어지는 것을 경계했다. 학문이 외부 세계에 대한 객관적 지식 습득에 그친다면 그것은 진정한 학문의 길이 아니다. 그럼에도 불구하고 확실히 주희의 격물치지는 어떤 측면에서는 자연현상에 대한 객관적 관찰을 통해 우주의 원리를 익히는 과정을 중시하는 것처럼 보인다. 바로 이 지점에서 왕양명은 주희와 다른 길로 가야 한다는 것을 직감하게 된 것이다.

왕양명은 마음이 진리와 하나가 될 수 있으며 그것도 외부 세계에 대한 객관적 연구 없이 가능하다고 믿었다. 왕양명에게 물物이란 우리가 맞닥뜨린 모든 사건이다. 외부의 사건과 만났을 때 우리 마음의 실마리를 바로잡는 것이 바로 왕양명이 이해한 격물이었다. 외부 사물과 맞닥뜨렸을 때 우리 마음속에 생기는 의지를 바로잡고, 바르지 못한 것을 없애는 것이 바로 '사물을 바로 잡는 것' 즉 격물이라는 것이다. 이렇게 본다면 왕양명의 격물은 외부의 사건과 사물의 이치를 연구하는 것이 아니라 마음의 바르지 못함을 바로잡는 것이다. 그에게 가장 중요한 것은 지적인 활동을 통해 세계를 이해하는 것이 아니라 마음의 주체성을 세우는 것이었다.

왕양명은 인식의 문제에서도 주희와 다른 길을 갔지만 그럼에도 결국 유학자였다. 개념이나 이론은 주자학과 구분될 수 있다고 해도 근본적인 목적에서 유학의 테두리를 넘지 않았다. 왕양명의 목표 역시 내면적인 변화를 통해 자신을 닦아나가서 세계를 올바른 방향으로 변화시키는 것이었기 때문이다.

앎과 실천은 하나다

형사가 물건을 훔친 학생에게 말한다.

"다른 사람의 물건을 훔치는 것이 죄가 된다는 것을 몰랐습니까?"

학생은 당당하게 말한다.

"물건을 훔치는 게 나쁘다는 것쯤은 알고 있어요. 하지만 그 물건이 꼭 갖고 싶었기 때문에 어쩔 수 없었어요."

이 학생은 자신이 죄를 저지르고 있다는 것을 알았을까 몰랐을까? 보통의 상식을 가진 사람이라면 남의 물건에 손을 대면 안 된다는 것을 알고 있다. 그렇다면 학생은 자신의 잘못은 알았지만 자신이 잡힐까 하는 문제는 몰랐던 것이다.

그러나 양명학의 입장은 이 문제를 대하는 태도가 조금 다르다. 양명학의 관점에서 학생의 변명은 통하지 않는다. 왕양명의 입장에서 학생은 물건을 훔치는 것이 죄라는 사실을 '몰랐다.' 진정으로 알았다면 그는 물건을 훔치지 않았을 것이기 때문이다.

사실에 대한 정보를 머리에 넣는 것은 진정한 앎이 아니다. 진정한 앎은 반드시 실천을 동반한다. 앎이 있고 그것이 확실해진 뒤에 실천이 뒤따르는 것이 아니라 앎에 이미 실천까지 포함된다는 의미다. 그래서 아는 것과 행동하는 것은 동전의 양면과 같다. 도덕적으로 올바른 삶을 사는 것은 어떤 일에 대해 지식을 쌓는 과정을 거쳐 얻어질 수 있는 것이 아니다. 왕양명에게 앎이란 지식의 축적이 아니라 옳고 그름을 분별하고 그에 따라 실천까지 할 수 있는 일종의 도덕적 직관력을 의미한다. 정말 이런 능력이 사람에게 있을까? 아래의 상황은 왕양명의 주장을 입증할 좋은 예가 될 것이다.

어느 늦은 저녁, 발을 헛디딘 취객이 그만 지하철 선로로 뛰어들고 만다. 이때 취객을 구하려고 선로에 뛰어든 것은 어느 고등학생이었다. 시민 영웅으로 떠오른 고등학생에게 기자가 질문한다.

"지하철이 달려오는 상황에서 어떻게 선로에 떨어진 취객을 구할 생각을 했습니까? 무섭지 않았나요?"

학생은 담담하게 대답했다. "글쎄요. 두려움을 느낄 사이도 없었어요. 저도 모르게 몸이 움직이던 걸요. 달려들지 않았으면 그 분은 죽었을 거예요. 제가 아니었더라도 누군가는 그렇게 했을 거예요."

학생이 지하철 선로에 뛰어들 수 있었던 것은 그의 머리에 '위험에 빠진 사람을 보면 도와야 한다.'는 정보가 들어 있었기 때문이 아니다. 학생이 결단을 내린 시간은 실제 0.3초에 불과했다고 한다. 그는 0.3초 안에 지식에 의한 판단을 한 것이 아니라 마음속에 있는 앎을 실천에 옮긴 것뿐이다.

이런 상태를 왕양명은 지식과 행동이 하나라는 의미에서 지행합일知行合一이라고 부른다. 앎이 있는 후에 실천이 이루어진 것이 아니라, 앎과 실천이 동시적으로 발생했기 때문이다. 왕양명에게 실천을 동반하지 않는 지식은 진정한 앎이 될 수 없다. 왕양명이 지적하고자 하는 바는 지식을 구하는 것과 지식을 실제의 맥락에서 적용하는 것 사이에 단절이 있어서는 안 된다는 것이다.

❖ **앎과 실천은 어떤 관계일까?**

주희도 왕양명과 같이 앎과 실천이 하나가 되어야 한다고 강조한다. 그러나 주희
는 먼저 알아야 행할 수 있다고 말한다. 사실 주희가 주장한 것은 선지후행이 아
니라 앎과 실천이 함께 나온다는 지행병진知行竝進에 가깝다. 주희는 내 마음에서
확실히 깨닫는 과정을 강조하기 위해 지를 앞에 둔 것뿐이지 실제로 지와 행은
함께 작동한다. 하지만 왕양명의 입장에서 볼 때 주자학에서는 지와 행 사이에
필연적인 관계가 성립하지 않기 때문에 둘은 그저 기계적인 관계일 뿐이다. 왕양
명은 지와 행의 순서 문제가 아니라 지와 행을 같은 것으로 보아야 한다고 주장
한다.

지식을 얻는 일반적인 방법은 책을 읽고 토론하고 저술을 하는 것
이지만 진정한 지식은 구체적인 상황에서 직접 행동으로 옮기지 않
고는 얻을 수 없다. 효에 대한 어떤 지식보다 효를 직접 실천하는 것
이 중요한 것과 같다. 왕양명은 몸과 마음의 변화 없이 어떤 지식 체
계도 의미가 없음을 강조한 것이다. 이렇게 본다면 왕양명은 마음이
아니라 머리로 내용을 외우는 당시의 지적 폐단을 해결하고 학문과
삶이 일치되는 진정한 유학의 부흥을 꿈꾼 인물이라고 할 수 있다.

거리에 가득 찬 사람들이 성인이다

어느 날 왕양명에게 제자가 찾아와 여쭈었다.
"선생님 오늘 아주 기이한 경험을 했습니다."
"무엇이 그리 기이했느냐?"

"거리에 가득한 사람들이 모두 성인으로 보였습니다."

"그게 어째서 기이한 일이냐? 지극히 당연한 일일 뿐이다. 거리의 모든 사람이 성인聖人이다."

유학의 목표는 성인이 되는 것이다. 이때 성인이란 도덕적으로 인격의 완성을 이룬 사람을 말한다. 따라서 유학에서 성인이 되는 길은 부단한 노력과 수양이 따르는 과정이다. 그러나 왕양명은 거리의 보통 사람이 성인이라고 말한다. 그의 이런 생각은 전통적인 유학자들에게 매우 급진적인 것으로 보였을 것이다.

앞에서도 보았지만 왕양명은 야만에 가까운 '다른 문화'를 체험한 일이 있다. 이 극단적인 체험은 그를 어떻게 바꾸어 놓았을까. 역설적으로 그는 말도 통하지 않는 낯선 타지에서 인간의 보편성에 눈뜨게 된다. 배운 사람이건 아니건, 선하건 선하지 않건 누구나 양지良知를 가지고 있으며, 따라서 인간은 누구라도 성인이 될 수 있다.

모든 사람이 같다는 것은 모든 사람의 능력과 수준이 같다는 말일까? 그렇지는 않다. 어떤 사람도 현실적인 인간의 차이를 부정할 수는 없다. 어떤 사람은 위대하고 어떤 사람은 천하고 악하다. 만약 모든 사람이 마음에 양지를 가지고 있어, 마음 흐르는 대로 따라갈 때 우주적 이치가 실현된다면 왜 사람들의 행동에는 차이가 있는 것일까? 왕양명은 이런 문제를 어떻게 설명할 수 있을까? 그는 이를 다음과 같이 설명한다.

"왜 순금을 순금이라고 하는지 아느냐? 그것은 금의 순도가 100%

이기 때문이다. 만일 금에 납이나 동이 섞였다면 순금이라고 할 수 없겠지. 모든 사람이 양지를 가지고 있다는 것은 순금이 순금인 까닭과 같다."

"그렇다면 선생님, 성인과 보통 사람이 모두 같다는 말씀입니까?"

"아니다. 순금이라고 해도 모두 그 양이 같은 것은 아니다. 사람들 사이에 차이가 있는 것은 금에 중량이 있는 것과 같다. 요순과 같은 성인이라면 2만 냥쯤 될 것이고 문왕이나 공자는 만 냥 정도 될 것이다."

이처럼 왕양명이 생각하는 인간은 근본적으로는 평등하다. 그러나 상하 계급 자체를 부정한 것은 아니다. 그가 같다고 본 것은 사람들의 도덕적 실천 능력의 순도였지 실질적인 계급 차 혹은 능력 차는 아니었다. 모든 사람은 근본적으로 도덕적 실천을 할 수 있는 순도 백퍼센트의 자질을 갖추고 있다는 점에서 평등하다. 그러나 실제로 그렇게 하는가 하지 못하는가는 후천적인 노력에 따라 달라진다. 거리에 가득한 사람이 모두 성인이라는 말도 이런 관점에서 이해해야 한다.

계급이나 계층을 부정한 것은 아니지만 왕양명의 관점은 당시로서는 상당히 독특한 것이라고 평할 수 있다. 일단 왕양명은 서민을 도덕적 실천의 수혜자가 아니라 그 자신이 도덕적 실천을 해야 하는 실천의 주체로 이해했다. 모든 사람이 탁한 기질을 후천적 노력을 통해 바꾸어갈 수 있다고 본 점에서 주자학도 원칙적으로는 모든 인간을 평등하게 본다. 그러나 기질의 탁함을 제거하기 위해서는 체계적인 경전 공부와 격물치지의 과정, 그리고 경을 통한 함양의 공부가 필수적이다. 따라서 주자학적으로 본성을 회복하는 과정은 이론상 모두에게 열려 있지만 실질적으로는 사대부들에게 한정되어 있다는 점에서 엘리트적 성격이 강하다고 할 수 있다.

이에 비해 양명학에서는 사농공상士農工商과 같은 신분적 차이를 근본적인 능력 차이가 아닌 일종의 기능적인 분화에 가깝다고 이해한다. 실제로 왕양명의 제자 가운데는 선비였다가 상업이나 농업으로 직분을 바꾼 사람들이 나온다. 도시와 상업이 발달함에 따라 전통적 신분 질서의 제약이 약화되기 시작한 명 대의 사회적 분위기가 양명학에 반영되어 있다고 볼 수 있다.

양명학은 그 개방성과 급진성 때문에 당시 많은 사람들의 지지를 받았지만 그만큼 비판을 받기도 했다. 왕양명의 지지자들은 자기 마음속의 천리를 느끼고 그에 따라 실천만 하면 된다는 양명학의 이론에서 새로운 가능성을 보았다. 양명학에 따르면 기존의 사회 질서나 윤리 규범을 깨지 않으면서도 자율적인 실천이 가능할 수 있기 때문이다. 왕양명은 '개인'에 대한 인식이 바뀌면서 개인적 욕망이 표출되던 시대적 변화 앞에서 새로운 도덕 원리를 제공했다고 말할 수 있다.

그러나 또한 바로 이 점에서 양명학의 한계가 나타난다. 궁극적으로 양명학이 주자학과 함께 신유학으로 불리는 것은 양명학이 추구했던 삶의 목표와 도덕적 가치가 주자학이 강조했던 내용과 크게 다르지 않기 때문이다. 두 학문은 동일한 가치 질서를 목표로 하되 그것에 도달하는 방법상에서만 달랐던 것이다.

제5부

변화를 모색하는
비판자들

"나는 어려서부터 유학의 책들을 읽었고 남들처럼 공자를 존경했다.
그러나 왜 공자를 존경해야 하는지에 대해서는 잘 알지 못했다.
구경거리를 둘러 싼 사람들 중 키 작은 사람이 키 큰 사람에 가려 앞이 보이지 않음에도
앞 사람이 웃으면 따라 웃듯이 나이 50이 될 때까지 나는 한 마리 개와 같았다.
앞의 개가 무언가를 보고 짖으면 나도 따라서 짖는 것과 마찬가지였기 때문이다.
왜 다른 개가 짖을 때 따라 짖느냐고 묻는다면 할 말이 없어 그냥 웃을 뿐이었다."

13

격변기의 목소리들

명 말의 사상 지형

　양산박의 호걸 이야기를 담은 《수호전》, 김시습의 《금오신화》의 모태가 된 괴담집 《전등신화》, 나관중의 《삼국연의》, 황제의 명으로 100여 척의 배를 이끌고 인도양을 거쳐 페르시아까지 원정했던 정화의 원정, 최초의 세계 지도 《곤여만국지도》. 이들의 공통점은?

　모두 명나라 시대에 일어난 일이라는 점이다. 이민족인 몽고족의 지배를 끊고 16명의 황제가 227년간 통치한 통일 왕국 명나라 시대는 중국 사회의 문화와 경제가 지속적으로 발전했던 사회적 성숙의 시기였다. 특히 명 대 중기부터 상품을 사고파는 방식의 경제가 활성화되기 시작하자 많은 사람들이 고향을 떠나 상공업에 뛰어들면서 사회는 급변하기 시작했다. 사회를 통제하는 국가의 힘은 약해지

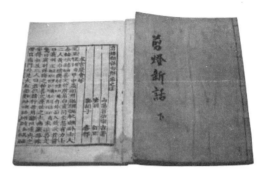

금오신화
김시습이 지은 우리나라 최초의 한문 단편소설.
〈국립중앙도서관 소장〉

전등신화
14세기 중국 명나라 구우가 지은 전기체 형식의 단편 소설집. 당나라 전기소설을 본떠 고금의 괴담과 기문은 엮은 것이다. 〈향토문화자료실 소장〉

고 조건이 좋은 지역은 거침없이 성장하기 시작하면서 명 대 중기 이후 사람들은 국가의 통제나 가족 질서로부터 어느 정도 자율성을 얻을 수 있었다. 이 시기부터 중국 사회는 중세적 질서를 벗어나 근대로 나아가는 역동적인 모습을 보이기 시작했다. 이 역동성은 사상적으로도 영향을 끼쳤다. 양명학의 영향이 확대되어 사회적으로 크게 위세를 떨치게 된 것도 같은 맥락이었다.

왕양명의 후계자들

왕양명이 죽은 후에 각지에서 찾아온 그의 제자들은 다시 사방으로 흩어져서 양명학을 이어나가는 한편, 양명학을 각자의 방법으로 발전시켰다. 왕양명의 제자들이 학교를 세워 토론을 계속하고 후학을 길러내자 양명학의 사회적 영향력이 점차 확대된다. 물론 국가를 이끄는 정치 이념이나 과거 시험 과목은 여전히 주자학이었지만 일반 백성들과 지식인들 사이에서는 주자학보다 양명학이 더욱 큰 관심을 끌었다. 명나라 말기까지 양명학은 큰 사회적 반향을 얻으면서 학문적 부흥기를 맞게 된다. 명나라의 후반부는 '양명학의 시대'였다고 말해도 과언이 아닐 것이다.

왕양명이 죽은 뒤에 제자들이 각기 다른 사상을 발전시킨 이유는 무엇일까? 이들이 학문적으로 달라지게 된 가장 큰 이유는 '양지'에 대한 해석 차 때문이었다. 누구나 가지고 있는 보편적인 도덕적 능력으로서의 양지는 본래 완전히 선한 것이다. 그런데 이 보편성으로서의 양지가 현실적인 상황에서 나타날 때도 본래의 완전함을 잃지 않을 것인가? 이것이 왕양명의 제자들이 고민한 문제였다. 양지는 완전하지만 일상생활에서 드러날 때에는 여러 제약이 있기 때문에 공부와 수양을 통해 양지가 올바르게 드러날 수 있도록 노력해야 한다는 제자들도 있었다. 반면에 어떤 제자들은 양지가 그 자체로 완전하기 때문에 양지를 일상생활에서 실천하는 것만이 중요하다고 보았다. 양지가 완전한 만큼 일상생활에서의 마음도 별도의 수양 과정 없이 그대로 완전하다고 보았기 때문이다.

전자가 비교적 온건한 형태로 양명학의 핵심을 이어받았다면 후자는 보다 급진적인 성격을 갖는다. 전자에 속하는 양명학자들이 후에 점차 주자학에 가까워지면서 관료 사회로 흡수되었다면 명 대 중기 이후 사회적으로 큰 영향력을 미친 것은 후자의 학자들이었다.

청년 왕기, 스승을 만나다

어느 날 양명의 제자들이 한가롭게 모여 병 속에 막대기를 던져 넣는 투호놀이를 하고 있었다. 한쪽에서는 모여 앉아 노래를 부르는 이들도 있었다. 다른 한쪽에는 무리에 섞이지 않고 이를 놀라운 얼굴로 바라보던 사람이 있었다. 놀고 있는 사람들을 당황스런 표정으로 바라보면서 그가 말했다.

"아니 한심하고 고루한 학문에 썩어 있는 선비들도 이런 놀이를 한단 말이오?"

양명의 제자 중 한 사람이 나서서 대답했다.

"우리 선생의 제자들은 모두 이렇게 지낸다오. 학문을 하는 학자들이라고 해서 모두 당신이 생각하는 것처럼 고루하고 답답하지는 않다오. 이런 모습도 우리 왕양명 선생의 학문에서는 자연스러운 일이오."

그 후로 무엇인가 깨달은 이 사람은 왕양명을 찾아가 가르침을 청했다. 그가 바로 왕양명의 뛰어난 제자 중 한 사람인 왕기(王畿, 1498~1583)였다. 그는 서른이 넘어 과거에 급제하고 벼슬살이를 시작했지만 병이 생겨 관직을 그만두었고 복직한 후에는 윗사람의 모함을 받아 파면되는 등 우여곡절을 겪은 끝에 2년 남짓의 관직 생활을 끝내고 평생을 학문에 힘썼다고 한다.

젊은 시절 그는 호방한 성격으로 공부만 하는 학자들을 꼴사나워했다고도 한다. 같은 동네 사람이었던 왕양명에게도 큰 관심이 없었기 때문에 도리어 왕양명이 왕기를 제자로 들이려고 애썼다는 이야기도 있다. 어쨌거나 왕기는 호방한 천성에 학문에 대한 열정까지 합쳐져 양명학을 열심히 공부했을 뿐 아니라 스승이 돌아가신 뒤에도 학문을 열심히 발전시켜 새로운 양명학을 열게 된다.

양명학의 갈림길

앞에서도 살펴보았지만 왕양명의 학문은 제자들에게 의해 각 지역에서 각기 다른 모습으로 발전했다. 왕양명이 살아 있을 때부터 이미 이런 가능성이 엿보였다. 제자들의 입장이 가장 크게 갈린 것은 4구교四句敎라는 왕양명의 핵심 이론에 대한 해석에서였다.

> 선도 없고 악도 없는 것이 마음의 본체고
> 선도 있고 악도 있는 것이 의意의 움직임이며
> 선을 알고 악을 아는 것이 양지며
> 선을 행하고 악을 제거하는 것이 격물이다.

마음의 본체는 원래 선악이 없지만 사람들이 일상생활을 해나가면서 쌓는 습관에 따라 의意 즉 마음의 발동에는 선과 악이 각각 존재한다. 이때 양지는 시비를 가릴 줄 아는 선천적인 도덕적 능력으로 모든 사람에게 이미 존재하기 때문에, 이를 바탕으로 격물 즉 실천적인 공부를 통해 선을 행하고 악을 제거하는 방향으로 나아가야 한다. 이것이 4구교의 핵심이다. 논쟁은 바로 이 4구교의 해석에서 시작되었다.

왕양명의 제자인 전덕홍錢德洪은 이 4구교가 스승의 핵심적인 학설이므로 이를 고쳐서는 안 된다고 보았지만 왕기는 그렇게 생각하지 않았다. 왕기는 만약 마음의 본체가 선하지도 악하지도 않다면 당연히 그로부터 흘러나온 의意에도 선악이 없어야 맞다고 생각했다. 같은 논리로 양지나 격물 또한 선악이 따로 없어야 한다는 것이다. 왕양명이 살아 있을 때는 이 두 사람의 논리에 모두 맞는 부분이 있다고 양쪽의 손을 들어준다. 왕기의 주장은 단번에 핵심을 파악할 수 있는 뛰어난 사람에게 맞는 방법이고 전덕홍의 주장은 보통 사람들이 행할 수 있는 일반적이고 안전한 방법이라는 것이다.

어째서 무선무악이 뛰어난 사람들만 행할 수 있는 방법일까? 왕기가 생각했던 무선무악이란 선할 수도 악할 수도 있다는 선택적인 의미가 아니었다. 마음의 본체에 선도 없고 악도 없다는 말은 마음의 본체가 상대적인 선과 악을 뛰어넘는 완전한 선이라는 의미였다. 따라서 완전한 선으로서의 마음이 드러난 의지도 역시 완전하다고도 말할 수 있다.

이렇게 되면 일상생활에서도 별다른 수양 없이 양지에 따라 발현된 의지 그 자체가 선하고 완전하다는 결론으로 흐를 수 있다. 뛰어난 사람이라면 특별한 공부나 수양을 하지 않고도 마음에서 흘러나오는 바대로 행하면 그 자체로 완전할 수 있지만 수많은 욕망에 시달리고 환경적인 제약을 받아야 하는 보통 사람이라면 자기 멋대로 하면서도 이를 완전한 선으로 오해하게 될 우려가 있다. 바로 이 점에서 왕양명의 후학들이 갈려나갔던 것이다.

왕기는 양지가 지극히 선한 것이라면 그로부터 나오는 의意도 선하며, 더 나아가 악으로 흐를 수도 있는 의意를 조정하기 위해 필요한 격물의 과정 역시 선한 것이라는 주장을 끝까지 밀고나갔다.

양지는 이미 이루어졌다

왕기의 양지 학설이 독특한 것은 그가 말하는 양지가 우주 전체에서 움직이고 흐르는 것이라는 점이다. 왕기뿐 아니라 왕양명도 양지를 인간에게만 해당되는 것이 아니라 우주 전체를 관통하는 것이라고 보았다. 그러나 왕기는 양지가 사람의 양지가 아니라 우주 전체의 양지라는 점을 더욱 강조했다. 왕기는 우주에는 오로지 하나의 기운이 있을 뿐이며 그 기운의 가장 영묘한 부분이 양지라고 보았다. 양지는 이 우주의 기운이 활발하게 생동하는 것이고 자연을 부단히 창조하는 것이다. 우주 전체의 양지가 내 마음에서 모든 것을 창조하고 있는 것과 같다. 왕기는 왕양명보다 한층 더 양지의 영역과 창조적 능력을 확대해서 해석했다.

왕기, 그리고 왕기와 뜻을 같이 하는 양명학자들은 개인의 현실적인 노력과 관계없이 양지가 이미 이루어진 것이라고 생각했다. 양지가 이미 이루어졌다는 것은 더 이상의 공부나 외적인 노력이 필요하지 않다는 것이다. 이미 내 안에 천리가 이루어져 있기 때문에 마음이 솔직하게 흘러가는 양상이 곧 본체로서의 천리라고 주장한다. 이들은 사람들의 마음에 이미 성인이 있다고 보았기 때문에 다시 밖에서 성인이 되기를 구할 필요가 없다고 생각했다.

이 주장은 보수적인 입장에서 볼 때 상당히 위험한 발상으로 비추어질 수 있었다. 이미 내 마음에 천리가 이루어져 있고 내 마음이 흘러가는 것이 바로 천리의 발현이라면 사람들은 더 이상 사회적 법이나 규범을 따를 이유가 없다. 내 마음의 흐름이 일반 사회의 법이나 규범보다 더 우월한 천리라면 굳이 사회적 규범을 따를 필요가 없기 때문이다. 이들의 사상은 당시 사회에서 극단적인 주장으로 오해되기 쉬웠고 그래서 많은 비판을 받기도 했지만 그만큼 급진적이었기 때문에 폭발적인 영향력을 발휘하기도 했다.

왕기와 함께 명 대 후기에 대중적인 영향력을 행사했던 또 한 사람의 서민 학자가 있었다. 태주라는 지역에서 시작되어 태주학파로 불리는 사상운동을 이끌던 왕간이었다.

소금 장수, 철학을 배우다

한 도인道人이 어느 날 한가하게 시장을 걷고 있었다. 어느 가게 앞에 가니 한 통 속에 들어 있는 뱀장어들이 보였다. 여러 마리가 좁은 통 속에 갇혀 있다 보니 짓눌리고 얽혀서 마치 죽은 것처럼 잠잠했다. 도인은 뱀장어들이 죽은 것인지 살펴보려고 가까이 갔다.

그 순간이었다.

갑자기 어디선가 미꾸라지 한 마리가 한가운데서 나와 상하 좌우로 이리저리 움직이기 시작했다. 미꾸라지가 하늘을 휘젓는 한 마리 용처럼 이리저리 뚫어주어 뱀장어들은 조금씩 몸을 움직일 수 있게 되었다. 미꾸라지가 막힌 것을 뚫어준 셈이었다. 이 광경을 본 도인 은 언뜻 이런 생각이 들었다.

'참 용한 미꾸라지로군. 그렇지만 이 녀석이 뱀장어들을 살리려고 그렇게 한 건 아닐 것이야. 뱀장어들이 숨 쉴 수 있게 된 것은 미꾸 라지 덕택이지만 미꾸라지는 뱀장어들이 불쌍해서 그런 것도 아니 고 보답을 바래서 그런 것도 아닐 테지. 미꾸라지는 자기 천성대로 한 것뿐이지만 바로 저것이 세상 사는 모습이 아니겠는가.'

도인이 뱀장어와 미꾸라지를 보고 느낀 것은 만물이 하나로 연결 되어 있는 세계 속에서 내가 어떻게 해야 하는가에 대한 자각이었다.

'그렇다. 저것이 바로 세상의 본 모습이다. 내가 들으니 대장부는 천지만물과 하나가 되어 천지를 위해 마음을 세우고 백성들을 위해 서 할 일을 정한다고 했다. 이것이 바로 그러한 모습이다.'

한 순간에 깨달은 도인은 떨치고 일어나 수레를 준비하고 복장을 갖추어 세상을 구하러 나가야겠다고 결심했다. 바로 그때였다. 갑자 기 천둥번개가 치고 비바람이 몰아치더니 미꾸라지가 비를 타고 하 늘로 오르는 것이 아닌가. 하늘로 올라간 미꾸라지는 사방천지를 자 유롭게 노닐다가 작은 통 속의 뱀장어들을 구하겠다는 마음으로 비 바람을 일으켜 뱀장어들이 담긴 통을 기울였다. 그러자 짓눌리고 얽 혀 있던 뱀장어들이 모두 기뻐하며 생기를 되찾아 마침내는 모두 함 께 바다로 돌아갔다.

이 이야기는 태주학파의 한 사람인 왕간이 지은 '미꾸라지와 뱀장어 이야기(추선부鰍鱔賦)'를 옮긴 것이다. 한 편의 우화 같은 이 이야기에서 작자의 심정을 읽을 수 있다. 왕간이 가장 중요하게 여겼던 것은 바로 짓눌리고 억눌린 사회의 숨통을 틔우고 싶다는 강한 사명감이었던 것이다.

왕간(王艮, 1483~1541)은 강서성의 태주泰州 출신으로 집안 대대로 소금을 만들어 파는 사람이었다. 당시 소금을 만드는 일은 혹독한 과정이었기 때문에 죄인 같은 사회의 최하층이 담당하던 일이었다. 왕간이 양명학자가 된 것은 엘리트 중심의 주자학과 달리 양명학이 서민들에게도 전파되었음을 보여주는 증거라고 할 수 있다. 왕간은 낮은 신분이었지만 명나라 말기 상당한 논란을 낳으며 반향을 일으킨 태주학파泰州學派를 열었다.

왕간은 사서四書 외에는 다른 책은 읽은 적이 없다고 한다. 그는 왕양명을 만나 제자가 되기 전인 서른일곱까지 특별한 스승이 없이 혼자 독학을 했다. 어려서 서당에 다녀봤지만 어려운 집안 형편 때문에 장사에 따라나서야 했던 소년은 언제나 소매에 경서를 넣고 다니면서 배운 사람들을 만나면 궁금한 것을 묻곤 했다고 한다. 그러다가 서른여덟에 왕양명을 만나면서 그의 인생은 바뀌게 된다.

새로운 격물 이론

왕간의 학설 가운데 가장 독특한 것은 격물格物에 대한 해석이었다. 왕간에게 격이란 '무엇을 본으로 삼다', '무엇을 기준으로 하다'라는 의미였다. 물은 내 몸부터 집안, 사회, 국가, 우주에 이르기까지 내 주변에서 마주하는 모든 것을 말한다. 여기서 중요한 것은 기준으로 삼는 '무엇'이 어떤 것인가 하는 점이다. 왕간은 그것을 특이하게도 '나 자신'이라고 주장했다.

나 자신과 천지 만물은 이미 하나이기 때문에 나는 천지 만물을 연결하는 하나의 고리와 같다. 따라서 왕간처럼 격물을 해석할 경우 그 의미는 '나를 척도로 해서 모든 대상을 재는 것'이 된다. 나를 척도로 모든 대상을 재는 효과는 나의 주체적인 활동을 통해 천지 만물이 하나로 연결되는 것이다. 왕간에게서 '나'는 환경적 제약과 욕망에 시달리는 나약한 존재가 아니라 적극적으로 만물을 연결하는 주체적인 존재로 탈바꿈한다.

공부를 통해 바깥 세계의 원리를 이해하는 것이 격물이 아니라 나를 중심으로 천지 만물의 고리를 연결하는 일종의 실천적인 구세활동이 된다는 의미다. 이런 해석은 주희는 물론, 격물을 '마음을 바르게 하는 과정'으로 보았던 왕양명과도 다른 것이다.

개개인의 주체성을 강조한 왕양명에서 한발 더 나아가 행동이나 구체적 실천에 더욱 중점을 두는 입장이라 할 수 있다. 그래서 왕간은 왕양명이 강조한 마음心을 넘어서 나 자신身이 천지만물과 하나라고 강조한다. 이때의 신은 몸을 포함한 일종의 주체적 자아라고 볼 수 있다.

인간은 본래부터 존엄한 존재다. 그것은 나와 도가 둘이 아니기 때문이다. 그러므로 사람만이 도를 넓힐 수 있다. 이런 생각은 양명학이건 주자학이건 고대 유학에 기초를 둔 모든 유학의 동일한 전제였다. 그러나 왕간은 이를 출발점으로 여기지 않았다. 그에게 나와 도가 하나라는 사실은 이 순간에 이미 이루어져 있는 현실이었다. 번잡한 학문과 자기 수양의 과정 없이도 이 순간에 만물을 위해서 실천할 수 있다는 의미다. 왕간의 이런 생각은 개인을 도 그 자체와 같이 지극히 귀한 것으로 보고, 수양이 아니라 지금 이 순간의 현실에서 나와 도가 하나 되는 모습을 찾는다는 점에서 다른 사상들과 차이를 보인다.

왕간의 주장은 사람 사이의 평등성을 더욱 강조하고 있다고 평할 수 있다. '지금 이 순간'이라는 우리의 현실은 성인과 보통 사람을 가리지 않기 때문이다. 더 나아가 왕간은 백성의 일상생활이 곧 도道라고 본다. 다만 보통 사람이 성인의 삶과 다른 것은 성인이 이런 일상생활의 도를 자각한 데 비해 이를 자각하지 못했다는 차이뿐이다. 이런 생각에 따르면 도는 주희나 왕양명이 생각하는 것처럼 우주적 원리가 아니다. 왕간은 도나 천리의 형이상학적 성격을 인정하지 않았다. 우리의 일상생활 그 자체가 도일 뿐이다. 그 외에 별도로 근원적인 가치의 담지자나 원리가 존재하지 않는다. 일상사가 곧 학문의 대상이라면 학문이 진정으로 목표로 해야 할 바는 먹고 사는 구체적인 문제를 포함하는 일상생활이 된다. 먹고 사는 문제를 떠나서 별도의 심오한 진리가 존재하는 것이 아니라는 의미다.

태주학파의 사상은 성인이냐 일반 백성이냐의 경계도 무너뜨렸다는 점에서 당시 다른 사상에 비추어 볼 때 혁신적인 측면이 있다. 이런 경향 때문에 그의 제자 가운데는 나무꾼이나 도공, 농부들도 있었다고 한다. 학교나 정치판이 아니어도 실천과 깨달음이 가능하다고 보았기 때문에 일상생활을 하는 보통 사람들의 큰 지지를 받았던 것이다.

양명학을 대중화하다

태주학파가 사회적 영향력을 얻었던 것은 그만큼 명 말의 사회 상황이 불안정했기 때문이다. 후기로 갈수록 전제 정치가 약화되고 상공업과 화폐제도가 발달하자, 토지에서 이탈한 농민들이 봉기를 일으키는 등 사회 전반에 불안한 기운이 흐르게 되었다. 불안한 시대를 살고 있는 당시 사람들에게 즉각적인 깨달음과 자유를 주장한 태주학파의 주장은 해방감을 주었을지도 모른다.

태주학파는 왕양명의 학문을 보다 대중화, 세속화시켰다는 평가를 듣는다. 왕간의 신분이나 이후 태주학파에 속한 사람들의 신분을 보면 '서민적'이었다고도 평가할 수 있다. 일상생활을 긍정하고 누구라도 일상생활에서 깨달음과 실천이 가능하다고 보았다는 점에서 어떤 이들은 태주학파의 사상을 일종의 계몽사상, 근대적 사상이라고 평가하기도 한다.

그러나 태주학파의 사상은 실질적인 힘을 발휘하는 혁명 사상이 되기에는 부족했다. 그들이 생각하는 이상 사회가 주희는 물론 왕양명 또한 강조했던 전통적인 의미의 도덕적 이상 국가와 크게 다르지 않았기 때문이다. 왕간의 사상은 보통 사람을 실천의 주체로 내세운다는 점에서 근대적 성격을 가지고 있었지만 그 실천의 목표와 대상이 전통적인 의미의 인이나 덕이었다는 점에서 여전히 전근대적인 성격을 띠고 있었다.

또한 태주학파의 학자들은 모든 사람이 자각해서 실천하고자 한다면 사회가 올바르게 될 것이라고 주장했지만 구체적인 실천 방향에 대해서는 분명하게 제시하지 못했다. 더군다나 사람들로 하여금 주체적인 실천의지를 내도록 만들 방법에 대해서는 더 논의를 진행시키지 않았다. 인간의 실천의지를 지나치게 낙관했다는 점에서 그 한계를 보였다고 할 수 있다.

왕간과 태주학파의 사상은 보통의 사대부들은 물론 같은 양명학의 후예들에게 조차 이단으로 낙인찍혔다. 그러나 양명학의 후예 중 가장 이단적인 인물이라는 평가는 다음에 소개할 이지에게 넘겨주어야 했다.

한 마리 개였던 사나이

"나는 어려서부터 유학의 책들을 읽었고 남들처럼 공자를 존경했다. 그러나 왜 공자를 존경해야 하는지에 대해서는 잘 알지 못했다. 구경거리를 둘러 싼 사람들 중 키 작은 사람이 키 큰 사람에 가려 앞이 보이지 않음에도 앞 사람이 웃으면 따라 웃듯이 나이 50이 될 때까지 나는 한 마리 개와 같았다. 앞의 개가 무언가를 보고 짖으면 나도 따라서 짖는 것과 마찬가지였기 때문이다. 왜 다른 개가 짖을 때 따라 짖느냐고 묻는다면 할 말이 없어 그냥 웃을 뿐이었다."

자신을 개에 비유하면서 무조건 학문의 권위를 따르는 당시 학자들의 현실을 비꼬는 듯한 태도로 비판하고 있는 이 사람은 누구인가? 중국 역사상 이토록 신랄하게 자신과 동시대의 학풍을 비판한 인물은 없었다. 당대를 비판한 지식인은 어디에나 있었지만 이 인물만큼 직설적으로 문제의 핵심을 찔러 사회적 논란이 되었던 인물은 없었다. 그는 이지 혹은 호를 붙여 이탁오로 불리는, 중국 역사상 가장 흥미로운 학자 중 한 사람이다.

이지(李贄, 1527~1602)는 명나라가 망하기 40여 년 전인 1627년 중국 남부 복건성에서 교양 있는 집안의 아들로 태어났다. 이지의 가문은 원래 상인 집안이었다고 한다. 그의 고향 천주는 중국 최대의 무역항 중 하나였다. 따라서 이지는 어려서부터 국제 무역 도시의 활력과 다양성을 몸으로 느끼며 자랐다. 그래서인지 이지 집안의 족보에 따르면 외국인과 결혼한 조상도 있었고 집안 대대로 이슬람교를 믿었다고도 전해진다.

이지는 스물여섯 살의 나이로 낮은 지방 관직에 오를 수 있는 과거를 치른다. 그러나 중앙 관직에 오를 수 있는 시험을 포기하고 말단 관리직을 전전했다고 한다. 관리는 그의 길이 아니었던 것 같다. 결국 이지는 54세 이후 모든 공직활동을 접고 학문과 저술에만 몰두하게 된다.

특히 59세 이후에는 지불원이라는 사찰에 머물면서 그의 대표적인 저서인 《장서藏書》와 《분서焚書》를 쓰게 된다. 지불원에서의 행적도 특출 났다. 어느 날 그는 갑자기 자기 머리를 스스로 잘랐다고 한다. 본인은 그저 머리가 답답하고 간지러워 잘랐다고 썼지만 다른 사람들 눈에는 그렇게 비치지 않았다. 유학을 공부한 관리로서 불교 사원에 머물면서 머리까지 밀어버린 일은 두고두고 사람들의 입에 오르내렸을 뿐 아니라 그를 이단으로 낙인찍는 결정적인 계기가 되었다.

이런 일화로 볼 때 이지는 도전적이고 고집이 세며 타협하기를 싫어했지만 스스로 옳다고 믿는 것에는 거칠 것이 없는 호방한 성격의 소유자였던 것 같다. 더욱 특이한 사실은 그가 지불원을 거점으로 자신을 따르는 무리들과 함께 일종의 공동체 생활을 했다는 점이다. 여기에는 상당수의 여성도 포함되어 있었다고 한다. 여성의 사회적 지위가 낮고 특히 여성에게 남성과 같은 교육을 시키지 않는 당시 분위기에서는 일대 파란을 일으킬 만한 사건이었다. 그는 여성의 지위와 능력을 인정해야 한다고 주장했다. 기존의 가치나 사회 규범을 넘어서는 개방적인 성격을 엿볼 수 있는 대목이다.

결국 그는 74세 때 추방당하게 된다. 그가 받은 죄목은 바람직한 윤리 도덕을 무너뜨리고 사람들을 현혹시켰다는 것이었다. 어쩔 수 없이 이지는 지지자들과 함께 북경 근처로 피신했다. 그러나 도피 생활도 잠깐, 결국 다음 해에 체포되었고 그해 봄에 옥중에서 스스로 목숨을 끊고 말았다. 그 후 그의 책들은 불태워지고 다음 왕조인 청조 때까지 금서 목록에 포함되어 있었다. 그러나 이지는 이미 자신의 사상이 금지될 것이며 또 불태워질 것임을 잘 알았던 것 같다. 자신의 책 이름을, 불태워질 책이라는 의미의 《분서焚書》, 그리고 묻어버려야 할 책이라는 의미의 《장서藏書》로 지었기 때문이다.

이토록 드라마 같은 인생을 살았던 학자가 있었을까?

역사적으로나 개인적으로 불우했거나 정치적 탄압을 받았던 이는 많았다. 주희나 왕양명도 예외가 아니었다. 그러나 이지는 이들과도 달랐다. 중국, 조선 같이 유학이 바탕인 사회에서 학문적 이단은 '사문난적斯文亂賊'이라 해서 비판받고 박해받았지만 생명까지 위협받는 경우는 많지 않았다. 그를 체포와 투옥, 자살로 몰아간 것은 단지 그의 개성적 성격이나 언행만은 아니다. 그의 인생을 극단으로 이끈 것도 그의 학문이었고, 시대를 앞서가는 비판자로 이끈 것도 그의 학문이었다.

거짓 학문에 도전장을 내다

그가 박해를 받았던 가장 큰 이유는 주자학을 비롯한 당시의 학풍을 비판했기 때문이다. 주자학에 대한 비판적 태도의 뿌리는 그가 젊어서부터 배운 양명학에 있었다. 그는 왕기의 아들로부터 직접 배웠다고 전해진다. 또한 이지는 평생 왕양명을 자기 학문의 영웅으로 숭배했다. 그러나 그의 학문은 양명학의 테두리에만 머물지 않았다. 그는 유학 외에 불교나 도가 사상에도 모두 영향을 받았고 삼교를 아우르는 통합적인 학문의 중요성을 설파했다. 세 가지 학문의 일치는 다른 양명학자들도 주장한 바였지만 왕양명이 어디까지나 유학을 중심에 두고 다른 것들을 포섭하고자 했다면 이지는 보다 개방적으로 자유로운 사상의 교류를 이야기했다는 점에 차이가 있다.

이지는 양명학과 불교, 도가 사상을 바탕으로 당시 학자들의 학문 풍토를 공격한다. 이지가 가장 강력하게 문제 삼았던 것이 바로 '거짓 학문'이었다. 그의 눈에는 상당수의 학문이 거짓을 부풀리고 정당화하는 거짓 학문에 불과했다. 특히 《논어》, 《맹자》와 같은 경전을 신성시하는 태도를 버려야한다고 강조했는데, 경전을 신성한 진리로 여기게 된 것은 자기 마음속의 판단이 아니라 그렇게 배웠기 때문이라는 것이다.

심지어 그는 공자의 권위조차 인정하지 않았다. 이지가 가장 크게 비난을 받은 것도 이 때문이었다. 수천 년 동안 중국 사회의 가장 큰 기둥이었고 진리와 모범적 삶의 사표였던 공자를 그저 보통 사람으로 평가한 것은 유학자들의 분노를 살 정도로 엄청난 일이었다. 공자의 권위를 부정하는 것은 유학 전체에 도전장을 내민 것이나 마찬가지였기 때문이다. 그러나 이지가 비판했던 것은 공자 그 자체가 아니라 공자를 신성시하고 옳고 그름을 따지지 않은 채 그의 학설을 절대적인 것으로 숭배하는 당시 학자들의 태도였다.

그의 역사비평서 《장서》는 옳고 그름에 정설이 있을 수 없다는 말로 시작한다. 이것이 옳을 수도 있고 저것이 옳을 수도 있다는 상대주의적 발언은 당시 사대부들을 충격에 빠뜨렸다. 그 누구도 유가 경전의 참됨을 의심하지 않았기 때문이다. '공자가 정한 옳고 그름이라도 절대적인 것이 될 수 없다.'는 것이 이지의 핵심적인 주장이었다. 시대는 변하고 사람들의 의식과 가치도 또한 변한다. 이런 변화를 무시한 채 무조건 예로부터 전해진 권위 있는 사상만을 신봉한다면 사람들은 그 절대적 진리에 숨 막히게 된다.

주자학도 마찬가지다. 주자학만이 유일한 도를 잇고 있다는 사대부들의 생각은 사회를 올바르게 끌고 갈 실천의 책임을 스스로 버리는 것과 같다. 정통의 권위에 모든 것을 맡기고 안주하려는 이들은 사회적 변화와 그 변화를 이끌 실천에는 관심이 없는, 마치 '진흙인형'처럼 무기력하고 거짓된 존재들이다. 이것이 이지의 핵심적 생각이다.

이지는 일단 사람들이 절대적이고 보편적이라고 생각했던 예禮의 의미를 다시 생각해야 한다고 강조한다. 유학자들에게 예는 고대로부터 내려온 절대적인 가치였다. 예는 상황에 따라 변용될 수 있지만 고대로부터 형성된 예의 본모습은 결코 달라질 수 없다고 믿었기 때문이다. 제사의 방법이나 시기는 바꿀 수 있지만 제사 자체는 절대적이라고 본 것이다. 그러나 이지는 다르게 생각했다. 이지에게 예는 절대적인 것이 아니라 상대적인 것이었다. 이지는 예가 시대에 따라 많은 사람들이 공통으로 인정하는 것일 뿐 본래는 사람마다 다를 수 있으며 시대마다 다를 수 있다고 보았다. 시대와 상황에 따라 달라지는 상대성을 더 인정해야 한다는 것이다.

이런 생각의 밑바탕에는 보편적이고 절대적인 것을 신봉하기보다 개별적이고 구체적인 것들을 인정하려는 태도가 깔려 있다. 사실 전통, 정통, 권위를 추종할수록 모든 것을 보편적이고 절대적인 진리 아래 줄을 세우기 때문에, 개인이나 개인의 욕망은 그만큼 제한을 받을 수밖에 없다. 유일하고 절대적인 천리가 만물을 지배할 때 모든 사람들은 천리에 가까워지기 위해 스스로를 깎고 다듬어가야 하는 것과 같다.

이지는 이런 사정을 잘 알았다. 그래서 그는 보다 근본적인 문제를 제기한다. 우리의 삶이 억눌리고 제한받는 것은 사람들이 태극과 같은 유일하고 절대적인 근원을 찾는 데에 있다. 이런 맥락에서 그는 세상은 하나가 아니라 둘에서 나온다고 주장한다. 태극이 아니라 음양 두 기에서 나온다는 것이다. 천지만물의 시초는 태극이 아니라 음양 즉 사람으로 치면 부부다. 부부가 있어야 부자가 있고 부자가 있어야 형제가 있으며 형제가 있어야 상하가 있듯이 만물은 부부 즉 음양에서 발생한다. 음양 이외에 별도로 그것을 가능하게 하는 근원적 존재는 없다.

지금 생각으로 보면 그리 특별한 주장 같지는 않다. 그러나 이지의 이런 생각은 상당히 혁명적인 주장이었다. 부부 즉 음양이 모든 만물의 시원이라는 주장은 절대적 보편자인 태극이나 리를 부정한다는 뜻이기 때문이다. 그는 형이상학적이고 추상적인 리가 아니라 구체적이고 현실적인 음양의 세계에서 우리의 모습을 찾아야 한다고 말한다. 태극으로부터 만물을 설명해온 주자학의 입장에서는 학문의 뿌리를 흔드는 엄청난 주장이 아닐 수 없었다.

어린아이의 마음으로 세상을 보다

이지와 같은 관점에서 본다면 윤리나 규범 같은 세상의 일반적인 이치도 그 근원이 달라진다. 유일하고 절대적인 만물의 근원으로서의 태극의 자리가 부정된다면 우리 눈앞에 펼쳐진 이 세계 외에 다른 세계에서 윤리의 기준을 찾을 필요가 없다. 그래서 이지는 우리가 따라야 할 인간의 윤리와 자연의 이치는 단지 옷 입고 밥 먹는 우리의 일상생활일 뿐이라고 주장한다. 옷 입고 밥 먹는 일상의 생활에서 자연스럽게 만들어진 질서가 곧 우리가 따라야 할 윤리며 자연의 근본적인 이치지 그 밖에 다른 이치가 따로 존재하는 것은 아니라는 의미다.

　이것은 인간의 일상생활에서 생기는 욕망을 인정해야 한다는 말과 같다. 우리의 일상생활에서의 자연스러운 욕망은 천리를 지키기 위해 끝없이 제거해야 할 대상이 아니라 자연스럽게 표출되어야 하는 대상이다. 일상생활의 자연스러운 욕망을 따르면 우리는 외부에서 우리를 옭아매는 규범이나 윤리와 갈등할 필요 없이 자연스럽게 조화를 느낄 수 있다. 일상생활의 기본적인 욕망을 억지로 부정하지 않고 자연스러운 충족을 맛본다면 누구라도 평화롭고 안정된 마음이 들 것이다.

　이런 조화가 바로 이지가 생각하는 이상적인 상태였다. 이처럼 형이상학적 근원이 아니라 일상의 자연스러운 삶에서 질서와 이치를 찾는다면 우리는 일상생활 밖에 더 큰 가치를 부여하고 우리의 일상과 그것을 나눌 필요가 없어진다. 성인도 보통사람과 같고 경전도 통속 소설과 다름없게 된다. 이지는 이런 생각을 바탕으로 위계적인 이분법을 거부한다. 이지가 여성의 지적 능력을 남성과 동등하게 본 것도 상하로 나눈 이분법적 사고를 거부했기 때문이었다.

　'거짓 학문'의 고정 관념을 끊어버린 사람만이 이분법적 사고에서 벗어나고 절대적인 권위에 자기를 맡기려는 안이한 생각에서 벗어날 수 있다. 이지에게 가장 중요한 것은 어떻게 하면 '거짓'에서 벗어날 수 있는가의 문제였다. 그가 제시한 답은 '어린아이의 마음' 즉 '동심童心'을 간직하는 것이었다.

동심은 어린아이가 가진 순수한 마음이며 거짓이 없는 본심을 말한다. 아이들은 따질 줄 모르고 거짓을 말할 줄 모른다. 자연스럽게 본능에 충실하고 때 묻지 않은 마음으로 눈앞에 펼쳐지는 것들을 바라볼 수 있다. 사람들에게 때가 묻은 것은 보고 듣는 것이 많아지면서 이 동심을 잃었기 때문이다. 동심을 잃으면 진심을 잃고, 진심을 잃으면 참된 사람이 될 수 없다. 거짓에서 벗어나 참된 마음으로 세상을 바라보기 위해서는 자기 마음의 동심을 지키도록 노력해야 한다. 사회적 명예나 부와 같은 잘못된 욕망 때문에 자꾸만 거짓을 만들어내게 되면 우리는 결국 사람으로서의 가장 중요한 본질을 잃게 된다.

감정과 욕구를 억누르는 거대한 질서가 아니라 개인적 감정의 순수한 본질을 더욱 중요하게 생각했던 이지의 생각 속에는 근대적 사유의 싹이 들어 있다. 근대 사회의 가장 큰 특징이 바로 개인을 국가나 사회에 종속된 존재가 아니라 사회의 주체로 보는 것이기 때문이다. 이 때문에 이지는 자신의 시대에는 철저히 탄압당했지만 오늘날에는 중국 최초의 근대인이라는 평가를 받기도 한다.

동림서원을 다시 열다

때는 명나라의 국운이 기울어가던 1594년 어느 날이었다. 궁궐이 있는 북경을 뒤로 한 채 중년의 선비가 식솔들을 이끌고 시골길을 지나고 있었다. 그들이 향하는 곳은 가장의 고향인 강소성江蘇省 무석無錫이었다. 식솔을 이끄는 인물은 피로해 보였지만 총기를 띠고 있었고 굳은 얼굴이었지만 강직하고 떳떳한 표정이었다.

한때 고위관리였던 고헌성(顧憲成, 1550~1612)이 식솔들을 이끌고 길에 나서게 된 것은 왕이었던 신종의 눈에 거슬렸기 때문이다. 고헌성은 법도를 무시하고 자신이 총애하는 왕자를 황태자에 책봉하려 했던 신종에게 반대하다가 결국 파면당하고 말았다. 관직에 대한 미련을 버린 그는 낙향을 선택한다. 남은 인생을 정치가가 아니라 학자로서 살겠다고 결심한 것이다.

고향에 돌아온 그는 학교를 세워 강학을 시작했다. 그와 뜻을 같이 하는 동료들이 하나 둘씩 모여들기 시작했다. 시간이 갈수록 많은 학자들이 뜻을 같이했을 뿐 아니라 대중들도 그들의 뜻을 지지했다. 이들은 후에 부패한 정치권력과 점점 무너져가는 사회 기강과 싸우는 가장 영향력 있는 정치적 결사가 되었다. 이 정치 결사를 동림학파東林學派라 부른다.

그들이 동림학파로 불리게 된 것은 그들이 함께 모여 학문을 공유하고 정치적인 토론과 집회를 한 곳이 바로 동림서원이었기 때문이다. 고헌성은 동림서원을 중심으로 뜻 있는 선비들을 모아 사상 토론과 정치적인 집회를 주도했다. 이렇게 탄생한 것이 동림학파다. 이들은 후에 3백여 명이 넘는 회원과 수천 명의 지지자들을 바탕으로 명나라 말의 가장 유력한 학파 또는 정치 결사로 성장하게 된다.

❖ **동림서원**

고헌성의 고향 무석에는 송나라 때의 유명한 학자 양시楊時가 제자들을 가르치던 동림서원이 있었다. 그는 동생 고윤성顧允成과 함께 동림서원을 다시 세운다. 고헌성은 덕망이 높고 학문이 깊은 선비였기 때문에 여러 사람의 후원으로 1604년에 서원의 보수를 마칠 수 있었다.

동림서원
중국 명나라 말에 정계와 학계에서 활약한 당파 가운데 하나인 동림당이 모였던 주요 장소.

흔들리는 세상을 걱정하다

고헌성과 그의 동료들이 함께 모여 토론하고 논의할 때 가장 중심이 되었던 문제는 '어떻게 하면 세상을 위기에서 구하고 바르게 이끌 것인가' 라는 문제였다. 학자면서 정치가였던 이들의 눈은 시대의 위기가 무엇인지 진단하고 해법을 제시하는 데에 모아져 있었다. 이런 학문적 태도를 '경세經世'라 한다. 세상을 올바로 경영하기 위한 원리들을 연구하고 실천하는 태도를 말한다. 이들에게 당시 명 말의 도덕적 부패와 국가적 혼란은 결코 좌시할 수 없는 것이었다.

당시 국가 운영의 주도권은 환관에게 넘어가 있었다. 유학자들은 전문적인 훈련과 시험을 거친 관료로서 이론과 신념을 갖춘 전문가였지만, 왕의 비서집단에 해당하는 환관에게는 그런 자질을 기대하기 어려웠다. 그러나 왕을 가장 가까이에서 대하는 자리였기 때문에 중국 역사에서는 때때로 환관이 왕의 자문 역할을 넘어서 정권을 잡은 경우도 있었고, 동림당을 몰락으로 내몰았던 환관 위충현魏忠賢처럼 스스로 왕이 되려는 경우도 있었다. 동림학파가 활동하던 시기도 명나라의 국운이 다해가던 때로 역시 환관이 정권을 쥐고 흔들던 어지러운 시대였다.

동림학파의 세상에 대한 우려는 정치 영역에 그치지 않았다. 정치 권력이 환관에게 장악당했다면 학문적 영역은 양명학에 잠식당했다는 것이 그들의 판단이었다. 그들의 눈에 양명학은 현실적인 정치 질서를 바꾸거나 사회 기강을 바꾸는 실천적인 학문이 아니라 헛된 이론에 불과한 것으로 비추어졌다. 사람들이 점점 독서와 학문을 무시한 채 양명학에 빠지는 것도 그들의 걱정거리였다.

그들은 특히 태주학파나 이지의 사상에 대해 비판적이었다. 동림학파의 입장에서 볼 때 양명학은 유학의 정통인 경전을 저버리고 다만 각자의 마음 안에서만 도를 구하는 허무맹랑한 학문이었다. 불교에서 주장하는 깨달음에 신경 쓰느라 정치적 · 사회적 실천을 해야 한다는 유학 본래의 정신에서 벗어나버렸다고 보았기 때문이다.

동림학파는 정치적으로 명나라 말기의 부패한 정권에 대항하면서 철학적으로 양명학파의 사회적 영향력을 경계하는 데 뜻을 같이 하는 사람들의 모임이었다고 볼 수 있다. 이들의 학문적 태도와 정신은 무너져가는 명나라 사대부들에게는 정신적 지주가 되었지만 시대의 대세를 바꾸기에는 역부족이었다.

이들이 다시 중앙 무대에 나타난 것은 동림서원이 재건된 후 약

십여 년 후에 일어났다. 관직에 진출한 동림학파들은 본격적인 정치 비판을 통해 자신들의 목소리를 냈다. 요즘의 상황에 비유하면 재야의 인사들이 기존 정권을 상대로 정치 비판을 하고 투쟁을 하는 것과 비슷할 것이다. 이들은 환관 정치의 문제를 강력하게 비판함으로써 상당수의 지식인들과 백성들의 지지를 받았다. 결정적으로 만주족에 의해 명나라가 패망하자 그들의 위기의식은 최고조에 달했다. 그러나 끝까지 이권을 빼앗기지 않으려는 환관들의 저항 또한 만만치 않았다. 결국 1625년 환관 위충현의 세력에 의해 동림당의 주요 인물들 대부분이 체포되거나 사형되는 것으로 동림학파는 역사의 뒷길로 사라지게 된다.

경세치용의 학문

동림학파는 일관된 학설이나 사상을 내세운 학파가 아니었다. 이들 가운데는 실제로 정치 무대에 나아가 환관을 비롯한 반대 세력과 정치적으로 투쟁했던 이들도 있고 재야에서 강학이나 글쓰기로 자신의 입장을 밝힌 사람들도 있다. 문제가 되었던 정치적 사건들도 상당히 복잡하기 때문에, 이들의 활동과 사상을 하나로 집약하기는 어렵다. 그렇지만 이들로부터 공통된 경향을 찾아내는 것은 어렵지 않다. 그것은 전통적인 유학자 즉 사대부의 입장에서 유학이 추구했던 이상을 실현함으로써 사회를 개혁하려는 것이었다.

그들이 생각한 올바른 학문이란 국가와 사회를 올바르게 운영하는 것이었다. 부패한 관리를 몰아내고 정치적 기강을 바로잡아 백성들의 삶을 올바른 길로 이끌지 않는 학문은 진정한 학문이 아니라고 생각했다. 환관에게 휘둘리는 조정, 자기 욕심을 채우느라 백성을 수탈하는 탐관오리, 백성의 삶에 대해 무관심한 학자들 모두 문제가 있다고 보았다. 어지러운 사회를 빨리 바로잡지 않으면 결국 패망하게 될 것이라는 게 그들의 주장이었다.

이들은 유학자의 눈으로 문제를 진단했다. 이들은 사대부들이 유학의 기본정신인 도덕적 자각을 통해 스스로를 쇄신하지 않고는 사회적 혼란을 해결할 수 없다고 보았다. 양명학자들이 양지 즉 마음에서 도덕적 실천의 뿌리를 찾고자 했다면, 동림학파는 유학의 기본정신으로 돌아가 사회를 구제하고 정치를 담당하려는 강한 실천의식을 통해 문제를 해결하고자 했다.

따라서 동림학파의 사상은 주자학의 입장에 더욱 가깝다고 할 수 있다. 이들이 주자학을 아무런 비판 없이 수용했던 것은 아니지만, 주자학에 비해 양명학의 이론은 지속적으로 경계했다. 사회적 폐단을 불러일으킬 수 있다고 보았기 때문이다. 양명학의 후학들이 주장하던 무선무악설無善無惡說은 대표적 비난의 대상이었다. 마음의 본체가 무선무악이라면 그로부터 나오는 감정이나 의지도 모두 무선무악이라고 해야 한다. 그럴 경우 사람들은 제멋대로 행동하면서도 스스로 선을 초월했다고 믿을 수 있다. 뛰어난 사람이 아니라면 이 이론을 통해 인의도덕을 무시하게 될 수도 있고 어리석은 자들은 자기 멋대로 사욕을 취하면서도 잘못을 깨닫지 못하게 될 수도 있다는 것이다.

사람들이 이런 폐단에 빠지지 않으려면 본성이 선하다는 맹자의 학설을 다시 한 번 확인하는 과정이 필요하다. 본성이 선하다는 사실은 곧 인간의 본성이 인의예지와 같은 가치를 근본적으로 담고 있다는 사실을 확인하는 것이다. 이런 주장은 사실 유학자들에게는 일반적인 것으로 그다지 독창적인 것이라고 말할 수는 없다. 그러나 양명학이 크게 유행하던 시기에 양명학의 한계를 비판하면서 내적인 자각과 사회적인 실천 간의 균형을 잡고 보완하고자 했다는 점에 동림학파의 사상적 의미가 있었다고 말할 수 있다.

동림학파가 내세운 경세치용의 학문이란 구체적이고 실질적인 정치나 제도의 개혁을 의미하는 것은 아니었다. 그들은 제도 개혁보다는 사대부들의 도덕적인 자각을 더욱 중요시했다. 그 결과 많은 사람들이 동림학파의 사상에 동조했지만 그들은 궁극적으로 독자적인 학문적 경지를 개척하는 차원에는 이르지 못했다. 그러나 현실에 영합해 이익에 따라 움직이는 당시 지식인들에게 경종을 울린 점, 그리고 의義와 이利의 엄격한 구분을 통해 순수한 유학의 입장으로 돌아가려고 한 점은 당시 시대 상황에서 볼 때 일종의 '유학 부흥 운동'의 성격을 띤 것이었다.

그들이 내세운 도덕 중심의 정치의식과 사상은 당대에는 환관들과의 정치 투쟁 때문에 파탄을 맞았지만 이후의 사상적 흐름에 상당한 영향을 끼쳤다. 그들의 정신은 마지막 성리학자로 알려진 뛰어난 학자 류종주(劉宗周, 1578~1645)와 그의 제자 황종희(黃宗羲, 1610~1695)에게로 이어졌다. 명말청초의 저명한 유학자들은 대부분 양명학, 특히 태주학파와 같은 극단적인 양명학자들에 대해 비판적

이었기 때문에 동림학파가 내세웠던 경세치용의 학문은 그들에게
정신적 구심점과 같은 역할을 했다.

14

푸른 눈의 유학자, 서양을 들여오다

　　15세기 후반 포르투갈에 의해 인도 항로가 열린 이래, 새로운 땅에 대한 유럽인의 열망은 지리상의 발견이라는 대항해 시대를 열었다. 신대륙의 발견과 항해술의 발전은 유럽의 팽창을 가속화시켰고 선두에 선 나라들은 교황으로부터 발견한 지역의 소유와 무역에 대한 독점적 권리를 얻었다. 그 권리의 이면에는 기독교를 전파할 의무가 함께 놓여 있었다. 따라서 대항해 시대에 식민지의 확장과 기독교의 전파는 동전의 양면과 같은 것이었다.

　　당시 교황청은 각국의 왕으로부터 새로 개척한 식민지에 파견할 인력을 요청받고 있었다. 인도로 파견할 선교사가 필요했던 포르투갈의 요한 3세도 그런 왕 중 하나였다. 교황이 인도 선교를 위해 포

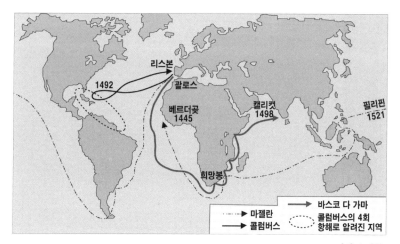

리스본

1492

괄로스

베르더곶
1445

캘리컷
1498

필리핀
1521

희망봉

→ 바스코 다 가마
----→ 마젤란
----→ 콜럼버스
----→ 콜럼버스의 4회
       항해로 알려진 지역

신항로 개척

1498년 5월 20일 포르투갈인 '바스코 다 가마'가 인도 항로를 개척한 이래, 새로운 땅에 대한 유럽인들의 신항로 개척 시대가 열린다.

르투갈에 파견한 것은 막 태동하기 시작한 예수회라는 작은 수도회였다. 예수회는 종교 개혁이라는 당시 유럽의 흐름에 대항하기 위해 가톨릭교회 내부에서 젊은 사람들이 자발적으로 만든 수도회였다. 유럽 팽창의 선두에 선 예수회의 첫발자국은 이처럼 식민지를 개척하고 거주권을 확보하기 위한 포르투갈의 식민지 개척 사업의 일환으로 시작되었다. 예수회의 해외 선교는 유럽의 입장에서는 십자군 정신의 실현이며 이교도를 개종시키려는 노력이었지만 중국과 같은 비서구 세계의 입장에서는 강력한 외부 문명과의 피할 수 없는 만남이었다.

이베리아 반도의 두 나라, 포르투갈과 스페인의 슬로건은 각각 '향신료와 영혼', 그리고 '황금, 신의 영광, 그리고 복음'으로 압축

될 수 있다. 이 슬로건은 신의 세계를 넓히려는 종교적 신앙과 식민지를 통해 부를 축적하고자 하는 경제적 동기가 뒤섞여 있는 유럽인의 이중적인 심층 심리를 잘 보여준다. 유럽인들은 유럽 바깥의 세계를 단순히 야만이 아니라 악마의 작품으로 여겼기 때문에 비유럽의 문화, 문명, 관습, 언어 등을 파괴하는 것을 그들에게 부여된 신의 사명이라고 여겼다. 그러나 이런 유럽인들의 일방적인 사고방식은 중국이라는 낯선 타자를 만나면서 깨지기 시작한다. 중국의 문화와 언어, 관습은 '야만'이라는 잣대를 들이댈 수 없는, 자신들만큼이나 뛰어난 '문명'을 바탕으로 이룩된 것이었기 때문이다.

푸른 눈의 유학자

1552년 이탈리아의 작은 도시 마체라타에서 약국을 운영하는 명문가 집안에 아들이 태어났다. 그의 이름은 마테오 리치(Matteo Ricci, 1552~1610, 중국이름은 이마두利瑪竇)로, 후에 동서양을 모두 체험하고 종교와 사상의 다리를 놓은 진정한 세계인이 될 운명의 아이였다.

1578년 3월, 아시아를 신의 품으로 불러들일 꿈을 품은 14명의 젊은 신부들이 세 척의 배에 나누어 타고 포르투갈의 항구 리스본을 떠나 인도의 고아로 향하고 있었다. 이십 대의 마테오 리치도 이들 가운데 한 사람이었다. 예수회에 소속된 마테오 리치와 동료들은 중국 선교를 위해 신학과 철학, 고전 문학과 수학, 과학, 천문학 등을 배운 뛰어난 인재들이었다. 예수회를 세운 사람들의 목적은 처음부터 해외 선교에 있었다. 이들은 대학을 세워 단순히 신학만이 아니라 르네상스 시대의 수준 높은 인문학과 과학을 필수 과목으로 가르쳤다. 학문적 역량과 신앙심을 고루 갖춘 지식인을 양성해서 해외 선교의 사명을 맡기고자 했기 때문이다.

마테오 리치는 1582년 중국 선교의 전초기지였던 지금의 마카오에 도착한 이후 중국 본토에 들어가 기독교를 전파하기 위해 여러 방면으로 노력했다. 1601년 북경에 진출할 때까지

예수회가 세운 마카오의 성바오로 성당

그의 생활은 어디서 어떻게 튀어나올지 모르는 수많은 위협과 불안의 연속이었다. 그는 중국에는 없는 뛰어난 문물을 가진 외국인이었기 때문에 중국인들은 끝없이 마테오 리치의 정체에 대해, 중국에 온 의도에 대해 의심했다. 마테오 리치는 중국인들의 환심을 사기 위해 처음에는 불교식 승복을 입었다가 나중에는 유학자의 옷을 입고 중국어를 배움으로써 중국인들과 가까워지기 위해 노력했다.

중국의 중심으로 들어가려던 마테오 리치의 노력이 결실을 맺은 것은 그가 마카오에 도착한 뒤 20년이나 지난 후였다. 그는 천신만고 끝에 북경에 정착한 후 죽음에 이르기까지 약 십여 년 동안 중국

황제를 비롯한 상층 인사들과 지식인 등 수많은 중국인들을 만났다. 그가 중점적으로 전달하고자 한 바는 기독교의 가르침이 중국의 전통적인 사상이나 윤리와 다르지 않다는 것이었다. 물론 그의 가장 궁극적인 목표는 기독교를 중국인들에게 전파하고 황제를 비롯해 많은 중국인들을 개종시키는 것이었다. 하지만 그가 만든 파장은 단순히 종교 문제에 국한되지 않는 것이었다.

리치는 중국의 전통적인 유학과 신유학을 서양 철학의 개념으로 설명했으며 기하학을 비롯한 수학과 천문학 등 서양의 자연 과학과 기술들을 전파했고 지도와 악기, 자명종 등 새로운 서양 문물을 소개했다. 리치는 자기 세계를 유일한 문명으로 파악하고 있던 중국인들에게 다른 세계를 보여주는 창이었다. 리치는 서양과 동양을 이은 최초의 세계인이었으며 중국과 조선, 일본의 지식인들에게 큰 충격과 영향을 준 새로운 사상의 전달자였다. 또 마테오 리치는 각자 자기 세계 속에서 살아온 중국과 서양을 마주 보게하는 역할을 한 최초의 비교 철학자라 부를 수 있다.

❖ 중국인들의 애장품, 자명종

마테오 리치가 들여온 서양 문물 중에서도 중국인들은 특히 자명종에 대해 관심이 높았다. 지체 높은 관료나 귀족들은 앞다투어 자명종을 얻고 싶어 했다. 자동으로 돌아가는 시계는 중국인들의 눈에는 신기하고 놀라운 서양기술 그 자체였다. 당시 시계는 본고장인 서양에서도 근대의 상징이라 할 수 있었다. 자동기계인 자명종은 근대 과학기술의 바탕이 된 기계론을 대표할 뿐만 아니라 중세적인 순환적 시간관과는 다른 직선적이고 진보적인 근대적 시간관을 상징하기도 한다.

지도와 달력, 중국인을 놀라게 하다

중국에 진출한 리치는 기독교 신학과 서양 철학을 전달하기 위해 먼저 중국어를 익히고 중국의 사상과 문화를 배워나갔다. 먼저 황제를 비롯해 중국 지배층을 움직여야 기독교를 전달할 수 있다고 생각했기 때문이다. 이들에게 기독교를 전달하려면 무엇보다 중국의 문화적 토대와 심층 심리에 접근하지 않으면 안 되었다. 중국 지배층을 움직이기 위해 마테오 리치는 중국에 처음 들어갔을 때 입었던 불교식 승복을 벗고 곧 유학자의 옷으로 갈아입었고 중국어를 익힌 뒤 유학의 경전과 신유학 서적들을 공부했다.

유학자의 옷을 입은 마테오 리치
예수회 소속으로 중국에 들어가 중세 스콜라 철학과 수학, 천문학 등 서양 학문을 소개해 동서양을 잇는 다리 역할을 했다.

❖ **마테오 리치, 놀라운 기억술로 중국인을 사로잡다**

마테로 리치가 단기간에 중국어를 익히고 수많은 한문 서적들을 공부할 수 있었던 것은 그가 기억법을 활용했기 때문이다. 당시 유럽 대학에서는 기초 교육 과정에서 기억법을 교육했는데, 이를 배워온 마테오 리치는 중국 경전들을 쉽게 암기할 수 있었다. 한번은 경전을 뒤에서부터 거꾸로 암기해서 사람들을 놀라게 한 일도 있었다고 한다. 중국인들은 마테오 리치의 기억법에 큰 흥미를 보였고, 마테오 리치는 자신의 기억법을 《기법記法》이라는 책으로 정리하기도 했다.

이렇게 중국어가 익숙해지고 경전에 능숙해지자 마테오 리치는 중국인들에게 자신이 '서양에서 온 유학자'라고 소개했다.

마테오 리치가 제일 먼저 한 일은 불교와 도교를 공격하는 것이었다. 불교와 도교는 유학자들에게도 공격의 대상이었기 때문이다. 특히 불교, 도교가 가진 범신론적이고 다신론적인 성격이 유일신을 섬기는 기독교와 달랐기 때문이다. 이런 마테오 리치의 방법론을 어느 중국인 학자는 '보유역불補儒易佛'이라고 부르기도 했다. 유교를 보완하고 불교를 대체한다는 의미다. 중국 문화를 부정하거나 거부하지 않고 이에 적응해나가는 이런 독특한 전교 방식은 이후로 중국에 들어온 예수회 선교사들의 일반적인 전교 방식으로 자리 잡았다.

이런 전교 방법은 어느 정도 효과가 있었다. 상당수의 중국인들이 마테오 리치가 들여온 새로운 학문에 호기심을 느꼈다. 많은 중국 지식인들이 마테오 리치를 지원했다. 예를 들어 감찰어사를 지낸 풍응경馮應京 같은 문인 관료는 신앙에 이르지는 않았지만 리치가 쓴 《천주실의天主實義》의 서문을 써서 그 책의 권위를 높여주기도 했다. 이들은 유학을 존중하는 리치를 높게 평가하고 리치가 들여온 새로운 서양의 학문을 배우고자 했다. 이들은 중국에는 없는 객관적이고 과학적인 서양 학문에 매료되었고 리치가 들여온 새로운 학문이 당시 중국의 학문적 풍토를 바꿔나가는 데 도움이 될 것이라고 생각했다. 이 때문에 마테오 리치는 종교나 철학적인 글 외에 천문학, 수학 등의 과학 이론도 책으로 저술했다.

서양에서 천문학과 수학은 우주의 절대적 근원인 신에 대한 경외심을 끌어내는 데 토대 역할을 하는 학문이었다. 천문학과 수학이

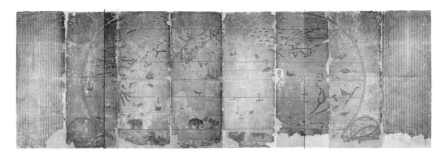

곤여만국전도

선교사로 명나라에 와 있던 이탈리아 예수회 수사 마테오 리치가 제작 출판한 세계 지도. 이탈리아에서 가져온 세계 지도를 중국 중심으로 고치고 지명도 한문으로 고친 목판본 지도이다. 이 병풍은 조선 숙종 34년(1708)에 화원이 모사한 것으로, 그 경위가 최석정(崔錫鼎, 1646~1715)의 발문에 자세히 쓰여 있다. 이 지도는 원본보다는 100여 년이 뒤지지만 목판이 아닌 손으로 그린 회화지도로 전 세계에서 두세 벌밖에 없는 희귀한 것이다. 〈서울대박물관 소장〉

신이 창조한 세계의 구조를 과학적으로 이해하도록 돕는 학문이라고 생각했기 때문이다. 그래서 예수회 선교사들은 서양의 우주론과 과학을 중국에 소개하고자 노력했다. 그들이 소개한 과학 이론은 중국에 비해 상대적으로 정밀하고 체계적이었기 때문에 많은 중국인들 그리고 소문을 들은 조선인들까지 예수회의 천문학과 수학을 배우고자 애썼다.

지도 역시 중국인들의 큰 관심을 끌었다. 1584년 리치는 서양 지도의 지명을 한자로 바꿔 표기하고 설명을 덧붙인 세계 지도를 만든다. 이 지도는 정식 인쇄가 되기도 전에 복사본이 여기저기로 흘러나갈 정도로 중국인들에게 큰 관심을 끌었다. 결국 리치는 1602년 '곤여만국전도坤輿萬國全圖'라는 이름으로 정식 인쇄를 하게 된다. 이 지도는 당시 중국과 조선에 상당한 충격을 주었다. 지도는 중국을 중심으로 그려져 있었지만 중국 밖에 중국보다 거대한 세계가 존재한다는 사실은 중국인과 조선인들을 놀라게 했다. 이들은 내심 중국이 세계의 중심이 아니라는 사실을 깨닫게 된 것이다. 이른바 중화주의中華主義가 흔들리기 시작한 것이다.

그들에게 대지의 중앙이 중국이라는 사실은 단순히 지리적 정보가 아니라 하나의 세계관이었다. 중국은 문명의 상징으로서 중화中華였고 다른 나라들은 이적에 불과하다고 생각했기 때문이다. 중화란 단순한 중국중심주의가 아니라 문명 세계라는 자부심을 의미했다. 이런 배경에서 세계 지도는 문명의 상징으로서의 중화를 숭상하고 이적을 야만으로 취급해오던 유학의 세계관에 의문을 갖게 하는 계기가 되었다.

그러나 무엇보다 중국인과 조선인들에게 가장 크게 인정받은 것은 천문학이었다. 본래 천문을 관측해서 정확한 달력을 만들어 농사 등에 참고하게 하는 것은 천자天子의 의무이며 권리였다. 따라서 천문 현상을 관측하고 정확한 달력을 만드는 일은 과학적 연구 분야일 뿐 아니라 정치적 통치 과정의 한 부분이었다. 이런 맥락에서 서양 선교사들이 들여온 천문학의 우수성은 중국의 통치자들을 놀라게 할 만한 것이었다. 서양 천문학이 중국 천문학에 비해 우수하다는 것이 인정되자 명나라 황실은 서양 역법을 공식적으로 채택하기에 이른다. 이때 책임을 맡은 인물이 바로 마테오 리치와 교류하며 서양의 철학과 과학 이론을 중국어로 옮긴 서광계(徐光啓, 1562~1633)였다. 이후 서양 선교사들은 새로운 과학과 기술의 전수자로 인정받아 명나라를 멸망시키고 중원을 차지한 청나라에서도 그들의 지위는 그대로 보전되었다.

이후 마테오 리치와 그 후임자들은 중국을 비롯한 동아시아에 신학, 철학, 과학, 수학, 지리학, 음악, 회화 등 넓고 다양한 서양의 지적·문화적 성과를 전했다. 중국, 조선에서 이들이 들여온 새로운 학문에 큰 관심을 보였던 것은 단지 서양 이론이 진보적이어서가 아니다. 중국과 조선의 지식인들은 서양 학문을 통해 관념적이고 추상적인 이론에서 벗어나 실질적이고 실용적인 학문을 추구하고자 했던 것이다.

마테오 리치左와 서광계右
중국 명나라의 학자 겸 정치가인 서광계는 마테오 리치와 함께 여러 권의 서양 과학, 수학 책을 한문으로 번역해 출간하기도 했다.

상제가 천주다

마테오 리치는 1599년 중국인 관리가 마련한 자리에서 삼회三淮라는 저명한 승려를 만나 토론을 한다. 리치는 먼저 삼회에게 물었다.

"제1원리이자 창조주이며 천지와 모든 창조물의 주인이며 우리가 천주天主라고 부르는 분에 대해서 어떻게 생각하십니까?"

"천지의 주 또는 창조자는 존재하지만 그다지 위대한 존재는 아닙니다. 인간은 모두 그와 대등하며 조금도 열등한 존재가 아니지요."

리치는 질문을 이어나갔다. "그렇다면 천지의 창조주가 만든 것을 당신도 만들 수 있으십니까?"

"물론 가능하지요."

"그렇다면 천지를 다 만들어보라고 하진 않을 테니 여기 이 화로를 한번 만들어보시지요."

"아니 내 말 뜻을 이해하지 못하는군요."

"아니 당신이 만들 수 있다고 하지 않았습니까?"

두 사람은 목소리를 높여가며 토론을 했기 때문에 주변 사람들이 말리지 않을 수 없었다고 한다.

삼회는 천주라는 것이 존재하기는 하지만 그다지 위대한 것은 아니라고 답한다. 그의 이런 주장은 보편적인 불교의 가르침을 바탕으로 한 것이다. 삼회는 리치가 말하는 '천지만물의 주인'을 '부처'라고 보았던 것이다. 불교에서 부처는 인간 위에 존재하는 초월자가 아니기 때문에 불교의 입장에서 삼회의 말은 그른 것이 아니다.

삼회는 왜 천지를 자신도 만들 수 있다고 했을까? 그것은 불교의 관점에서 모든 것은 마음이 지은 결과에 불과하다고 보기 때문이다. 삼회가 말하는 창조란 실질적인 창조가 아니라 모든 것이 마음이 구성한 세계라는 사실을 보여주기 위한 비유였다. 그러나 마테오 리치는 창조를 신이 만물을 창조하는 실질적인 행위로 생각하고 삼회에게 다그치고 있다.

이 두 사람의 논쟁은 '세계를 창조한 창조주가 존재하는가' 라는 문제에 대해 서로 다른 관점을 보여주고 있다. 이들 사이의 차이는 쉽게 해소될 수 있는 것이 아니었다. 누가 옳은지 그른지를 따질 수 없는, 서로 다른 세계관에서 도출된 나름의 이론들이기 때문이다.

여기서 중요한 것은 '천주天主' 라는 표현이다. 리치가 부딪힌 가장 큰 문제는 기독교의 신을 중국인들에게 납득시키는 것이었다. 기독교의 신은 세계를 창조하고 지배하며 인간에게 상벌을 주는 존재로서 유일하고도 인격적인 절대자다. 신이 인격적이라는 말은 곧 정신적인 존재로서 의식과 자유의지를 가진 완전한 독립체라는 의미다. 그러나 중국이나 조선에는 유일한 인격적 절대자가 세계를 창조한다는 관념이 존재하지 않는다. 더욱이 만물이 신의 목적에 따라 창조되었다는 설명도 쉽게 받아들여지지 않았다. 중국에서 만물은 초월적인 존재를 위해 존재하는 것이 아니라 자연적 질서의 일부분으로 여겨졌기 때문이다.

신유학적인 세계관에 의하면 우주 만물은 리에 의해 그리고 리와 기의 결합으로 그 자리에, 그렇게 존재하는 것이다. 더구나 리는 그 어떤 조작도 안배도 하지 않는 비인격적인 원리에 가깝다. 따라서 많은 중국인들이 인격자가 만물을 만들고 지배한다는 마테오 리치의 주장에 쉽게 동의하지 못했다. 따라서 마테오 리치의 첫 번째 사명은 기독교의 유일신을 중국인들에게 이해시키는 일이었다.

마테오 리치는 문제의 해결점을 중국의 고전에서 찾았다. 그는 중국 고전에 빈번하게 등장하는 '상제上帝'에 주목한다. 《시경》이나 《서경》에서 상제를 인격적이며 유일한 세계의 지배자로 묘사하는 구절을 찾을 수 있었기 때문이다.

이렇게 크고 조화로운 세상이 가능하려면 저 속에 반드시 주재자가 있기 때문이 아니겠습니까? 누구라도 눈을 들어 하늘을 쳐다 본 사람들이라면 다들 그렇게 생각할 것입니다. 천지만물을 창조하고 주재하는 천주가 바로 우리 서양에서 말하는 데우스(Deus, 라틴어로 기독교의 신 '천주'를 뜻함)입니다. 우리나라의 천주는 곧 중국의 상제와 같습니다.

모든 것을 신의 활동으로 이해하는 기독교적 사고방식에서 모든 사물은 신을 향해 움직이는 체계를 이룬다. 이성적이고 인격적인 신이 우리가 살고 있는 이 세계를 만들었고 만물의 운동을 가능하게 했으며 또한 그것들의 활동에 목적을 부여한다. 마테오 리치는 이 세계에는 처음으로 만물을 창조하고 때에 따라 만물을 주재하는 존재가 있고, 이 존재가 하늘의 주인 즉 천주이며, 경전에 나타나는 상제가 바로 천주를 가리킨다고 주장했다. 또한 천주는 귀신도 아니고 인간도 아닌 도덕의 근원으로서, 시작도 없고 끝도 없으며, 모든 공간에 가득 차 있고 스스로는 움직이지 않는 운동의 근본 원인이라고 설명한다. 만물은 천주가 창조한 것이기 때문에 천주는 모든 선善이 되돌아가는 근원이라는 것이다.

중국 고전을 연구한 리치는 그 책들에서 언급되는 '상제'가 기독교의 신과 같은 존재라고 주장한다. 《시경》, 《서경》, 《주역》 등을 보면 중국인들도 고대에는 상제의 존재를 믿고 섬겼다는 것이다. 고대 유학의 경전을 공부한 마테오 리치는 이를 증명할 수 있는 구절들을 일일이 뽑아내 제시했다.

이를 근거로 마테오 리치는 중국인들에게도 고대에는 상제에 대한 신앙이 있었다고 주장한다. 그러나 세상의 타락과 잘못된 가르침이 상제에 대한 신앙을 희미하게 만들었고, 현재는 비인격적인 리나 태극이 상제의 자리를 차지하고 있다는 것이 리치의 주장이었다. 리치는 더 나아가 불교와 같은 잘못된 종교를 극복하는 것은 물론 신유학과 같은 후대의 학문에 가려진 공자, 맹자의 진정한 학문을 되돌려야 상제에 대한 신앙을 회복할 수 있다고도 말했다. 마테오 리치는 이미 오랜 세월 굳어져온 중국인의 천과 상제 관념에 기독교적 신의 독특한 개념을 연결하고자 한 것이다.

마테오 리치가 말하는 천주가 곧 중국의 상제라는 선언은 당시 중국인들에게 큰 충격을 주었다. 중국인과 조선인들 중에는 이러한 마테오 리치의 시도를 긍정적으로 받아들이는 이들도 나왔다. 마테오 리치와 교류했던 고위 관료이자 문인이었던 풍응경은 "천주란 무엇인가? 곧 상제다."라고 말한다. 마테오 리치를 통해 기독교를 받아들인 지식인들도 상제가 곧 천주라는 사실을 조금도 의심하지 않았다. 심지어 기독교를 반대했던 유학자들까지도 하늘에 천주가 존재하며 그 천주가 상제라는 사실에 대해서는 의심하지 않았다.

그러나 마테오 리치와 유학자들 사이에는 건널 수 없는 강이 놓여 있었다. 중국인과 조선인 유학자들에게 진정한 '천주'란 결코 인격적 성격을 가진 신적 존재가 아니었기 때문이다. 유학자들에게 천이란 궁극적으로는 인격적 존재가 아니라 비인격적 원리이자 도덕성의 근원일 뿐이었다. 따라서 마테오 리치가 설명하는 것처럼 만물을 창조한 인격자의 속성을 부여하는 것은 본뜻을 넘어서는 일임이 분명했다.

유학에서 말하는 천은 다양한 면모를 지니고 있다. 눈에 보이는 푸른 하늘도 천이고 만물을 통제하는 근원적 존재도 천이다. 특히 인간 사회를 주재한다는 의미에서 천을 제帝라고도 부른다. 그러나 천은 시작도 끝도 없으며 더 나아가 만물을 직접 창조하는 존재가 아니다. 만물의 생멸은 리와 기의 결합으로 발생한 자연적인 과정일 뿐이다. 이 때문에 중국인들은 천주가 만물을 창조했다는 창조설은 받아들이지 않았다.

그러나 마테오 리치에게 천주가 만물을 창조했다는 이론은 기독교를 이해시키기 위해 필수적인 것이었다. 기독교에 의하면 모든 만물에는 그것을 낳은 원인이 있다. 이 원인의 원인을 점차 소급해가면 그보다 앞선 어떤 존재도 가지지 않는 제일 원인을 만나게 된다. 이 제일 원인이 바로 만물을 '무로부터 창조creatio ex nihilo' 한 창조주 신이다. 만물은 신이 자유로운 의지와 지성적인 섭리를 통해 창조해 낸 것이다.

이런 구도하에서 신 이외의 모든 존재는 우연적 존재일 수밖에 없다. 자기 충족적인 제일 원인은 자기 자신 이외에 다른 것을 추구해야 할 필연적인 이유가 없기 때문이다. 그러므로 신을 제외한 세계 전체는 생겨나야 할 필연적인 이유가 없는, 신의 의지에 의한 우연적 산물이다.

이런 설명 방식에 의하면 인간을 비롯한 만물은 신에게 자기 존재를 빚지고 있는 셈이다. 신이 아니었으면 존재하지 못했을 것이며, 신에 의해 현재의 위치가 부여된 존재일 뿐이다. 만물을 창조주의 의지에 의한 우연적 존재로 보는 방식은 중국인들에게 낯선 것이었다. 중국인들은 모든 것이 리와 기가 자발적으로 결합해서 나타난 결과라고 믿었기 때문이다. 중국과 조선의 지식인들은 자연에 목적이 있다는 사실도, 자연계를 현재와 같이 되도록 안배한 어떤 존재가 있다는 사실도 믿지 않았다.

태극을 비판하다

마테오 리치가 만난 명나라 말기의 유학자들은 세계를 창조한 인격적 천주에 관한 설명을 쉽게 납득할 수 없었다. 중국과 서양의 충돌이 가장 분명하게 드러난 것이 '태극'에 대한 논쟁이었다. 마테오 리치는 태극을 성리학자들의 오류라며 강력하게 비판한다. 신유학에서 태극은 모든 리의 총합적인 명칭이며 만물에 깃든 보편적 근원이다. 마테오 리치가 신유학의 태극 개념을 공격한 이유는 태극이 비인격적인 원리였기 때문이다. 태극, 즉 리는 비인격적인 원리이므로 천지만물의 창조자, 주재가가 될 수 없을 뿐더러 종교적 신앙도 생겨날 수 없게 된다.

또한 태극을 인정한다면 신과 만물 사이의 차이를 나눌 근거도 사라지게 된다. 기독교적 관점에서 신과 신이 창조한 피조물은 근본적인 차이가 있다. 그러나 태극은 태극이 깃들어 있는 만물과 근본적인 차이가 없다. 유일신을 정점으로 만물의 위계를 설정한 기독교적 세계관과 근원 존재와의 통일을 강조한 신유학 사이에는 건너기 어려운 강이 놓여 있었다. 따라서 마테오 리치는 태극을 무력하게 만들기 위해 태극이 공空이나 무無처럼 실재하지 않는 비천한 것일 뿐이라고 주장한다. 태극은 그 자체로는 자립할 수 없고 다른 사물에 기대서만 존재할 수 있기 때문이라는 것이다.

중세 유럽의 기독교 사상 체계인 스콜라 철학의 입장에서 한 사물을 그 사물이게끔 만드는 것은 태극 같은 이치가 아니라 신이다. 신은 모든 만물의 원인이며 목적이다. 신 외에는 어떤 것도 이러한 자리에 있을 수 없다. 만물은 신을 최고의 정점으로 인간, 동물, 식물로 내려가는 위계적인 구도를 이루고 있다.

마테오 리치는 우리의 모든 환경을 계획하고 만들어낸 이성적인 존재가 있다고 설명한다. 물론 리치의 이런 설명은 지나치게 결과를 원인에 짜 맞춘 사고방식이라고 볼 수 있다. 모든 것이 인간에게 유리하게 만들어져 있고 또 자연이 생존에 필요한 조건을 얻는 것은 누군가 그렇게 계획하고 그런 능력을 베풀었기 때문이 아니라 인간을 비롯한 동식물이 자연적 조건에 적응해 온 결과라고 볼 수 있기 때문이다.

천주와 태극에 관한 동서양의 이론적 갈등은 두 문화권의 세계관과 형이상학적 사유 체계의 차이에서 비롯된 것이다. 대화가 갈등으로 끝나지 않고 창의적인 소통으로 이어지기 위해서는 타자를 인정하는 관용적 태도가 요구된다. 마테오 리치는 유학의 경전들을 통해 기독교를 소개하고자 했다는 점에서 중국 문화와 사상에 대한 관용적 태도를 보여주었지만, 자신의 철학적 개념과 이론으로 중국적인 개념을 재단하고자 했다는 점에서 자문화 중심주의에서 벗어나지 못하는 한계에 머무를 수밖에 없었다.

영혼은 불멸한다

마테오 리치가 소개한 중세 스콜라 철학의 핵심 중 하나는 '영혼'이라는 독특한 관념이었다. 마테오 리치는 아리스토텔레스의 영혼론을 기독교식으로 정리한 토마스 아퀴나스의 학설을 따라 서양의 영혼 관념을 중국에 소개했다.

기독교적 체계에서 어떤 존재를 살아 있게 하는 것을 아니마anima 즉 혼魂이라고 불렸다. 혼은 세 가지로 구분된다. 첫 번째는 식물혼으로 생장능력을 갖춘 혼을 말한다. 두 번째는 동물혼으로 지각과 운동 능력을 갖춘 혼을 말한다. 세 번째는 인간만이 가진 영혼으로, 여기에는 이성적인 사유 능력이 갖추어져 있다. 마테오 리치는 이 세 가지 영혼을 중국어로 각각 생혼生魂, 각혼覺魂, 영혼靈魂이라고 옮겼다.

마테오 리치는 생명이 있는 존재들은 부여받은 영혼에 따라 그 능력이 다르다고 말한다. 식물들은 식물혼만을 가지고 있고 동물은 식물혼과 동물혼의 기능을, 그리고 인간은 세 가지 혼의 기능을 모두 갖고 있다고 한다. 이 중에서 인간을 다른 것들과 구별시켜주는 것이 바로 영혼이다. 이성적 사유 능력을 의미하는 영혼은 신과 직접 소통하는 인간만이 가진 독특한 것이기 때문이다.

혼은 육체와 분리되면 기능을 할 수 없다. 예를 들어 각혼의 기능 중 하나인 후각은 코라는 육체적 기관이 없으면 작동할 수 없다. 육체의 다른 기능들도 마찬가지다. 따라서 생혼이나 각혼은 모두 육체가 사라지면 함께 없어진다. 그러나 영혼만은 다르다. 영혼은 그것이 활동하는 데 어떤 육체적 기관도 필요하지 않기 때문이다. 영혼은 육체적 기관이 필요하지 않기 때문에 육체와 관계없이 존재할 수 있다. 따라서 육체가 사라진다고 해도 영혼은 사라지지 않을 수 있다. 스콜라 철학적 관점에서 바로 이 점이 인간을 다른 존재와 구별시켜 주는 차이다. 인간은 이성적 사고 능력을 포함하는 영혼 덕택에 신을 이해하고 신을 향한 삶을 살 수 있다. 리치의 이런 설명을 듣고 중국과 조선의 학자들은 어떻게 생각했을까?

동아시아인들은 먼 옛날부터 만물에 어떤 생명의 힘이 깃들어 있다고 생각했다. 이를 혼이라고도 하고 혼백魂魄이라고도 하고 때로는 신神이라고 부를 때도 있다. 특히 사람이 죽은 뒤에 육체를 벗어난 혼을 귀신鬼神이라고 부르기도 한다. 우리가 조상의 제사를 모시는 것도 조상의 귀신을 받들기 위한 것이다. 이처럼 육체와 구분되는 혼의 측면이 있다고 보았다는 점, 그리고 육체가 사라진 뒤에도 남아 있다고 생각한 점에서 동아시아의 혼, 혼백, 귀신 개념은 마테오 리치가 전달한 스콜라 철학의 영혼 개념과 비슷하게 보인다.

그러나 동양과 서양의 사고에는 상당한 차이가 있었다. 혼, 혼백, 귀신 등은 모두 인격적이거나 이성적인 활동이 아니라 비인격적인 '기氣'에 속하는 것이기 때문이다. 앞에서도 설명했지만 기는 물질적인 성격을 포함하는 존재의 원리다. 기가 뭉쳤다 흩어졌다 하는 과정이 만물이 순환하는 과정이라고 보았던 동아시아인들은 인간이 죽은 뒤에 기가 아직 흩어지지 않고 머물러 있다고 생각했다. 그것이 바로 우리가 제사를 지내는 이유다. 그러나 귀신은 결코 영원히 불멸하는 존재가 아니다. 몇 세대 이후에는 기의 흐름 속에서 소멸하고 만다. 이제까지의 모든 조상을 제사 지내지 않는 것도 이 때문이다.

영혼에 관한 마테오 리치의 설명은 중국인과 조선인들에게 자연스러운 듯 낯선 것이었다. 중국인들은 인간을 인간답게 하며, 이성적인 사유 활동을 하는 능력이 '마음'에 속한 것이라고 생각했다. 그러나 마음은 근본적으로는 '기氣'에 속한 것이므로 결코 기독교적 영혼처럼 죽은 뒤에도 소멸하지 않은 채 영원히 존재할 수도 없었고, 천당이나 지옥에도 갈 수 없는 것이었다.

특히 마테오 리치는 인간이 선을 행하고 악을 거부해야 하는 이유가 육체가 죽은 뒤 영혼이 천당이나 지옥에 가기 때문이라고 설명했다. 인간은 끝없이 악에 유혹되는 존재다. 따라서 벌을 받지 않기 위해서는 살아서 끝없이 선을 실천해야 한다는 것이다. 이런 설명은 유학자들의 비판을 받기 쉬운 것이었다. 심판을 받은 뒤 천당에 가기 위해 선을 행해야 한다면 그것은 선을 위해서 선을 행하는 것이 아니라 지옥에 가는 것이 무서워 선을 행하는, 자기 이익을 바라는 소극적인 행위에 불과하기 때문이다.

영혼의 문제는 인간이 어떤 존재인가, 죽음이란 무엇인가, 인간은 어떻게 살아야 하는가와 같은 문제와 연결되어 있다. 영혼은 이성적인 능력이면서 동시에 도덕적인 행위를 하는 근거다. 신유학에서도 혼백, 마음 등을 통해 스콜라 철학의 영혼과 유사한 주장을 하지만 신유학자들이 결코 동의할 수 없는 것은 그 영혼이 신에 의해 주어진 불멸하는 것이라는 점이다. 영혼에 관한 논쟁은 영혼을 부여하는 인격적인 신이 존재하는가란 문제의 연장선에 있다고 할 수 있다.

논쟁은 대단히 사변적이고 철학적이지만 논쟁의 결과는 이론으로 증명할 수 없는 신앙의 차원으로 연결되는 것이었다.

새로운 학문에 눈뜨다

마테오 리치와 예수회원들이 중국에 소개한 기독교, 서양 철학, 과학 등을 통틀어 보통 서학西學이라고 부른다. 서학은 중국인과 조선인에게 다각적이고 광범위한 영향을 끼쳤다. 처음 마테오 리치에게 관심을 보인 사람들은 지적 호기심에서 출발한 경우가 많았다. 마테오 리치가 서양의 과학 기술을 적극적으로 소개하자 이로부터 자극을 받은 지식인들이 생겨난 것이다. 하지만 이들이 기독교의 신에 대해 깊이 이해했는가는 별개의 문제였다. 초기에 기독교와 접촉한 이들 가운데 '종교적인' 문제로 깊이 회의하고 방황한 이들은 많지 않았기 때문이다. 특정한 '종교'를 믿는 전통이 중국 내에 없었기 때문일 수도 있다. 물론 도교, 불교와 같은 종교가 없었던 것은 아니지만 출가하는 승려나 도사를 제외하고 보통 사람들에게 도교나 불교는 기독교처럼 강한 종교적 체계는 아니었다.

이들은 마테오 리치가 전한 기독교에서 자기 사회가 처한 난국을 해결할 새로운 방법론을 발견하고자 했다. 이들은 마테오 리치가 들여온 서양 학문이 불교의 폐해를 극복하고 유학의 가치를 다시 세우는 토대가 될 수 있다고 믿었다. 예를 들어 마테오 리치를 통해 신앙에 이르렀던 서광계, 이지조李之藻 같은 인물들은 서양의 과학 기술을 적극적으로 받아들이면서 이를 통해 명나라 말기의 혼란스러운 사회 속에서 실질적 개혁을 추구했던 비판적 지식인이었다.

서학과 관련된 이들의 학문과 사상은 새로운 기술과 과학의 도입을 통해 사회 개혁을 꿈꾸었던 당대 관료 지식인의 일반적인 의식을 보여준다고 할 수 있다. 이들은 동양과 서양, 내 것과 남의 것을 가르는 편협한 태도가 아니라 실용적인 가치를 추구하는 개방적이고 타협적인 태도로 서양 학문과 동양 학문을 조화시키고자 노력한 진보적인 지식인들이었다고 평가할 수 있다.

《천주실의》는 출판된 지 10여 년 만에 북경에 사신으로 갔던 문인 관료 이수광(李睟光, 1563~1628)에 의해 조선에 소개된다. 뿐만 아니라 북경에 드나들던 대규모 사신단 연행사燕行使들이 당시 유행하던 서학 서적들을 사가지고 돌아왔기 때문에 조선 학자들 사이에서 서학 서적을 읽는 붐이 생기기도 했다. 이런 서학서들은 조선 사회에 새로운 학문에 대한 욕구를 불러 일으켰다. 특히 정치권에서 소외되어 있던 젊은 학자들이 서학에서 새로운 학문의 가능성을 발견하게 된다.

조선 후기에 서학이란 단순하게 '천주교'라는 종교를 의미하는 것이 아니라 서양 선교사들이 가지고 들어온 철학, 과학 이론을 포함한 광범위한 지식 체계를 의미한다. 범위가 넓은 만큼 이에 대한 조선 지식인과 지배층의 입장도 다르게 나타났다. 학자들로 한정해서 말한다면 학자들은 서학 가운데 과학 이론과 철학에 대해서는 객관적인 태도를 통해 연구하려는 경향이 강했다. 그러나 종교적 측면에 대해서는 비판적이고 부정적이었다. 조선 사회를 움직이는 기본적 질서이자 사상적 배경이었던 유학은 조선인들에게 단순한 사상이 아니라 신념 체계이기도 했으므로 유학 이외에 다른 것을 받아들이기는 쉽지 않았을 것이다. 대신 서학을 종교로 받아들이고 신앙에 이른 사람들은 지식인들이 아니라 중인 이하 서민 계층이었다.

서학을 통해 조선 지식인들은 이제껏 접해보지 못했던 새로운 사상과 문화를 받아들일 수 있었다. 서학의 선진적인 과학 이론과 인간에 대한 새로운 이해 방법은 조선 지식인들에게 큰 반향을 일으켰다. 그러나 외래 사상으로서 서학은 기존의 사상, 문화와 갈등을 일으키지 않을 수 없었다. 특히 서양이 중국에 들어온 본질적인 목적과 그 영향의 결과를 꿰뚫어보았던 사람들에게 서학은 국가의 적으로 인식되기도 했다. 이 때문에 서학, 특히 이른바 '천주교'는 조선에서 정치적 대응과 견제를 받게 된다. 수많은 사람들이 천주교를 수용했다는 이유로 피의 숙청을 당했다. 그럼에도 불구하고 새로운 학문과 세계관에 대한 사람들의 지적인 관심과 욕구는 식지 않았다.

조선에서 서학을 단순한 호기심을 넘어 학술적 비판의 대상으로 끌어 올린 이는 성호 이익(星湖 李瀷, 1681~1763)이었다. 이익은 서학을 단순히 이단이 아니라 하나의 세계관으로 이해하면서 자신의 사유 체계와 비교한다. 종교적인 측면에 대해서는 거부했지만 윤리적 가치를 인정했고 특히 과학 기술에 대해서는 경탄을 표하기까지 했다. 비교적 합리적이고 중립적인 태도로 서학을 평가했던 것이다. 성호의 서학관은 그의 제자들에게로 이어진다. 이 가운데 일부는 자발적으로 기독교를 믿는 차원으로까지 나아가고 어떤 이들은 학문적으로 거부하는 비판자의 위치에 서게 된다.

놀라운 것은 이 모든 과정이 인적 교류 없이 오직 책 속에 담긴 사상만을 통해 이루어졌다는 점이다. 조선에서의 서학에 대한 관심과 비판은 자생적이고 자발적이었으며 그렇기에 능동적이고 창의적인 학문적 대화의 과정이었다. 이후 서학에 대한 창의적인 수용과 비판은 조선 후기에 새로운 흐름이 되었고 실학의 형성에 큰 영향을 끼쳤다. 조선 후기의 젊은 학자들에게 서학은 세계를 보는 다른 눈을 제공해주었던 것이다.

성호 이익
조선 영조 때의 실학자. 독창성이 풍부하고, 항상 현실에서 실제로 시행될 수 있는 것을 마련하는 데 힘을 기울였다. 그의 실학 사상은 정약용을 비롯한 후대 실학자들의 사상 형성에 커다란 영향을 끼쳤다. 〈성호기념관 소장〉

예수회를 통해 기독교를 접했던 청나라 강희제는 비교적 열려 있는 태도로 기독교를 용인했지만 교황청의 제사에 대한 강경한 입장 때문에 더 이상의 관용을 베풀 수 없게 되었다. 1742년 교황 베네딕트 14세가 교서를 발표해서 중국인 신자들의 전통적인 제사 참여를 금하자 중국인 개종자들은 신앙과 전통 사이에서 갈등하게 되었다. 그리고 청나라 정부의 억압까지 겹쳐서 중국 내에서 천주교의 활동은 극히 약화될 수밖에 없었다. 현지 사정을 알지 못하고 자신들의 기준만을 고집한 교황청의 불관용적이고 비타협적인 태도가 결국 동아시아에서의 평화로운 선교 활동을 불가능하게 만든 셈이다.

강희제

청나라의 제4대 황제(재위 1661~1722)로 중국 역대 황제 중 재위 기간이 가장 길다. 국내외 정치에서의 성공은 문화에도 반영되어 중국 최대의 유서類書인 《고금도서집성》의 편찬과 《강희자전》의 출판을 비롯해 많은 서적을 편찬했다. 또한 서양 선교사들로부터 서양의 학문과 기술을 도입하게 하고, 중국에서 처음으로 위도緯度를 적은 정밀한 지도 《황여전람도皇輿全覽圖》를 만들게 하는 등 실용적이고 개방적인 학풍을 일으켰다.

천주교에서 조상의 제사를 인정한 것은 20세기의 일이다. 동아시아인들의 조상 숭배가 신앙 행위에 위배되지 않으며 미신적 행위가 아니라는 점을 인정한 것이다. 이렇게 기독교 전례 논쟁의 역사는, 서로 다른 문화를 인정하지 않고 자신들의 기준을 강하게 적용하는 포교는 결국 자발성을 이끌어내는 대화와 소통이 아니라, 강제적 주입이며 다른 문화에 대한 편견으로 끝난다는 점을 잘 보여준다.

비록 중국에서의 기독교 신앙 전파는 한계에 부딪혀 좌초하고 말았지만 마테오 리치로부터 촉발된 서양 학문의 중국 유입은 중국뿐만 아니라 조선과 일본에까지 영향력을 미친 일대 사건이었다. '서학' 이라는 이름으로 전해진 서양의 종교, 철학, 과학은 시대적 변화에 대처하지 못하던 전통학문에 활력을 주고 실학이라는 새로운 학풍과 시각에 영향을 주었던 중요한 지각변동이었다.

15

전통을 딛고 근대를 열다

산해관은 만리장성의 동쪽 끝에 자리하고 있는 중요한 관문의 하나다. 명나라 이후 북경이 수도가 되면서 산해관은 이민족의 침입을 막는 중요한 요충지였다. 산해관을 넘는다는 것은 곧 중국을 넘는다는 의미였다. 오랜 세월, 북경의 관문 역할을 하던 산해관이 열린 것은 1644년, 명나라의 국운이 다하던 그 해 봄이었다.

산해관을 지키고 있던 사람은 명나라 장수 오삼계吳三桂로, 그의 철통 수비 때문에 후금後金의 군사들은 고전을 면치 못했다. 그러나 오삼계의 고민은 단순히 후에 국호를 청淸으로 바꾼 후금을 막는 것만이 아니었다. 산해관 안쪽에서는 이자성李自成이 이끄는 농민 반란군이 관군을 상대로 승승장구하면서 북경으로 올라오고 있었다.

만리장성
춘추 전국 시대의 조·연 등이 변경
방위를 위해 축조한 것을 진의 시황
제가 크게 증축해 완성했다.

자금성
중국 베이징 중심에 있는 명·청 왕조의 궁궐로 궁궐 가운데서
는 세계 최대의 규모를 자랑하고 있다. 지금은 고궁박물원으로
일반에게 공개되고 있다.

안팎에서 불어 닥친 위기 앞에서 오삼계는 고민하지 않을 수 없었다.

사면초가의 상황이 계속되던 어느 날 결국 일이 터지고 만다. 반란군에게 쫓기던 명나라 황제 숭정제가 결국 자금성에서 목을 매어 자결한 것이다. 임금을 잃은 명나라 조정과 군대는 일시에 희망을 빼앗기고 말았다. 결국 외적인 후금과 내부의 반란군 사이에서 고전하던 오삼계는 숭정제의 자결 소식을 듣고 최후의 결단을 내린다. 멸망한 왕조의 충신으로 죽을 것인가 대세를 따를 것인가 갈등하던 그의 선택은 산해관의 관문을 여는 것으로 결론 났다.

반란군의 토벌을 명분으로 자금성을 넘어 온 후금은 반란군을 삽시간에 괴멸시킨 후 그대로 북경에 눌러앉고 만다. 지원군이 아니라 정복자가 된 것이다. 그날 이후 중국의 주인 자리는 더 이상 한족이 아니라 만주족이 세운 후금이 차지했다. 산해관의 관문이 열린 날은 또한 중국의 마지막 봉건 왕조인 청나라의 문이 열린 날이기도 하다.

반성과 비판에서 경세치용으로

멸망한 나라의 학자들은 무엇을 느끼고 어떻게 행동했을까? 특히 이민족에 의해 지배받게 된 사람들은 어떻게 살았을까? 명나라 말기에서 청나라 초기에 살았던 대부분의 학자들은 엄청난 분노와 수치심, 그리고 자기 나라에 대한 민족의식이 뒤섞인 복잡한 마음이었을 것이다.

이들 중 상당수는 명나라가 망하기 전부터 명나라의 부패한 현실을 경고해 왔었다. 말기의 명나라는 부패하고 포악한 정치와 환관들의 권력 다툼, 토지를 모아들이는 지주와 농사지을 땅을 잃고 도시를 떠도는 백성들, 돈으로 모든 것을 해결하려는 도덕적 타락이 넘쳐흘렀다. 자신들의 경고에도 불구하고 무너져 내린 나라 앞에서 이들은 절망하지 않을 수 없었을 것이다.

그러나 울고 있을 수만은 없었다. 이들은 눈앞에서 자기 나라를 잃었다는 슬픔과 이민족에 대한 증오 속에서 새로운 길을 찾아 나선다. 먼저 문제가 무엇인지 알아야 한다. 그리고 바꿔야 한다. 이런 반성으로 많은 학자들이 끝내 청나라에 협조하지 않은 채 죽음을 무릅쓰고 명나라 회복 운동에 참여한다. 그러나 이들의 반청 활동은 막강한 군사력을 지니고 새로운 정치 질서를 수립했던 청나라 정부를 상대하기에는 미약했고 결과적으로는 대부분 고향에 돌아가 학문과 저술에만 매달리게 된다.

이들의 사상과 주장은 모두 제각각이었지만 적어도 공통된 경향을 찾을 수 있다. 그것은 학문의 목표를 현실 구제로 돌리는 것이었다. 이들은 공통적으로 당시의 정치·사회 제도를 비판적으로 따져보고 백성이 정치의 중심이 되어야 한다는 유학의 기본 이념을 직접 실천할 방법을 연구하기에 이른다. 이른바 '경세치용'의 학파인 것이다. 이들을 대표하는 이들이 바로 명나라의 세 스승이라고 불리는 황종희, 고염무, 왕부지였다.

고염무
중국 명말청초의 사상가. 명나라 말기, 당시의 양명학이 공리공론을 일삼는 데 환멸을 느끼고 경세치용經世致用의 실학에 뜻을 두었다. 실증적實證的 학풍은 청조의 고증학을 연구하는 데 많은 도움을 주었다.

먼저 황종희(黃宗羲, 1610~1695)는 《명이대방록明夷待訪錄》 같은 정치비평서를 통해 자신만을 생각하는 전제군주 체제를 날카롭게 비판한다. 그는 백성을 위한 민본정치가 이루어져야 한다고 역설하면서 무엇보다 제도와 법의 중요성에 대해 강조했다.

또한 고염무(顧炎武, 1613~1682)는 유학의 목표를 경세치용에 두고 경세치용의 방법을 고전 경학에서 찾았다. 그는 천문·지리·농법처럼 당장의 필요에 부응할 수 있는 학문을 해야 한다고 주장했다.

뿐만 아니라 그의 사상을 종합했다고 평가받는 일종의 독서평론

집《일지록日智錄》과 같은 책을 통해 실용적이고 실증적인 학풍을 열었다.

또 왕부지(王夫之, 1619~1692)는《독통감론讀通鑑論》같은 역사비평서를 통해 과거의 정치제도를 비판적으로 검토한 뒤 나라의 목표는 백성을 섬기는 데 두어야 한다고 주장했다.

각기 주장의 차이는 있지만 주희나 왕양명뿐 아니라 황종희나 왕부지도 근본적으로는 유학자였다. 모든 유학자는 궁극적으로 개인과 사회를 나누지 않으며 학문의 목표를 올바른 사회가 실현되는 데 둔다. 그렇게 본다면 경세치용이라는 구호는 유학이 존재하는 한 어느 시대에나 존재했던 유학의 보편적 목표였다고 말할 수 있다.

왕부지
노장 사상과 불교의 인식론을 비판적으로 수용하는 한편, 기독교와 유럽의 근대 과학까지 접근했던 명말청초明末淸初의 사상가 겸 문학자. 황종희黃宗羲, 고염무顧炎武와 함께 명말청초의 3대 학자로 불렸다.

다만 나라를 잃은 명나라의 지식인들에게 더욱 절실했던 문제였을 것이다.

'경세치용' 이라는 사상적 구호는 한때 명나라에서 살아남은 지식인들에게 큰 자극이 되었지만 청나라의 지배가 안정되고 명나라를 경험하지 못한 신진 세력이 등장함에 따라 점차 학문의 정치적 성격이 약화되었다. 그 결과 경세치용을 논하던 학풍도 점차 소멸되어 갔다. 청나라의 지배에 동화되기 시작했던 것이다.

유학의 집대성자 왕부지

　명나라 말기인 1642년, 북경으로 향하는 마을에 왕부지라는 스물
네 살의 청년과 그의 형이 오도 가도 못한 채 발이 묶여 있었다. 그
들은 중앙에서 실시하는 과거 시험을 보러 가는 길이었다. 높은 관
직에 나갈 수 있는 회시會試에 응시했다가 몇 번이고 고배를 마셨지
만 두 형제의 아버지는 반란군이 승승장구하고 있다는 소문에도 불
구하고 아들을 과거 길에 올려 보낸 것이다. 아버지는 특히 열두 살
에 유학의 기본 교과 과정 십삼경을 모두 떼고 스물네 살이던 그해
진사 시험에도 합격한 작은 아들에게 큰 기대를 걸고 있었다.

　마을 사람들은 술렁이고 있었다. 반란군이 길을 막고 있었기 때문
이다. 나라가 벌써 망했다고 말하는 사람들도 있었다. 형제는 불안
한 마음을 꺾고 길을 떠나려 했지만 그들은 끝내 북경에 가지 못했
다. 명나라를 멸망으로 이끈 이자성의 반란군이 길목을 막고 관군과
전투를 벌이고 있었기 때문이다. 길을 돌아서 북경에 간들 시험이
정상적으로 치러질 리는 만무했다. 나라의 운명은 바람 앞에 촛불과
같았다. 왕부지는 분한 마음으로 발길을 돌려야 했다.

　스물다섯의 왕부지는 목숨을 부지한 채 가족과 함께 고향에 돌아
올 수 있었지만 나라의 멸망이라는 거대한 절망 앞에서 눈물을 흘리
지 않을 수 없었다. 하지만 좌절만 하고 있을 수 없었던 그는 의병을
일으키는 등 명나라 회복 운동에 참여했다. 그러나 이미 기울어진
국운을 되살릴 수는 없었다. 부흥운동 세력 사이의 내분은 갈수록
심해졌고 청나라의 지배는 더욱 강고해졌다. 그가 선택할 수 있는

길은 고향에 돌아가 학문을 하는 것뿐이었다.

결국 그는 1657년 서른아홉의 나이에 모든 뜻을 접고 고향에 정착했다. 그 후로 평생 동안 글을 읽고 쓰며 자신의 인생을 학문에만 쏟아 부었다. 그는 평생 수백 권의 책을 지었다고 한다. 그러나 재야에 묻힌 학자로서 그의 책은 당대에 읽히지 않았다. 그의 인생은 외롭고 고독한 학자의 길 그 자체였다.

왕부지도 명말청초의 명나라 출신 학자들처럼 '경세치용'이라는 구호 아래 나라의 멸망을 반성하고 왕조의 회복을 위해 힘썼다. 경세치용이라는 주장은 주자학이나 양명학의 한계를 벗어나서 사회를 개혁할 수 있는 중요한 이념 역할을 했다. 그러나 그들에게는 경세치용을 실천할 토대와 장이 없었다. 이민족에게 나라가 넘어갔기 때문이다.

새로운 지배 질서에 순응하는 사람들이 생기기 시작했다. 그들 가운데는 학문적 신념을 실현하기 위해 청나라 정부에 협조한 이들도 있었다. 그러나 어떤 이들은 끝내 청나라 정부에 협조하지 않은 채 재야에 남았다. 그들은 정치에 나아가지 않는 대신 실질적인 정치 방법론을 넘어서는 더 근본적인 문제를 고민해야 했다.

이들의 목표는 단순히 나라를 부강하게 하고 백성들을 편안하게 하는 학문을 넘어서, 자기 문명에 대한 자긍심을 밝히는 한편 올바르고 참된 학문을 세우는 것이었다. 그것이 그들에게는 좌절을 이기고 새로운 길을 찾아가는 방법이었다. 이런 고민 속에서 몇몇 학자들은 이전의 신유학과는 다른 새로운 이론들을 만들어낼 수 있었다. 왕부지도 그런 학자 중 한 사람이었다.

왕부지가 뛰어난 재주를 가지고도 어지러운 세상에 막혀 뜻을 접은 채 먼 길을 돌아 귀향해 보니 이미 아버지는 또 다른 반란군에게 잡혀가버린 상태였다. 반란 군의 우두머리인 장헌충은 이들 형제의 재주를 이용하고자 아버지를 볼모로 잡았던 것이다. 장헌충은 아버지를 볼모로 형제를 자기 진영에 합류시키고자 했지 만 왕부지는 반란군에게 협조하고 싶지 않았다. 그는 스스로 몸에 상처를 낸 뒤 장헌충을 찾아가 병을 핑계로 협조를 거부한다. 다행히 반란군 중 그의 친구가 있어 아버지와 함께 반란군의 손아귀에서 빠져나올 수 있었다. 이런 경험을 한 다음부터 왕부지는 끝내 벼슬자리에 나가지 않은 채 고독한 학문의 길을 걸었다.

음양 외에 별도의 태극은 없다

유월석의 고독한 비분을 마음에 품었지만 목숨을 바치지 못했고
장재의 바른 학문에 뜻을 두었지만 이를 이룰 능력이 부족했노라.
다행히도 온전히 고향 언덕에 돌아왔으나 슬픔을 품고 영원히 잠들었도다.

이 글은 왕부지가 직접 쓴 묘비명이다. 유월석은 진나라 때의 시 인으로 호방한 글을 지어 인정받았지만 흉노족이 일으킨 난으로 서 진西晉이 망하자 비분강개한 마음을 시로 남긴 인물이다. 장재는 앞에서 살펴 본 북송의 성리학자다. 유월석과 장재를 인생의 사표로 삼았다는 것만으로도 묘지 주인의 삶과 학문이 어떠했는지를 짐작 할 수 있다. 나라 잃은 시인의 마음이 그의 마음의 토대였다면 바른 유학을 이어가는 것은 그가 일생을 건 목표였다.

여기서 주목해야 할 것이 바로 장재다. 그는 주희도 양명도 아닌 장재의 학문을 자기 학문의 출발점으로 삼았다. 그는 주자학과 양명학의 폐단을 넘어 신유학의 흐름을 다시 계승하고자 했던 것이다. 왕부지는 장재가 쓴 《정몽》의 사상을 받아들여 기를 중심으로 한 이론을 세웠다. 하늘과 인간에 걸쳐 존재하는 것은 오로지 기氣일 뿐이다. 이런 생각은 장재의 주장을 계승해서 더욱 발전시킨 것이다. 장재는 만물의 근원을 태허로 보았다. 태허는 개별적인 것들로 나눠지기 이전의 근원적인 기를 의미한다. 이 근원적인 기가 활동을 통해 개별적인 기로 분산된다. 분산되어 개별적인 사물이 되었던 기는 자연스러운 흐름에 따라 움직이다가 절정의 순간에 다시 태허로 돌아온다. 인간을 포함한 우주 전체는 이 기의 흐름일 뿐이다.

그러나 주희는 우주를 하나의 기로만 설명하는 방식을 반대했다. 이정 형제나 주희는 리가 더 우선적이라고 생각했다. 기는 리에 근거해서 형성되는 것에 불과했다. 리가 능동적이라면 기는 리의 명령을 듣는 수동적인 성격이 될 수밖에 없다. 주희에 의해서 리는 점차 절대화되었고 만물을 질서 짓고 관리하는 유일한 근원의 의미로 굳어졌다.

왕부지는 이런 주희의 이기론을 비판한다. 왕부지에게 만물의 근원은 태극이 아니라 기다. 그렇다면 왕부지가 생각하는 리는 무엇인가? 기가 뭉치고 흩어지는 내적인 법칙이 바로 리다. 리는 개별적인 것을 그 자체일 수 있도록 해주는 원리로, 리와 기가 함께 작용해야 개별적인 사물이 형성될 수 있다. 사람이 사람이고 책상이 책상일 수 있는 것은 사람의 리, 책상의 리가 기와 결합했기 때문이다.

중요한 것은 리와 기의 관계다. 주희는 리가 기를 통제해 사람이나 개별적 사물이 형성된다고 생각했다. 이에 비해 왕부지는 사람과 책상이 형성될 때 리가 각각의 것을 그것으로 존재하도록 하지만 그것은 리가 기를 통제해서 그렇게 되는 것이 아니라고 생각했다. 음양이라는 두 기의 변화과정을 통해서 구체적인 사물이 형성되면 그 사물 내에 규칙적인 리듬과 규칙이 내재하는데 그것이 리다. 리는 기의 운동에 부여된 규칙적인 리듬이다. 따라서 근원인 하나의 리가 거대하고 무한한 기를 통제하는 것은 아니다.

리는 개별적인 사물이 형성될 때만 각각 개별 사물의 규칙으로 나타나는 것이다. 따라서 왕부지는 도道, 리理, 천天, 성性, 심心 등을 논할 때 기를 떠나서는 안 된다고 강조한다. 음양이라는 기 이외에 별도로 초월적인 리 즉 태극은 존재하지 않는다. 태극은 음양이라는 기의 움직임일 뿐이다. 기를 중심으로 우주와 인간을 이해한다는 것은 세계를 구체적인 실제의 세계로 본다는 것을 의미한다. 그가 이런 관점에 서게 된 것은 리를 강조하고 절대적으로 생각하는 주희의 이론이 구체적인 세계를 헛된 것으로 보게 만들었기 때문이다. 왕부지는 하나의 원리로 모든 것을 통일시키려는 주희의 이기론이 불교의 이론처럼 사람들로 하여금 허망한 생각을 갖게 한다고 비판했다.

그는 구체적인 현상세계를 뛰어넘는 초월적인 이치를 세우지 않고도 우주의 변화와 그 속에서의 인간의 사명을 설명할 수 있다고 생각했다. 끝없이 만물을 생성하는 기는 곧 성실함 자체로, 이것이 도덕적 가치의 근원이다. 리를 초월적으로 세우지 않고도 우주는 도덕적인 가치로 충만해 있으며 우주의 흐름에 참여하는 한 인간도 그

가치에 참여하는 것이다. 왕부지는 주희처럼 리와 기를 둘로 나누고 기를 리에 종속시키지 않고도, 신유학의 이론과 핵심적인 개념을 설명할 수 있음을 보여준, '신유학의 비판적 계승자'였다.

이치와 욕망은 근원이 하나다

인욕을 막고 천리를 보존해야 한다는 생각은 신유학의 공통된 이념이었다. 이 이념 안에는 인간의 욕망을 부정적인 것으로 보고 천리와 대립적인 것으로 보는 전제가 깔려 있다. 왕부지는 인간의 욕망을 천리와 대립적인 것으로 보지 않았다. 인간에게 욕망은 일종의 자연적인 것이다. 따라서 자연적인 이치에 따라 만족을 얻어야 한다. 천리는 인욕을 떠나 어딘가 초월적인 자리에 존재하는 것이 아니다. 천리는 인욕 속에 있다. 따라서 모든 자연적인 것은 선하다.

왕부지는 인욕 자체를 악으로 보아서는 안 된다고 주장한다. 그렇지만 인간의 욕망이 모두 선할 수는 없다. 자연적인 욕망 그 자체는 선하지만 사람의 도리가 쌓여서 만들어진 사회적 질서를 벗어나면 악이 된다. 따라서 사람들은 일상생활에서 사회적인 질서와 도리를 벗어나지 않으려는 노력을 해야 한다. 왕부지의 사상은 인간의 욕망을 통제되어야 할 대상으로 보지 않고 적극적으로 실현해야 할 것으로 본다는 점에서 시대를 앞서가는 것이었다. 구체적인 현실 세계를 긍정하려는 그의 사상적 특징이 여기에서도 나타난다.

왕부지는 살아있을 때 100여 종 400여 권에 달하는 엄청난 양의 책을 저술했지만 그의 사상은 당대 다른 학자들에게 영향을 주지 못했다. 그의 책이 청나라의 금서로 묶여 있었기 때문이다. 19세기에 금서에서 풀려 많은 사람들이 그의 사상을 접하게 되자 당시 학자들은 상당한 충격을 받았다고 한다. 그래서 청나라 말기의 사상가들은 왕부지를 '근래 500여 년 사이에 하늘과 인간의 이치에 통달한 진정한 학자'로 추앙했다고 한다.

왕부지는 주희의 철학을 비판했지만 완전히 뛰어넘거나 전복시킨 것은 아니다. 왕부지의 철학적 개념들은 모두 장재, 정호, 정이, 주희 등 신유학의 체계 내에서 나온 것들이다. 주희의 이론을 비판했지만 그렇다고 그의 학문이 신유학의 학문적 목표나 전제들을 뛰어넘은 것은 아니었다. 우주와 인간을 같은 근원에서 바라보면서 그 속에서 도덕적 가치의 실현과 정치적 실천을 찾아내고자 했던 신유학의 근본적인 목표는 그에게도 유효한 것이었다. 그런 의미에서 그의 철학은 주자학의 비판적 계승이면서 곧 전통적 철학의 새로운 집대성이라고 말할 수 있다. 이와 달리 보다 새로운 방식으로 학문의 풍토가 바뀐 것은 청나라 중기에 이르러서였다.

새로운 학풍의 등장

멸망한 명나라 유민에게 청나라는 이민족인 만주족이 세운 나라였지만 중국 역사 전체로 본다면 새로운 중원의 주인이었고 또 하나의 왕조일 뿐이었다. 청나라를 세운 만주족은 이민족으로서의 한계

강희제 (재위 1661~1722)
청나라의 제4대 황제

옹정제 (재위 1722~1735)
청나라의 제5대 황제

건륭제 (재위 1735~1796)
청나라 제6대 황제

와 나아갈 방향을 잘 알았다. 그들이 명나라의 사회적 혼란과 이민족 왕조에 대한 백성들의 적개심을 무마하고 비교적 짧은 기간 안에 지배 체제를 안정시킬 수 있었던 것은 뛰어난 왕들 덕택이라고 할 수 있다. 역사책에는 특히 강희제, 옹정제, 건륭제의 이름이 많이 거론된다.

이들은 근본적으로 스스로도 학문을 좋아했을 뿐더러 사회를 안정시키기 위해서 어떻게 사회 질서를 바로잡을지, 지식인들과 그들의 학문을 어떤 방향으로 이끌어야 하는지를 잘 아는 왕들이었다. 그들은 자신들을 비판적으로 보는 정치적인 토론과 학술 활동에 대해서는 탄압을 가했지만 실용적인 학문에 대해서는 정책적으로 권장했다. 그들은 공자에서 비롯된 유학의 이념을 자신들도 이어받았음을 공공연히 선포함으로써 야만이라는 이민족의 이미지를 벗어나고자 했고 명나라의 문화적 전통을 존중하는 모습을 보여주고자 했다. 말하자면 그들 스스로가 중원의 새로운 계승자임을 강조한 것이다. 이런 배경에서 시작되었지만 청나라의 학풍은 전통적인 중국 사상의 차원에서 본다면 이전과는 구분되는 새로운 변화를 추구했다고 말할 수 있다.

물론 이런 변화가 정부의 정책 같은 외적인 차원에서만 나타난 것은 아닐 것이다. 오히려 지식인들 내부에서 일어난 반성을 고려해야 한다. 앞서 살펴보았듯 명나라 말기에 크게 유행했던 양명학, 그것도 태주학파의 사상은 경전에 대한 공부를 그다지 강조하지 않았다. 하지만 지식인들 사이에서는 현실 속에서의 자각을 중시하고 마음의 흐름에서 진리를 보려고 했던 양명학의 유행이 도리어 사람들의 현실적인 감각을 마비시켰고 현실로부터 멀어지게 했다는 비판이 강하게 나타났다. 어떤 사람들은 명나라가 망한 것은 잘못된 방향으로 흘러간 양명학 때문이라고 강하게 비판하기도 했다. 이런 분위기 때문에 청나라 초기의 학풍은 어떤 식으로든 명나라 시대와 다른 성격으로 진행되지 않을 수 없었을 것이다.

강희제, 학술을 후원하다

어느 시대건 사상은 사람들의 의식을 깨우쳐주고 행동의 변화를 일으키는 중요한 토대며 무기가 된다. 특히 국가가 다른 민족에 의해 멸망한 상황이라면 그 민족의 고유한 사상은 민족의식을 불러일으켜 사람들을 모을 수 있는 좋은 수단이 된다. 그러니 청나라 정부

가 여러 가지 방법을 동원, 명나라에 뿌리
를 두고 있던 지식인들을 사상적으로 통제
하려 한 것은 어쩌면 당연한 일이었을 것
이다. 청나라 정부가 사상 통제를 위해 사
용한 대표적인 방법이 바로 문자옥文字獄이
다. 문자옥이란 말 그대로 글로 말미암아
벌을 내린다는 뜻이다. 황제가 사상을 통
제하기 위해 특정한 문자를 금지하거나 금
서를 반포하는 것을 말한다.

학자들이 모여 학문을 토론하는 서원도
감시의 대상이었다. 서원은 정치적인 모임
으로 바뀔 가능성이 높았기 때문에 청나라
정부는 서원에 대한 간섭과 통제를 강화했
다. 이렇듯 사상 검열과 통제가 이루어지
는 분위기에서 사람들은 비정치적이고 보
다 안전한 학문 방법과 대상을 찾지 않을
수 없었다.

그렇지만 청나라 정부가 억압 정책만 썼
던 것은 아니다. 청나라 정부는 한족을 회
유하기 위한 여러 제도를 시행했다. 일단
명나라의 과거제나 관직제를 계승해서 한
족 출신 관리들을 뽑았다. 출셋길을 열어
청나라에 대한 반감을 없애고 자연스럽게

강희제가 쓴 당시唐詩

서예 연습을 하는 강희제

섞일 수 있도록 한 것이다. 관리를 뽑을 때도 한족과 만주족의 숫자를 같은 비율로 유지하고 공이 있는 군신들을 예우하는 방식의 회유책을 쓰기도 했다. 더 나아가 그들은 한족의 문화적 뿌리를 존중하는 모습을 보여주려고 노력했다. 유교 윤리를 재정비해서 발표하는 것도 또 하나의 방법이었다. 이렇게 청나라 정부가 당근과 채찍의 방법을 구사하는 동안 한족은 점차 청나라 지배 체제에 동화되어갔다.

또한 청나라 정부는 한족 출신 학자들에게 문헌 고증을 장려하고 적극적으로 출판을 돕기도 했다. 고전 연구를 통해 한족 지식인들의 정치적 관심을 분산시키고 실용적인 학문으로 방향을 돌리고자 한 것이다. 이런 방향 전환의 배후에 강희제가 있었다.

강희제는 청나라가 중국을 장악한 이래 두 번째로 중국을 통치하게 된 황제였다. 그는 무려 61년간이나 황제의 자리에 있으면서 청나라의 지배 체제를 안정시키고 발전의 토대를 만들었다. 강희제는 학문을 좋아했던 황제로도 유명하다. 그는 천문학, 지도, 광학, 의학, 음악, 수학 등에 관심이 많았고 스스로 책을 읽으며 연구했다. 그가 얼마나 책을 열심히 보았던지 눈병이 날 정도였다고 한다.

강희제는 여러 분야에 다양한 업적을 남겼지만 특히 명나라의 문화적 뿌리를 그대로 잇는다는 명분으로 명나라 왕조의 공식적 역사서인 《명사明史》를 편찬하는 등 청나라 초기의 학문적 분위기를 이끌어나갔다. 그 밖에도 한자 사전을 집대성한 《강희자전康熙字典》을 편찬했고 일종의 백과전서인 《고금도서집성古今圖書集成》의 편찬을 명하기도 했다.

또한 그는 예수회 선교사들이 들여온 서양 학문을 적극적으로 수용할 정도로 학문적 차원에서 상당히 열려 있는 인물이었다. 서양의 새로운 지식과 기술에서 청나라를 발전시킬 새로운 씨앗을 발견한 강희제는 선교사에게 직접 기하학을 배우기도 했고 서양 기술을 이용해 지도나 대포를 제작하게 했다.

학문에 대한 관용적이고도 실용적인 태도는 그의 뒤를 이은 황제에게도 이어진다. 한족 지식인들은 이런 작업이 수천 년 넘게 축적되어온 중국의 학문을 정리하는 길이라는 데에 자부심을 느꼈고 청나라 정부는 학자들을 비정치적이면서도 생산적인 작업으로 이끄는 길이라는 데에 만족을 느꼈다. 일종의 윈윈전략이라 할 만하다. 이런 풍토 속에서 청 대의 학문은 깊이보다는 넓이의 차원에서 보다 새롭게 전개되기 시작한다.

고증학, 실사구시의 학문

청나라의 학풍이 이전과 달라진 것은 청나라 지식인들이 더 이상 도덕적인 자기 수양에 모든 것을 걸지 않았다는 점이다. 앞에서 살펴보았지만 송나라에서 명나라에 이르는 시기까지 뛰어난 철학자들은 우주의 원리와 인간의 원리가 같다고 생각했다. 인간은 이미 위대한 우주의 도덕적 가치를 담고 있기 때문에 일상생활에서 그러한 도덕적 가치를 실현하고자 스스로를 닦아 나가기 위해 평생을 연구하고 또 실천해야 하는 존재였다.

그러나 청나라 지식인들은 더 이상 엄격한 도덕적 수양에 매달리지 않았다. 그 대신 그들은 고대의 문헌을 읽었다. 그리고 그 문헌의 진위眞僞를 입증해 줄 증거들을 찾는 데 노력을 기울였다. 그들의 눈에 비친 세계는 리와 기, 심과 성으로 이루어진 세계가 아니라 구체적인 사실과 확실한 증거를 갖춘 기록들의 세계였다.

이런 분위기 속에서 학자들은 실증적이고 객관적인 방법으로 옛 문헌들을 연구하는 고증 방법에 보다 신경 쓰게 되었다. 이런 학문의 방법을 고증학考證學이라고 한다. 고증학이란 치밀하고 꼼꼼한 방법으로 증거를 찾아 옛 문헌의 글자와 구절을 밝히는 훈고학적인 경서 연구 방법을 말한다.

물론 고증학이 단지 글자와 구절을 밝히는 훈고학에 머물렀던 것은 아니다. 고증학이 발달할수록 대상은 점차 경서 이외의 분야로 확대되었다. 또한 여러 분야의 학문에 영향을 주거나 새로운 학문 분야를 개척하는 방향으로 진행되었다. 옛 글자의 음과 뜻을 연구하는 음운학이나 오래된 비석의 비문을 연구하는 금석학, 그리고 지리학 · 천문학 · 역사학 · 농학 등에 이르기까지, 청나라에서는 신유학 일색이었던 이전의 학문적 분위기와는 달리 상당히 넓은 영역에서 자유로운 주제의 연구가 이루어졌다.

청나라의 학문적 주제와 방법의 변화를 이끈 또다른 배경 중 하나로 17세기 초반부터 예수회 회원들에 의해 중국에 소개된 서양 철학과 과학의 영향을 무시할 수 없다.

왕실을 개종시켜야 중국에 기독교가 전파될 수 있다고 믿었던 예수회 신부들이 중국인들의 관심을 얻고 서양의 우월한 학문적 수준을 보여주기 위해 번역한 천문학·지리학·수학 등의 과학서들은 중국 지식인들에게 자연 과학에 대한 호기심을 불러일으켰다.

청나라 관복을 입고 있는 예수회 신부

청나라 정부는 이들의 학문 가운데 종교적인 내용을 제외한 과학적 이론들에 대해서는 적극적으로 수용했다. 서양의 과학 서적들을 출판하는 것은 물론 서양인 신부를 천문기구인 흠천감의 최고 지위자로 삼았다. 청나라 정부는 실용적인 태도로 서양의 과학과 기술을 받아들이고 활용하고자 했던 것이다.

이러한 개방적 분위기 속에서 청나라 고증학자들은 사실과 기록들을 통해 무엇을 보고자 했던 것일까? 그들은 무엇 때문에 옛 글들을 꼼꼼하게 읽고 신유학과는 다른 주제들을 연구했던 것일까? 그들은 고증학이라는 학문적 방법론을 택했지만 그들의 진정한 학문적 동기는 사회를 올바르게

시헌력(1707년)
서양 역법인 시헌력에 따라 중국 흠천감에서 나온 자료를 바탕으로 조선에서 펴낸 역서

경영한다는 고대 유학의 이념에 있었다. 그들은 순수하게 자연과학적인 호기심에서 여러 주제들을 연구하고 비교했다기보다는 백성들의 삶을 안정시키고 사회에 도움이 되는 학문을 연구하려고 했던 것이다. 이른바 경세치용이 그들의 학문적 목표였다고 할 수 있다.

그러므로 고증학의 중심은 경학經學에 있다고 볼 수 있다. 경학이란 옛 경전에 담긴 내용을 밝혀 현재의 정치·경제 등에 적용하려는 학문 방법이다. 고증학자들은 경서를 연구 대상으로 하되, 꼼꼼한 고증을 통해 실증주의적으로 연구하고자 했다. 그들은 그러한 연구 방법이 경학의 본래 뜻을 계승하는 것이라고 생각했다.

유학의 근본정신이 경세치용이라면 명확한 근거를 바탕으로 사실을 파악하는 이른바 '실사구시實事求是'는 그 첫 단계라고 할 수 있다. 그런 의미에서 고증학은 유학의 근본정신으로 돌아가자는 복고적 학문 운동이면서 동시에 공허하고 이론에 치우친 형이상학적 논의가 아니라 실사구시적 태도로 현실의 다양한 분야를 연구하는 실용적 학문이라고 말할 수 있다. 그러나 고증학은 태생부터 한계를 가지고 있었다. 고증학은 학문의 방법론이지 학문적 주제와 내용을 담고 있는 학문 체계 그 자체는 아니었기 때문이다. 고증학에 매달리면서 당대의 학문적 경향은 점차 실질적인 학문적 내용 없이 문구의 진위 여부에 치중하는 기계적인 학문으로 흘러가기 시작했다. 사람들이 자구의 해석이나 고증 방법의 옳고 그름에 얽매이게 되자 본래의 사상과 철학은 뒷전이 되고 오로지 학문의 방법론만이 강조되는 '학문을 위한 학문'으로 변질되었다.

게다가 청 대 후기로 갈수록 고조되는 국가적 위기 상황은 지식인들에게 훈고학적인 경전 검증을 넘어서는 새로운 학문을 요구하고 있었다. 그래서 전통적 가치를 버리지 않으면서도 난세를 돌파하고 변화를 모색하는 인물들의 등장은 시대적 요청일 수밖에 없었다.

강유위, 대동의 희망을 품고 시대에 도전하다

때는 1875년, 청나라 광서제 시대의 광동성 항구 도시 광주. 관료들은 부패하고 서양 열강들은 중국을 위협해 오는 상황에서 백성들에게 돌아오는 것은 고통뿐이었다. 이 탁류 속에서 무술과 의술을 익히며 청년들을 이끌던 이가 바로 영화 속 주인공이기도 했던 황비홍이다.

영화 속에서 황비홍은 서양의 문물을 무조건 배척하거나 무조건 수용하며 시류에 휩쓸리는 사람이 아니라 객관적인 시각을 가진 인물로 나온다. 의사였던 그는 서양 의학에 관심을 갖는 등 서양 문물의 우수성을 인정하는 개방적인 인물이었다. 그러나 시대는 그를 분노하게 만든다. 중국인을 값

광서제
청 왕조의 제11대 황제로 청나라 역사상 최초로 방계 혈통 출신 황제이다.

싼 노동력으로 써먹기 위해 미국에 팔아넘기는 악덕 미국 상인을 눈 뜨고 볼 수는 없었던 것이다. 맨몸으로 미국 상선에 오른 황비홍은 결국 서양의 신무기들을 무용지물로 만들며 중국인들을 구해낸다.

황비홍이 몸으로 시대의 혼란을 헤쳐나간 인물이라면 그와 비슷한 시기에 다른 방식으로 중국 문화의 전통을 지키면서 서양을 배워가려던 다른 청년이 있었다. 그 청년의 무기는 무공을 수련한 몸이 아니라 학문과 사상이었다. 그가 바로 청나라 황제 광서제에게 서구

황비홍   영화 '황비홍'의 한 장면

광동廣東 불산佛山 남해현南海縣 사람(1847~1924) 으로, 영남무술종사嶺南武術宗師이자 명의
名醫이다. 그를 소재로 찍은 홍콩 무술영화가 무려 100여 편에 달한다.

식 입헌 군주제 실시를 주장하며 정치 개혁을 요구했던 변법자강變
法自疆 운동의 중심 인물, 강유위(康有爲, 1858~1927)다.

　강유위는 1858년 중국 남부 광동에서 태어났다. 강유위가 태어났
을 때 중국은 말 그대로 혼란의 도가니였다. 중국이라는 거대한 시
장을 탐내던 영국은 광동에서 아편을 밀매하다가 중국 관료들과 충
돌했고 그 결과 3년여의 아편전쟁 끝에 중국은 끝내 영국에 지고 만
다. 이 사건은 중국이 서구 열강의 손아귀에 놓이는 계기가 되었다.
중국 내부에서도 농민을 중심으로 한 태평천국太平天國의 난이 일어
나는 등 전근대적인 봉건체제가 안팎으로 도전받던 역사의 격동기
였다.

　강유위의 집안은 대대로 성리학을 공부하던 독서인 집안이었다.
어려서부터 할아버지에게서 성리학을 배웠지만 그는 과거에 나가
벼슬을 하는 데 관심이 없었다. 젊은 시절의 그는 경세치용을 중시

해 실용적 관점에서 폭넓게 독서했다. 그가 읽은 책 중에는 서양에서 건너온 책도 많았다고 한다. 그는 중국이 우물 안 개구리처럼 과거의 영광만을 바라보고 있을 때 어떤 위험이 찾아올지, 다른 사람보다 먼저 직감하고 있었다. 강유위는 나라를 일으키고 백성을 구하기 위해서는 중국보다 앞선 외국의 사상이나 문물을 받아들여 사회를 '개혁'해야 한다고 믿었다. 《대동서 大同書》는 그의 신념과 학문이 결집된 일생의 역작이다.

강유위
중국 청나라 때부터 중화민국 때까지 활동한 사상가이자 정치가.

크게 더불어 하나 된다는 뜻으로 유교적 이상 세계를 의미하는 '대동'은 《예기 禮記》〈예운 禮運〉에 나오는 말이다. 이 오래된 말이 진정한 생명력을 얻고 사상적 힘을 얻게 된 것은 강유위의 책 《대동서》 덕택이었다. 강유위는 전통 사회가 붕괴되고 외세가 밀려오는 불안한 청나라 말기에 고대의 이상 사회를 현실에서 재현할 방법을 모색한 중국의 마지막 전통 철학자였다.

《대동서》의 초고는 1884년, 강유위가 스물일곱 살 때 썼다고 한다. 그를 움직인 것은 젊은 시절 경험한 서양의 새로운 문물이었다. 스물다섯의 강유위는 다른 젊은 선비들이 그렇듯 과거를 보러 북경에 올라간다. 그러나 강유위는 낙방하고 말았다. 상심한 마음으로 고향인 광동성으로 돌아가던 강유위는 어느 날 상해에 들르게 되었다. 당시 상해는 중국으로 진출하려던 열강의 전초기지와도 같아서,

조계지가 된 상해의 1928년 모습
조계지租界地란 청나라에 들어온 외국인이 행정자치권이나 치외법권을 가지고 거주한 조차지(租借地, 어떤 나라가 다른 나라에서 일시적으로 빌린 영토의 일부)를 말한다. 상해의 조계지는 1845년 11월에 시작되어 약 100년에 걸쳐 지속된다.

영국, 미국, 프랑스 등의 열강이 밀려와 각각 영토를 얻어 독립적인 문화를 이루며 살아가고 있었다.

상해는 19세기 후반에 국제도시로 크게 번성했다. 1842년 아편전쟁이 끝난 후 맺은 남경조약에서 상해 항이 서양 열강에 개항되었기 때문이다. 당시 상해에는 영국, 프랑스, 미국 등에게 관할권을 내준 조계지가 설치되었다. 독자적인 경찰권과 행정권을 보장받았던 외국인들의 주거지역인 서양인 조계지는 중국인들이 보기엔 충격 그 자체였다. 젊은 강유위도 큰 충격을 받았다.

홍콩, 상해 등지에서 느낀 문화적 충격은 그를 움직이기 시작했다. 서양 서적들을 닥치는 대로 구해 읽기 시작했다. 그 결과 그의 내부에는 이미 어려서부터 배운 중국의 전통 사상뿐만 아니라 서양의 각종 사회과학 서적까지 뒤섞여 소용돌이치게 되었다.

모두 하나 되는 사회

큰 도道가 행해졌을 때 위대한 왕들은 천하를 모두의 것으로 여겨 유능한 사람들을 뽑았지. 사람들은 자기 부모만 대접하고 자기 자식만 돌보는 것이 아니라 남의 부모, 남의 자식을 자기 가족처럼 돌보았네. 노인들은 편안히 여생을 마칠 수 있었고 아이들은 보살핌을 받으며 자랄 수 있었네. 혼자 사는 노인, 부모 없는 아이, 자식 없는 부모, 몸이 불편한 사람들 할 것 없이 모두 편안했지. 간사한 꾀를 부리는 자가 없었고 도둑이나 세상을 어지럽히는 사람이 없었으니 대문이 왜 필요했겠는가. 이런 세상을 모두 하나 된다고 해서 대동이라 부른다네.

지금은 큰 도가 사라져서 사람들은 제 부모와 제 자식만 귀하게 여기고 재물이 생겨도 자기를 위해서만 쓰네. 도둑이나 전쟁도 있으니 성곽이나 해자가 필요하지. 사람들이 자발적으로 도리를 지키지 않으니 예의가 필요하네. 예의로써 임금과 신하, 아버지와 자식 사이의 기강을 바로잡아야 하네. 밭과 고을에는 경계가 있고 계략도 때로 훌륭하다고 칭찬을 받지.

이런 시대를 통치하는 임금들은 예를 받들고 의를 드러내며 신의를 강조하고 인의를 가장 중요하게 여겼네. 이런 통치를 하니 백성들은 떳떳한 도리가 있음을 알 수 있었지. 이런 세상을 아직 완전히 편안하지 않다 해서 소강小康이라 부르네.

이 글은 《예기》〈예운〉의 한 대목이다. 세상의 변화를 한탄하며 이상적인 사회의 면면을 밝혀주는 화자는 바로 공자다. 공자가 바라보는 과거의 이상 사회 즉 대동 사회는 평등하면서도 서로 간의 책임감과 애정이 넘치는 일종의 유토피아였다. 이에 비해 소강 사회는 아직 개인적 소유가 남아 있고 그래서 사람들 사이에 이기적인 마음이 남아 있지만 적어도 예의와 제도에 의해 운영되는 세상이라고 할 수 있다. 강유위는 대동, 소강이라는 고대의 이념을 현실적인 역사 개념과 이상 사회의 논리로 바꾸고자 한 것이다. 대동설을 이해하려면 그의 역사관을 먼저 알아야 한다.

강유위는 인류의 역사가 세 가지 단계로 발전해간다고 본다. 먼저 야만적 단계는 거란세據亂世라고 한다. 거란세를 극복한 후에 나타나는 것이 바로 승평세升平世로, 공자의 표현대로라면 소강의 사회를 말한다. 승평세는 일종의 중간 단계에 불과하며 인류가 궁극적으로 도달해야 할 단계는 태평세太平世다. 태평세가 바로 공자가 말했던 대동 사회다.

강유위가 말하는 대동 사회는 즐거운 세상 그 자체다. 고된 노동은 사라지고 온갖 고통도 없다. 먹을 것, 입을 것이 풍족하고 여유롭기 때문에 갈등도 없고 모든 시설들이 다 갖추어져서 삶의 불편이 없다. 심지어 의학이 발달해서 병도 극복한 상태다. 물질문명과 과학문명이 고도로 발전해서 더 이상 고통과 고민이 없는 그런 사회라고 할 수 있다. 또한 모든 폐쇄적인 경계가 사라진 소통과 연대의 사회가 바로 대동 사회다.

이처럼 강유위는 세상은 거란, 승평, 태평의 순으로 변화한다고 보았다. 강유위는 공자는 이미 이런 흐름과 변화를 알고 각각의 시대에 알맞은 각각의 법을 세웠다고 보았다. 그러나 삼세는 저절로 교체되는 것이 아니다. 인간이 스스로 노력해서 법을 바꾸어가야 한다. 승평세에서 태평세로 바뀌었으면 거기에 맞게 태평세의 법을 채택해야만 하는 것이다.

즐거운 세상으로서의 대동 사회가 이루어지려면 먼저 천부인권이 인정되어야 한다. 모든 사람들은 하늘이 부여한 인권 즉 완전한 자유와 완전한 평등을 누린다. 신분의 차이는 물론 남녀의 차별도 인정되어서는 안 된다. 이를 위해서는 결혼제도나 가족제도 더 나아가서는 국가나 군대까지 사라져야 한다. 그것이 태평세 즉 대동 사회의 법이다. 이렇게 그의 주장은 대단히 급진적인 것이었다.

강유위는 또한 삼세설을 당대의 상황에 대입한다. 그가 승평세에 해당한다고 평한 것은 서양의 자본주의 사회였다. 그는 일생 동안 청나라 황제를 옹호하고 중국을 부활시키고자 했지만 그가 택한 방법론은 서양을 배우는 것이었다. 그는 서양이 중국보다 먼저 승평세에 도달했다고 보고 서양을 문명국가로, 그것도 중국보다 우월한 단계로 인정했다.

이런 바탕에서 그는 서양의 근대 자본주의 국가를 모델로 청나라 왕조를 입헌 군주제의 근대 국가로 변화시키자고 주장했다. 이를 위해 강유위는 변법자강운동을 통해 서양을 모델로 중국의 봉건적인 제도를 개혁하고자 했던 것이다. 그러나 강유위는 단순히 서양의 물질 문명과 과학 문명을 추종했던 사상가가 아니었다. 그가 생각한 태평세는 물질 문명과 수준 높은 제도만으로 이루어질 수 있는 사회는 아니었기 때문이다.

태평세의 진정한 모습은 사람들이 모두 선하고 도덕적인 삶을 사는 것이다. 사람들의 본성이 모두 선하고 서로 갈등이나 투쟁 없이 온화하게 살아가기 위해서는 가장 먼저 경쟁심을 벗어나야 한다. 경쟁하고 갈등하는 마음은 역사를 발전시키는 원동력이지만 동시에 그것 때문에 인간의 본성이 악해진다는 점에서 필요악이라고 할 수 있다.

이 경쟁과 갈등을 넘어설 수 있게 해주는 것이 바로 유가적인 도덕률이다. 강유위는 인간에게는 누구에게나 남의 불행을 모른 척 하지 않는 불인지심不忍之心 같은 사랑의 자질이 있다는 유학의 기본 이념을 문명의 진정한 척도로 내세운다. 결국 그의 목표는 유가적 가치의 세계를 다시 한 번 부활시키는 것이었다.

삼세설에 따르면 각각의 발전단계는 모두 상대적인 의의를 가진다. 어떤 것도 절대적으로 옳지 않고 또한 절대적으로 나쁘지도 않다. 중국의 과거는 그 당시에는 현실적인 가치가 있었으며 지금 서양의 승평세 역시 현재적인 가치만을 인정한다. 현재는 서양이 중국에 앞서 있지만 진정한 세계에 도달하지 못한 것은 중국과 마찬가지다. 강유위에게 유일하게 절대적인 것은 '공리公理'였다.

공리란 사리사욕에 매이지 않는 보편적이고 공적인 원리라는 의미다. 강유위에게 공리는 중국뿐만 아니라 서양까지도 포괄하는 보편적인 원리였다. 이 공리를 담당하는 주체가 바로 공자로 대표되는 유가의 성인이다. 유가적 지식을 쌓고 실천하는 사람만이 시대를 대동세로 이끌어가서 공리를 실현할 수 있는 자격이 있다. 강유위는 서양의 자본주의, 입헌주의 등을 받아들여 중국을 변화시켜야한다고 믿었지만 궁극적인 가치의 기준은 유학의 세계관에 두었던 것이다.

1898년 마흔한 살이 된 강유위가 흔들리는 배 위에 서 있다. 일본으로 망명을 가는 길이다. 강유위를 지원했던 광서제가 퇴위되고 서

태후가 다시 정권을 잡자 피의 숙청이 시
작되었던 것이다. 동료 여섯 명을 형장의
이슬로 보낸 강유위는 제자이자 동료였던
양계초와 함께 간신히 일본으로 탈출한다.
그로부터 십여 년 동안 그는 고향에 돌아
가지 못한 채 유럽과 캐나다 등 서양을 전
전하며 글을 쓴다.

양계초 동상
중국 청말 중화민국 초의 계몽 사상가이
자 문학가. 번역, 신문·잡지의 발행, 정
치 학교의 개설 등 혁신 운동을 했으며
변법자강운동에 힘쓰기도 했다. 계몽적
인 잡지를 발간해 신사상을 소개하고 애
국주의를 고취해 중국 개화에 공헌했다.
〈양계초기념관 소장〉

강유위는 변법자강운동만으로 기억되기
엔 그릇이 크고 영향력이 강한 철학자였
다. 그는 최후의 유학자이면서 동시에 서
양 사상가였다. 그는 한편으로는 유토피아
주의자이자 사회개혁가였지만 다른 측면
에서는 공자를 숭배하는 공교孔教라는 종
교의 제창자이기도 했다. 또한 근대 자본
주의 사회의 옹호자인가 하면 전통적 유가 사상을 고수한 보수주의
자이기도 했다.

이렇게 다양한 사상을 지니고 파란만장한 삶을 산 그에 대한 평가
역시 다양할 수밖에 없다. 그가 전통 사상과 서양 사상을 절충한 중
국식 역사 발전론을 전개했다는 평가가 있는 반면 대동 사회가 비현
실적인 무정부주의 또는 공상적인 사회주의에 가깝다는 평가도 있
었다. 모든 인류의 보편적 가치에 대해서 논했지만 문명, 민족, 인종
등에 대해서는 서구 식민주의적 관점을 탈피하지 못했다는 비판을
받기도 한다. 그러나 적어도 강유위의 꿈과 좌절이 변화를 강요받던

소강이라는 말은 최근에도 쉽게 들을 수 있는 말이다. 현재 중국이 이 '소강'을 사회 발전의 목표로 세워 달리고 있기 때문이다. 1979년 등소평이 공산당 대회에서 소강 사회의 이념을 제창한 이래, 현재 중국은 2020년을 소강 사회가 이루어지는 시점으로 잡고 사회적 · 경제적 발전을 이끌어나가는 중이다. 그들이 말하는 소강 사회는 '올바르고 빠른 경제성장 · 국민들의 권익과 사회 공평한 정의 보장 · 문명적 소양의 재고 · 삶의 질에 대한 전면적 개선' 등이 실현된 사회다. 현대 중국인이 생각하는 소강 사회는 국민 대부분이 '여유로운 중산층의 생활'을 하는 사회라고 할 수 있다. 지금 중국은 전통적 개념인 소강 사회의 완성을 현실화시키기 위해 뛰고 있는 것이다.

19세기 동아시아 사회의 현실과 문제, 그리고 가능성을 모두 보여주는 시대의 거울이라는 점에 대해 부인할 사람은 없을 것이다.

열강의 야욕 아래 무력감과 좌절을 느끼던 조선의 지식인들에게도 강유위와 그의 제자 양계초의 책들은 반드시 읽어야 할 필독서였다. 조선의 지식인들도 자신들의 전통을 부정하지 않으면서도 새로운 시대의 변화를 주도할 새로운 사상이 절실했기 때문일 것이다.

제6부

조선과 일본
사상적 변용과
창조

"네 몸이 만물과 다른 것이 무엇인지 말해보아라."

허자가 대답했다. "천지 생물 중에 사람만이 귀합니다.

저 금수나 초목은 지혜도 없고 지각도 없으며 예나 의도 없습니다.

사람은 금수보다 귀하고 초목은 금수보다 천합니다."

대답을 들은 실옹은 웃으며 말했다.

"너는 결국 사람이구나. 사람의 입장에서 만물을 보면 사람이 귀하고 만물이 천하지만,

만물의 입장에서 사람을 보면 만물이 귀하고 사람이 천할 것이다.

그러나 하늘에서 보면 사람이나 만물이나 결국 마찬가지다."

16

성리학의 또 다른 깊이와 넓이

조선 성리학

1.삼각관계

2.불치병에 걸린 사람

3.아버지와의 갈등

한 일본의 한국 드라마 팬이 한국 드라마에 꼭 나오는 내용을 분석한 결과라고 한다. 재미있는 분석이지만 한 가지 짚고 넘어갈 부분이 있다. 1번과 2번은 사랑 이야기가 주류인 우리 드라마의 흔한 설정이니 그렇다 치자. 그러면 3번은?

사실 대부분 한국 드라마의 주인공들은 아버지와 갈등한다. 심지어 아버지나 어머니가 주인공의 사랑을 갈라놓기 위해 음모를 꾸미는 경우도 많다. 재벌로 나오는 주인공의 아버지는 대체로 권위적이고 억압적인 성격으로 그려진다.

앞의 분석을 내놓은 일본인 팬은 3번의 이유를 '유교 국가이기 때문에'라고 평했다고 한다. 우리는 느끼지 못했지만 외국인의 눈에는 '아버지와의 갈등'이 한국 사회의 보편적인 모습이고 이것이 유교 문화 때문으로 비추어졌던가 보다. 이런 분석에 동의하는가? 이런 모습이 우리의 진짜 현실일까? 유교 문화는 현재의 우리를 부모 세대와 갈등하게 만드는가? '유학' 또는 '유교'는 우리에게 무엇인가? 이런 질문에 쉽게 답하지 못한다면 그것은 우리가 우리 스스로를 제대로 바라보지 못하고 있기 때문일지도 모른다. 이 문제를 해결하기 위해 우리는 잠시 오늘의 걸음을 멈추고 6백여 년 전으로 가야 한다.

고려에 건너 온 성리학

우리나라에 성리학이 소개된 것은 고려 말이었다. 고려는 유학과 불교가 공존하는 사회였다. 고려 왕조는 태조 왕건 이래 왕실에서 불교 행사를 주관하거나 팔만대장경 같은 불경을 간행했던 것처럼 불교를 귀족과 백성들의 정신적 구심으로 삼고자 했다. 그러나 고려 후기로 갈수록 권력을 등에 업은 불교가 정치적인 힘을 얻게 되고, 백성들의 생활이 어려운데도 사치스런 불교 행사가 계속되자 여기 저기서 불교를 비판하는 목소리가 높아졌다.

해인사 대장경판

1962년 12월 20일 국보 제32호로 지정되었다. 현재 남아 있는 경판은 8만 1258판이다. 8만 여 판에 8만 4000번뇌에 해당하는 법문이 실려 있으므로 팔만대장경이라고도 한다.

이런 풍토 속에서 안향安珦, 백이정白頤正, 이제현李齊賢 같은 학자가 원나라에서 주희의 책을 가져다 보급하기 시작했다. 이 중 가장 큰 영향일 끼친 인물이 이제현이다. 이제현의 문하에서 고려 말 유학을 대표하는 인물인 이색李穡이 배출되기도 했다. 고려 말 조선 초에 활동한 정몽주鄭夢周, 권근權近, 정도전鄭道傳 같은 학자들이 대부분 이색의 영향을 받았다. 이들의 주장은 한결같이 불교가 아니라 유학을 사회의 중심에 세워야 한다는 것이었다. 그러나 이들의 목소리는 당대에 큰 영향력을 얻지 못했다. 이 목소리가 실질적인 힘을 얻게 된 것은 고려가 아니라 조선이었다.

고려의 사상적 분위기를 이해하려면 원과의 관계부터 알아야 한다. 고려는 원나라에 조공을 바치는 불평등한 관계에 있었다. 그러나 고려 말에 명나라가 원나라를 물리치고 중국을 한족의 나라로 되돌리자 동아시아에는 커다란 지각 변동이 발생했다.

공민왕 때의 일이었다. 공민왕은 원명 교체기에 반원친명反元親明을 주장했던, 당시로서는 개혁적인 왕이었다. 하지만 명과 직접 교섭하는 일은 권문세가나 귀족들과 싸워야 한다는 것을 의미했다. 당시 고려의 지배층 가운데는 원나라를 등에 업고 왕권을 견제하며 기득권을 누리던 세력이 많았기 때문이다. 공민왕은 기득권층을 누르고자 명과 교섭하기를 원했고 기존의 세력을 견제하기 위해 신돈 같은 새로운 인물을 기용했다.

당시 고려에는 거대한 정치권력을 쥐고 있던 권문세가에 반대하고 명나라와 화친할 것을 외치던 지식인 집단이 성장하고 있었다. 이들을 신진 사대부라고 부른다. 신진 사대부들은 새로운 국제 정세의 변화 속에서 고려가 나아갈 길을 고민하던 역동적 집단이었다. 동시에 그들은 대부분 유학을 배우고 실천하려던 유학자들이었다.

이런 대표적인 신진 사대부가 정몽주와 정도전이다. 우리는 두 사람을 각각 고려 말의 충신과 조선 건국의 영웅으로 기억하고 있지만 그들이 모두 유학을 바탕으로 학문적 토대를 쌓은 신진 사대부였다는 사실은 잘 모른다. 그들의 이념과 실천은 모두 유학이라는 자신의 철학적 뿌리와 신념에서 나온 것이었다. 그러나 그들의 실질적인 행동 패턴은 다른 결과로 나타났다. 두 사람 모두 정권의 정당성이 하늘의 명령 즉 '천명天命'에 있다는 공자의 신념을 믿었지만 그 천명이 어느 왕조에 있느냐에서는 생각이 갈렸던 것이다.

정몽주

고려 말의 성리학자. 고려 말기 신진 사대부 세력의 지도자 중 한 명으로 고려에 새로 도입된 성리학을 연구하고 보급했다.

신진 사대부들은 대토지를 소유하고 불교를 정서적인 구심으로 삼고 있던 권문세족과 정치적·경제적 갈등 관계에 있었는데, 이 둘을 궁극적으로 가른 것은 '유학' 또는 '성리학'에 대한 이해와 평가였다. 권문세족 또한 유학적 소양을 가진 관료층을 부인하지 않았지만 유학을 절대적 가치로 보지 않았다. 반면에 신진 사대부들은 기본적으로 유학의 경전과 그 주석을 연구하는 경학經學에서 국가 운영의 원칙을 찾고자 했다. 물론 예학禮學이라는 측면도 무시할 수 없었다. 예의 문제 즉 사회적인 규범이나 국가적인 의례를 통해 사회적 관계에서의 올바름을 추구하는 것도 사대부들의 사명 중하나였다. 신진 사대부 계층은 고려 말의 권력 투쟁에서 권문세족을 물리치고 자신들이 배운 경학과 예학을 조선이라는 새로운 왕조를 구축하는 기본 틀로 삼았다.

이들은 학자적인 관점에서 성리학 이론을 연구했다기보다는 조선을 이끌기 위한 시대적 지침으로 유학을 택했고, 당대의 유학이 바로 성리학이었다고 말할 수 있다. 유학은 고려와 불교의 유산을 정리하고 조선을 뿌리내리게 하려는 그들에게 새로운 정치적 신념이었고 새로운 세계관이었다.

조선의 성장 엔진, 성리학

유학에 기반을 둔 학자는 현실을 넘어선 높고 먼 세계를 꿈꾸지 않는다. 유학은 이 세상 밖의 초월적인 원리보다는 지금 여기에서의 실천을 강조하는 학문이기 때문이다. 특히 새로운 국가 건설을 목표로 하는 사람들이라면 더욱 그럴 것이다. 조선을 일으킨 이들에게는 왜 자신들이 나설 수밖에 없었는지를 백성들에게 설득할 명분이 필요했다. 이 명분에서 이기면 기존의 기득권 세력을 정리할 힘이 도출될 수 있었기 때문이다. 그래서 무엇보다 중요했던 것은 새 국가를 끌고 나갈 원칙과 이념이었다. 이들은 '조선이라는 국가의 미래를 어떤 문화적 토대 안에 설계할 것인가'라는 문제를 염두에 두고 국가 운영의 원칙과 이념을 이끌어내야 했다. 그 결과 그들이 선택한 것이 바로 유학이었던 것이다.

고려 출신의 '장군' 즉 무인이었던 태조 이성계李成桂는 새 나라 조선이 보다 튼튼하게 자리 잡는 데 총력을 기울였고 신진 사대부를 자신의 권력 기반으로 삼았다. 그러나 그는 불교를 배척하려 했던 신하들과는 거리를 두고 자신은 불교를 믿었을 정도로, 유교적 이념에 철저했던 인물은 아니다. 사실 유교 국가로서 기틀을 잡아나갔던 것은 태조가 등용한 정도전 같은 유학자 출신 관료들이었다.

　정도전이 이성계를 만난 것은 1383년, 지금의 함흥인 함주에서였다. 당시 이성계는 여진족을 토벌하기 위해 함주에 주둔 중이었고 정도전은 십여 년 째 유배 중이었다. 공민왕의 암살을 명나라에 알려야 한다고 주장해서, 원나라를 등에 업고 어린 우왕을 내세운 권문세족 이인임 등의 미움을 샀기 때문이다. 강호를 떠돌던 정도전은 이성계의 인물됨에 대해 듣고 그를 직접 찾아 나섰다. 두 사람은 곧 고려 왕조를 멸망시켜야 한다는 데 의기투합했다. 한 사람은 자수성가한 북쪽 변방 출신 무인이었고 또 한 사람은 한미한 가문 출신의 관료로 떠돌고 있었으니 둘 다 고려 조정을 장악한 권문세족들에게 좋은 감정이 있을 리 없었다. 이성계의 나이 47세, 정도전의 나이 41세 때의 일이다. 그들은 결국 9년 뒤 혁명을 통해 정권을 장악하게 된다.

　정적들을 하나 둘씩 제거하면서 권력 이양의 명분을 쌓아올린 이성계였지만 새로운 국가를 세우고 고려 백성들을 한순간에 조선 백성으로 만드는 일은 쉽지 않았을 것이다. 정도전을 비롯한 조선 건국의 선발대가 가장 먼저 넘어야 할 산은 불교였다. 정도전은 고려에서 벼슬을 할 때부터 일관되게 불교를 멀리해야 한다고 주장했다. 유학자의 눈에 불교는 현실을 부정하는 이기적 사상에 불과한 것으로 보였을 것이다. 불교가 개인적인 깨달음과 구원에 파묻혀 사회적, 윤리적 실천을 등한시한다고 여겨졌기 때문이다. 또한 당시의 불교 배척에는 정치적 의미도 담겨 있었다. 불교는 고려의 지배계층의 중요한 정신적·물질적 토대였기 때문이다.

그런 이유에서 정도전은 고려 왕조를 뒤엎고 새로운 국가의 기틀을 세울 근간으로 새로운 유학, 즉 성리학을 내세웠다. 그는 먼저 《주례周禮》를 바탕으로 중앙 행정조직을 재편했다. 또한 그는 군주의 정치적 바탕은 다른 사람을 사랑하는 '인'이어야 함을 법률의 첫 번째 이념으로 삼았다. 이는 성리학만이 조선을 이끌어갈 유일한 정치 질서이며 사상적 토대여야 한다고 강력하게 선언한 것이다. 이후 정도전은 모든 행정제도, 국가적 의례, 교육 등 모든 영역에서 이 원칙을 적용시켰다. 왕실의 각종 의례, 행사, 관직, 복식까지도 경전을 기준으로 재정비되었다. 이렇게 형성된 틀로 조선 왕조는 5백여 년을 지탱할 수 있었다. 그 사이 성리학은 왕조의 지배 이념이 아니라 조선이라는 국가의 문화적 토대가 되었다.

성리학이 정치적 통일을 이끄는 지배 이념이 될 수 있었던 이유는 '리'의 성격 때문이다. 리는 형이상학적이거나 과학적인 의미도 가지고 있지만 정치적인 관점에서는 '다스리고 관리하며 질서 지운다.'는 적극적인 통치의 의미가 담겨 있다. 궁극의 이치는 하나지만 그 나눔은 다양하다는 이일분수理—分殊의 논리도 근원적인 이치가 수많은 개별적인 존재들을 하나로 질서 짓는다는 의미에서 정치적으로 해석될 수 있다. 또한 군주는 물론이고 모든 인간이 도덕성을 갖추어야 한다는 강한 도덕주의는 무너진 사회 기강을 바로 잡는 데 중요한 축이 될 수 있었다. 이런 맥락에서 오랫동안 굳어진 고려의 통치 구조와 문화를 새로운 질서 아래 재편하는 데 성리학은 효과적인 구심점으로 엔진 역할을 했다.

새로운 나라 조선을 이끌어가는 기준과 틀의 역할을 했던 성리학은 점차 사회 구석구석에 뿌리내리게 된다. 국가적 의례부터 민간의 제례까지 주희가 제시한 예법을 기준으로 삼았고 각 지역에 자치 규약인 향약鄕約이 만들어지면서 일상적인 윤리까지도 성리학적 지침으로 운영되었다. 국가 제도부터 가장 기본적인 가족 관계에 이르기까지 일상생활 전체가 성리학적 패러다임 안에서 움직이게 되었다고 할 수 있다.

사단칠정 논쟁

조선의 학자들은 성리학을 '학습'하는 정도가 아니라 사회 전체를 이끌어가는 근본적인 패러다임으로 올려놓았다. 그렇다고 조선이 중국의 성리학을 그대로 받아들였다는 말은 아니다. 중국의 성리학은 조선에 건너와 조선 사회의 정치·경제·사회를 이끄는 새로운 이념으로 탈바꿈하면서 명실 공히 '조선의 성리학'으로 재탄생한다. 성리학은 조선의 지식인들이 세계를 보고 이해하는 독특한 창이었고, 그 창에서 독자적이고 독창적인 논쟁이 벌어졌다는 것이 그 증거다. 조선 성리학은 전래된 지 200여 년 만에 사단칠정론四端七情論 같은 독자적인 논쟁을 벌일 정도로 발전했던 것이다.

사단칠정론은 16세기부터 18세기에 이르기까지 조선 학계 전체가 주목한 영향력 있는 논쟁이었다. 사단이란 인의예지의 네 가지 단서로, 마음속에 담겨 있는 도덕적 가치의 실마리를 말한다. 우리 마음 안에는 인仁으로 연결될 수 있는 측은지심(惻隱之心, 남을 불쌍히 여기고 안타까워 하는 마음), 의義로 연결될 수 있는 수오지심(羞惡之心, 부끄러움과 수치를 아는 마음), 예禮로 연결될 수 있는 사양지심(辭讓之心, 상대에게 예의를 다하고 양보하는 마음), 지知로 연결될 수 있는 시비지심 (是非之心, 옳고 그름을 분별하는 마음)이 담겨 있다. 이 네 가지 단서가 모든 인간에게 선천적으로 내재되어 있다는 사실은 인간이 본래부터 선한 존재라는 사실을 보증한다. 그러나 인간이 그 자체로 선한 존재라고는 할 수 없다. 선함은 사람의 마음에 '실마리'의 형태로 존재하기 때문에 그것을 적극적으로 실현하려는 노력이 없다면 인간의 선함은 드러나지 않는다. 사단은 인의예지로 실현될 수 있는 일종의 '가능태可能態'인 셈이다.

칠정이란 겉으로 드러난 인간의 감정을 말한다. 희(喜, 기쁨)·노(怒, 노여움)·애(哀, 슬픔)·구(懼, 두려움)·애(愛, 사랑)·오(惡, 미움)·욕(欲, 욕망) 등 일곱 가지 일상적인 감정이다. 칠정은 말 그대로 정情이기 때문에 이미 인간의 마음 밖에서 실현된 상태 즉 구체화된 마음이라고 할 수 있다.

사단과 칠정이 문제되는 것은 이 두 개념에 리와 기의 문제가 얽혀 있기 때문이다. 주희는 성과 정을 나누어 생각한다. 성은 아직 외부 사물과 접촉하기 이전인 리의 상태이고 외부 사물과 접촉한 후에 나타나는 것이 정이다. 성은 정의 내면적 상태이고 정은 성의 외면적 상태라는 말이다.

사단과 칠정은 모두 일종의 감정이고, 기에서 나온 것이라는 점에서 같다. 사단이 도덕적 정감이라면 칠정은 일상적 감정이라는 차이가 있을 뿐이다. 그러나 주희는 사단과 칠정을 나눈다. 사단도 일종의 정이지만 본래 완전히 선한 본성으로부터 나온 것이기 때문에 사단은 모두 선하다고 본다. 이에 비해 칠정은 성에서부터 발현된 것이기는 하지만 외부와 접촉한 후의 상태이기 때문에 선할 수도 있고 악할 수도 있다고 본다.

여기서 문제가 생긴다. 본래 성에서 나온 것이어서 사단이 선하다는 것은 문제가 없다. 그런데 그렇게 본다면 역시 성에서 나온 정인 칠정도 모두 선해야 하는 것이 아닌가? 그러나 현실적 차원에서 악이 발생한다. 이 악을 어떻게 설명할 것인가? 모든 정의 뿌리가 완전히 선한 성에 있다면 악은 어디서 오는가?

복잡한 구도 속에서 학자들은 자신의 입장에 따라 다른 주장을 펼쳐나갔다. 주희가 이 문제에 대해 속 시원히 답하지 않았을 뿐더러 주희의 이론 중에는 보기에 따라 모순되는 주장도 발견된다는 것이 문제였다. 주희는 대략 사단을 리가 발한 것으로 칠정을 기가 발한 것으로 말할 뿐 더 이상 깊이 들어가지 않았다. 이 때문에 입장에 따라 해석의 차이가 생기게 된 것이다.

조선 성리학자들은 사단칠정론을 통해 '어떻게 인간이 본래 가지고 있는 도덕적인 실마리를 현실에서도 그대로 나타나게 할 수 있을까'를 고민했다. 인간의 선한 본성을 어떻게 하면 현실에서도 그대로 실현하게 할 것인가? 어떻게 하면 현실에서 생기는 악을 제거할 수 있을 것인가? 이것이 조선 성리학자들이 매달린 문제였다. 권력을 쥐고 흔들던 훈구 대신에 맞서 도덕 정치를 주장했던 사림士林들의 문제의식이 이런 논쟁을 통해 드러난 것이다.

퇴계와 고봉, 편지를 주고받다

어느 날 당대 최고의 성리학자 앞으로 한 통의 편지가 도착한다. 멀리 호남에서 편지를 보낸 이는 삼십 대의 젊은 학자였다. 이 편지에는 예순을 앞둔 대학자에 대한 존경의 뜻과 더불어, 대학자가 이미 6년 전에 제시한 사단칠정론에 대한 의문과 비판이 담겨 있었다. 대학자는 맹랑하다고 생각했지만 같은 학문을 하는 학자로서 결코 젊은 학자의 이론을 무시하지 않았다. 영남과 호남을 잇는 편지는 8년이라는 긴 세월 동안 이어졌다.

편지를 주고받은 주인공들은 퇴계 이황(退溪 李滉, 1501~1570)과 고봉 기대승(高峯 奇大升, 1527~1572)이었다. 편지에 담긴 논쟁은 다음 세기까지 조선 사상계의 중심적인 토론 주제로 발전했다. 주인공인 두 사람 외에도 여러 명이 참여해 토론을 계속해 나갔다.

퇴계 이황은 율곡 이이(栗谷 李珥, 1536~1584)와 더불어 조선을 대표하는 성리학자다. 이황의 사상은 우주, 인성, 인식의 문제 등 성리학의 이론 전체를 다루고 있지만 그의 사상의 특징과 깊이를 단적으로 보여주는 것이 바로 사단칠정론이다.

논쟁의 발단은 그림에 붙인 문구였다. 이황은 후배인 정지운鄭之雲이 교육용으로 만든 천명도天命道를 감수하면서 "사단은 리理에서 발하고 칠정은 기氣에서 발한다."라는 문장을 "사단은 리가 발한 것이고, 칠정은 기가 발한 것이다."로 고쳐주었다. 사단이 리에서 나온다고 말하면, 리가 있고 그것이 나타난 현상이 사단이라는 말이 되는데 이러면, 마치 리와 사단, 기와 칠정을 다른 것처럼 보게 된다는

것이다. 그래서 이황은 사단이 리가 드러
난 것이고, 칠정은 기가 드러난 것이라고
고쳐준다. 이황의 이 해석은 학자들 사이
에서 논란의 대상이 되었다. 이황이 문장
을 고친 것은 '리'의 주체적 성격을 강조
한 것인데, 이런 식으로 해석하게 되면 일
반적인 리와 기 개념을 넘어설 가능성이
있기 때문이다.

이황
주희의 적통을 얻었다는 의미인, 해동주
자海東朱子로 불릴 정도로 주자학의 이론
을 보다 깊이 있게 발전시킨 조선 최고의
철학자다. 이황은 리理 자체가 스스로 활
동하는 능동성을 가지고 있다고 보아 리
를 중심으로 하는 이론 체계를 세웠다.

　학계의 논란이 된 이황의 해석에 정면으
로 도전한 것이 기대승이었다. 그는 이황
의 해석에 의문을 표하며 몇 가지 문제점
을 제시한다. 기대승은 먼저 사단과 칠정
을 둘로 나누어 리와 기로 나누는 것을 반
대한다. 기대승은 이황이 주장하듯 사단이
리가 아니라 정이라고 주장한다. 사단도 어떤 외적인 사건을 만났을
때 '마음'에서 일어나는 일이기 때문에 일종의 '정'이라는 것이다.

　본래 전통적인 해석에서는 사단이나 칠정 모두 사람의 마음이 외
부와 접촉함에 따라 나타나는 일종의 정情이라고 보았다. 기대승은
둘 다 정에 속하지만 그 가운데 선한 것들을 가려 놓은 것이 사단이
고 일상적인 것들을 칠정이라 부른다고 보았다. 그런데 이황의 학설
은 사단을 리에, 칠정을 기에 배분하면서 리와 기를 완전히 분리해
놓은 것이라고 비판한 것이다.

　기대승은 리와 기는 결코 분리될 수 없다고 강조한다. 사실 리와

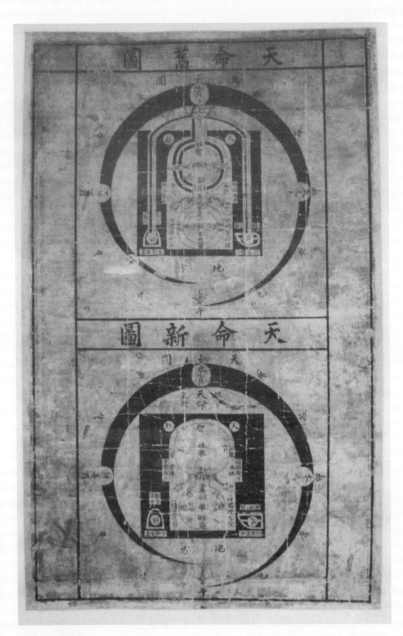

정지운의 천명도

기는 관념적으로는 갈라볼 수 있지만 현실적으로는 결코 분리될 수 없다. 그러므로 사단이건 칠정이건 근본적으로 리와 기의 결합이지 결코 사단을 리로, 칠정을 기로 나누어서는 안 된다는 것이다. 사단도 결국 '마음'의 문제이기 때문에 사단이나 칠정 모두 같은 연원을 가진다. 다만 더 선한가 아닌가의 차이만 있을 뿐이다.

그러나 이황은 다르게 생각했다. 이황은 사단은 완전히 선하기 때문에 기의 차원으로 볼 수 없고 칠정은 선일 수도 악일 수도 있기 때문에 완전히 선한 리의 차원으로 볼 수 없다는 것이다. 사단의 결과는 선이기 때문에 사단은 완전히 선한 본성에서 나오는 것이고 칠정은 감각기관이 외부 사물과 접촉한 후에 나오는 것이기 때문에 기의 차원이라고 둘을 나눈다.

기대승이 리와 기를 합해서 보고자 했다면 이황은 리와 기가 현실적으로 결합되어 있음을 인정하지만 그럼에도 불구하고 원리적으로는 분리되어 있다고 강조한 것이다.

전통적인 개념에 따르면 이황의 주장보다는 기대승의 주장이 더 합당한 것이었다. 그러나 이황이 논란을 감수하면서 리와 기를 분리한 데에는 분명한 이유가 있었다. 리와 기를 분리하고 사단과 칠정을 나누어야만 기의 차원을 제어하는 리의 능동성과 주재성主宰性이 강조될 수 있기 때문이다.

사단은 리가 발하되 기가 따르는 것이다

편지가 오고가는 8년 동안 이황은 기대승의 비판을 신중히 받아들여 자신의 이론을 스스로 수정하기에 이른다. 먼저 사단이 '마음'의 문제 즉 '정'의 차원임을 인정한다. 또 사단을 리에, 칠정을 기에 나누어 묶었던 도식을 어느 정도 포기한다. 그는 사단과 칠정을 리와 기로 나누었던 종전의 입장을 바꾸어 사단도 외부의 접촉에 의해 나오는 것이기 때문에 기의 측면이 있음을 인정하고 칠정도 리의 측면이 있다고 본 것이다.

그러나 이황이 기대승의 주장을 모두 수용한 것은 아니었다. 사단은 리가 주된 것이므로 선하고, 따라서 그대로 리라고 불러도 무방하며, 칠정 또한 리의 측면이 있지만 외부의 자극에 따라 악이 될 가능성이 있기 때문에 기라고 보아도 무방하다고 보아 둘을 어느 정도 구분했던 것이다.

이황은 사단칠정을 사람이 말을 타고 가는 것에 비유해서 설명한다. 사람이 말을 타고 간다고 하자. '간다'는 사실만 본다면 사람과 말이 모두 포함된다. 그런데 '사람이 간다'고 말하면 말을 언급하지 않아도 당연히 말과 함께 움직이는 셈이다. 또 '말이 간다'고 하는 것도 마찬가지다. 말이 간다고 말하면 사람이 말에 타고 있다고 말하지 않아도 당연히 말과 함께 사람이 움직이고 있다는 것이다. 이황은 사단과 칠정이 이런 관계라고 설명한다. 사단을 말할 때는 사람이 간다고 말하는 것이나 마찬가지고, 칠정을 말할 때는 말이 간다고 하는 것이나 마찬가지다. 리를 주로 말하고 기를 주로 말한다해서 리만 가거나 기만 간다고 하는 것은 아니라는 말이다.

이황이 끝까지 리와 기를 나누어 보고자 했던 것은 그렇게 해야 순수한 선善의 자리가 확보된다고 믿었기 때문이다. 사람은 기의 제한을 반드시 벗어나야 하는데 리와 기가 섞여있음을 강조하게 되면 악을 제거하거나 멀리할 수 있는 가능성이 그만큼 적어진다고 생각했던 것이다. 물론 이황도 현실 속에서 리와 기는 결코 분리될 수 없음을 잘 알았다. 그러나 분리될 수 없다는 점만 생각하게 되면 리의 고유한 위상과 완전함을 깨닫지 못하게 된다는 것이 이황의 생각이다.

이황은 아무리 리가 완전하고 선하다고 해도 현실에서 그대로 드러날 수는 없음을 인정한다. 그러나 마음과 본성 속에 리의 완전한 자리를 확보하려고 노력해야만 사람이 스스로를 바르게 하려고 노력하게 된다고 강조한다. 그래서 일반적인 감정 전체가 아니라 순수한 선의 자리를 확보하고 그것을 키울 것을 주장하는 것이다.

예를 들어보자. 축구 경기에서 우리나라가 이겼다. 아마 모두들 기뻐할 것이다. 이런 상태는 아마 칠정 중 하나인 기쁨에 해당할 것이다. 이 기쁨은 악이 아니지만 그렇다고 해서 선도 아니다. 축구에서 이긴 기쁨을 아무리 발현시킨다 해도 이로부터 선이 나올 수는 없다. 이황은 바로 이런 부분을 문제 삼은 것이다.

이황은 리가 기보다 우월할 뿐 아니라 자발적인 활동성을 가지고 있다고 말함으로써 인격적인 신을 연상시키는 자리까지 리를 높인다. 일반적으로 리는 순수한 원리로서 운동성과 관계없는 것으로 해석되었지만, 이황은 리가 스스로 활동하고 더 나아가 기를 움직이는 주체적인 능동성을 가지고 있다고 보았던 것이다. 이황은 리를 형체를 뛰어넘는 초월적이고 형이상학적 근원으로 내세움으로써 리의 주재성을 확보하고, 현실적 오류와 악의 가능성을 적극적으로 제거하고자 했다.

이론적으로 보자면 기대승 쪽이 훨씬 설득력 있고 현실적이다. 그러나 실천의 문제에서라면 이황의 주장이 훨씬 강력한 힘을 가지고 있다. 이황은 리가 인간을 도덕적으로 이끄는 자발적 힘을 가지고 있다고 주장한다. 이황은 인간 안에서 리가 자발적이고 능동적으로 움직여 사단과 같은 선한 마음을 낸다고 강조함으로써 인간의 도덕적 실천에 강하게 무게를 두었던 것이다. 이황은 도덕적 실천에 대한 끝없는 자각만이 사회를 구원할 수 있다고 생각한, 일종의 도덕적 이상주의자였다. 인간을 욕구 속에 묶여 있는 나약한 존재가 아니라 스스로 원칙을 세우고 실천할 수 있는 적극적이고 능동적인 도덕적 실천자로 보고 싶었던 것이다.

사상사적으로 본다면 사단칠정 논쟁은 조선 성리학의 수준을 보여주는 의미 있는 사건이었다. 중국에서도 리와 기를 인간의 본성이나 마음과 어떻게 연관시킬 것인가의 문제가 토론되었지만 그 핵심적인 주제는 사단이나 칠정이 아니었다. 조선 성리학자들은 주희가 모호하게 처리한 도덕적 감정과 일상적 감정의 문제를 새롭게 발굴해내어 독자적인 토론을 거듭한 끝에 주희 학설의 모순, 또는 새로운 해석의 가능성을 더욱 깊이 있게 파고들었던 것이다. 사단칠정 논쟁을 통해 조선 성리학자들은 더 이상 이론의 수용자가 아니라 능동적인 생산자라는 위치에 서게 된다.

이런 식의 관점 차이는 사실 성리학의 복합적인 성격 때문에 나오게 된 것들이다. 주희는 현실 세계에서 리와 기의 결합을 필연적인 것으로 인정했지만 동시에 논리적인 차원에서는 리를 기에 비해 우월한 상태에 두고자 했다. 이황은 주희의 이론 가운데 리에 절대성과 우선성을 두기 위해 리와 기를 나누어서 보는 입장에 충실했던 것이고 기대승은 리와 기를 하나로 보는 입장에서 자신의 철학을 전개했던 것이다.

성리학은 대단히 복합적이고 종합적인 체계이기 때문에 문제의 초점을 어디에 두는가, 어떤 각도에서 보는가에 따라 다른 양상으로 전개될 소지가 있다. 서로 같은 표현을 쓰고 있지만 실질적인 개념은 조금씩 달랐던 것도 문제였다. 성리학 바깥에서는 이런 점을 이론적 모순이나 한계로 보일 수 있다. 그러나 학문의 내부에서는 우주와 인간, 자연을 포괄하는 종합적 체계를 추구하는 과정에서 자연히 발생하게 된 이론적 다면성으로 볼 수 있다. 조선의 학자들은 전자가 아니라 후자 쪽에서 생각했다.

조선의 성리학이 이론적으로 발전하게 된 것도 후자의 입장에 서 있었기 때문이다. 주희의 철학 자체가 워낙 체계적이면서 복합적이기 때문에 사실 주희의 이론 내부에서는 새로운 논쟁을 제기하는 것이 어렵다. 차라리 주희 이론의 한계를 인정하고 다른 방식의 철학을 세우는 것이 더 수월할 수도 있다. 그러나 조선의 학자들은 성리학 밖으로 나가지 않았다. 대신 주희의 말을 단순히 반복하지도 않았다.

조선의 학자들은 주희의 철학을 단순히 '학습'한 사람들이 아니라 주희의 철학을 세계관 그 자체로 받아들인 사람들이었기 때문에 중국에도 없는 수준 높은 논쟁들을 이끌어냈던 것이다. 그런 의미에서 사단칠정 논쟁, 인물성동이 논쟁(人物性同異 論爭, 조선 후기에 사람과 사물의 본성이 같은가 다른가를 놓고 벌였던 논쟁) 등은 조선의 성리학이 자생적이고 능동적인 철학이었음을 말해준다. 그러나 이론적으로 깊어지는 만큼 다른 문제들이 나타나게 되었다. 학문적 차이가 정치적 반대자를 제거하는 무기가 되었던 것이다.

사문난적이 된 윤휴

요즘 사극을 보면 낯선 장면들을 보게 된다. 왕이 폭탄 테러를 당하거나 자객과 맞닥뜨려 결투를 벌이기도 한다. 조선은 절대 왕권 국가가 아니었던가? 이런 의문은 우리의 역사에 대한 무지에서 비롯된 것이다. 조선의 왕은 무소불위의 절대 권력을 지닌 전제 군주가 아니었다. 조선을 다룬 사극에 빼놓지 않고 등장하는 내용인 당쟁도 이 문제와 관련이 있다.

사실 우리는 조선 시대의 정치적 갈등과 분화를 '당쟁'으로 치부하면서 이를 지역감정에 뿌리를 둔 일종의 정치적 세력 다툼이라고 쉽게 생각한다. 그러나 이런 평가는 지나치게 일면적이다. 보다 근본적인 차원에서 본다면 조선의 당쟁은 일종의 사상적 · 정치적 · 세계관적 충돌이라고 말할 수 있다.

조선 왕조의 권력 구도와 당쟁을 이해하기 위해 우암 송시열(尤庵 宋時烈, 1607~1689)과 백호 윤휴(白湖 尹鑴 1617~1680)의 논쟁을 예로

들어보자. 송시열과 윤휴 모두 17세기의
유명한 학자들이다. 역사적인 결과만 놓고
본다면 백호 윤휴는 주희의 철학을 비판했
다는 이유로 사문난적斯文亂賊으로 몰린 뒤
결국은 사약까지 받게 된다. 역사는 이 사
건을 '주자학'에 대한 맹목적이고 절대적
인 신봉이 윤휴를 죽음으로 몰아간 것이라
고 평가한다. 그러나 이 사건은 생각보다
복합적인 측면을 지니고 있었다.

송시열

이이李珥의 제자였던 김장생金長生의 문
하에서 주자학을 배워 이이의 학설을 계
승한 정통 주자학자다. 주희 학설에 수
정을 가한 백호 윤휴를 공격하는 등 주
자학을 유일한 정통으로 삼아 국가의 기
강을 세울 것을 주장했다.

　윤휴는 쉰 살이 될 때까지도 관직에 오
르지 않은 채 재야에서 학문을 쌓아가던
선비였다. 학문의 깊이로 명망이 높아지
자 여러 사람이 그를 조정에 천거하기에
이른다. 추천하는 사람의 명단에는 나중
에 윤휴를 강도 높게 비판해 사약까지 받게 만든 송시열도 포함되
어 있었다.

　윤휴가 논쟁의 도마에 오른 것은 그가 주희와는 다른 방식으로
《중용》을 해석했기 때문이다. 윤휴는 주희의 해석이 틀릴 수도 있다
는 전제하에서 경전을 연구했다. 이런 식으로 주희에 대한 비판적
해석이 가능했다는 것은 당시 조선 성리학계에 학문적인 탄력성이
존재했음을 보여준다. 충분히 성숙해 있던 당시 풍토에서 윤휴는 소
신 있게 자신의 주장을 펼쳤던 것이다. 여기에 문제를 제기한 사람
이 송시열이었다.

송시열은 명나라를 없애고 중국을 차지한 청나라를 명나라를 대신해 정벌해야 한다는 북벌론자였다. 그는 중국과 조선을 문명국으로, 청나라를 야만으로 이분화해서 중국과 조선으로 대표되는 문명을 지켜야 한다는 강한 명분 의식의 소유자였다. 그리고 그가 제시한 처방이 바로 명분의 근거로서의 '주자학'이었다. 사회가 혼란할수록 주자학이 제시하는 도덕적 세계상을 강하게 추구해야 한다는 것이 그의 생각이었다. 그는 주희를 성인을 넘어서 완전한 존재로 여기고 추앙했다. 주희는 곧 도덕적 문명국가의 상징적 존재였던 것이다. 이런 배경 때문에 송시열은 주희의 오류 가능성을 지적한 윤휴를 공격하지 않을 수 없었다.

송시열이 윤휴의 학문을 문제 삼았던 초기만 해도 송시열에게 동조하는 사람은 많지 않았다. 그러나 각각의 주장에 따른 정치적 관계가 드러나자 점차 송시열의 주장에 많은 사람들이 동조하게 된다. 결국 나중에는 세가 기울어 입을 가진 자들은 모두 윤휴를 성토하는 분위기가 되고 마침내 윤휴는 사약을 받게 된다. 윤휴가 제거된 이유가 그의 '잘못된 학문' 때문이었을까?

그에 대한 대답은 간단하지 않다. 사실상 윤휴는 주희를 비판했지만 적극적으로 반대하거나 부정하지 않았다. 다만 선진 유학 쪽에 가까운 해석을 했던 것뿐이다. 학문이란 원래 단수가 아니라 복수로 움직이면서 성장하는 것이기 때문에 윤휴처럼 다른 관점은 도리어 권장할 만한 것일 수도 있다. 주자학에 매몰되지 않으려 했지만 결코 유학의 범위를 넘어선 적이 없기 때문에 그가 사문난적으로까지 몰린 데에는 사상 이외의 이유가 작동했던 것이다.

강력한 도덕 국가를 위해

윤휴가 배척당한 이유 중에는 당시의 정치적 구도도 큰 몫을 한다. 문제를 이해하려면 먼저 윤휴를 궁지로 몰았던 사건 중 하나인 예송禮訟 논쟁에 대해 알아야 한다. 효종이 죽자 어머니가 어떤 상복을 입어야 할지, 얼마 동안 상복을 입어야 할지를 정하는 문제가 대두되었는데 이로부터 비롯된 정치적 갈등이 예송 논쟁이다.

인조는 당시 청에 볼모로 잡혀 있던 소현세자가 돌아온 지 얼마 되지 않아 의문의 죽음을 당한 다음, 소현세자의 아들인 세손을 폐하는 무리수를 두면서까지 소현세자의 동생이었던 봉림대군에게 왕위를 물려주게 된다. 봉림대군이 바로 효종이다. 형을 대신해 왕이 된 효종이 죽자 어머니인 자의대비가 어떤 상복을 얼마나 입어야 하는지의 문제가 대두되었다. 소현세자의 어머니이기도 했던 자의대비는 이미 소현세자가 죽었을 때 3년상을 치른 적이 있었다. 어떤 사람들은 대비가 이미 소현세자가 죽었을 때 3년상을 치렀기 때문에 이번에는 그렇게 할 필요가 없다고 주장했다. 그러나 다른 편에서는 만일 3년으로 하지 않는다면 효종이 적통이 아니라는 것을 의미하기 때문에 3년상을 치러야 한다고 주장했다. 여기서 갈등이 시작된 것이다.

윤휴는 효종이 비록 둘째 아들이지만 적자嫡子로서 왕위를 계승했기 때문에 3년상을 치러야 한다고 주장했고, 송시열은 효종은 인조의 둘째 아들이므로 1년상이 옳다고 반박했다. 윤휴가 3년상을 주장한 데에는 보다 근본적인 이유가 있었다. 윤휴는 왕의 입장에서는 어머니도 신하에 불과하므로 3년상을 치러야 한다고 보았다. 이에 비해 송시열은 왕이라 해도 어머니를 신하로 삼을 수는 없다고 주장했다. 윤휴는 왕의 예는 보통 사람들과 다르다고 믿었다. 왕은 특별한 존재로서 보통의 예를 벗어난다 해도 문제될 것이 없다는 것이다. 바로 이 점 때문에 갈등이 커지게 된다.

거칠게 말해서 윤휴는 일종의 왕권론자였다고 할 수 있다. 윤휴는 왕이란 천天과 소통하는 절대적인 존재라고 생각했다. 따라서 왕의 결정과 선택에는 하늘과 맞먹는 권위와 힘이 있다. 왕은 국가 운영의 실질적인 권위를 가진 존재로서 하늘과 교감하는 만큼의 책임을 지닌 존재다. 윤휴가 이렇게 생각했던 근거는 고대 유학에 있었다. 윤휴는 고대 유학으로 돌아가 천과의 관계를 회복하는 데 학문적 중심을 두어야 한다고 주장했다. 윤휴에 따르면 사람은 하늘에 대한 공경심과 두려움을 가져야 한다. 이 두려움과 공경심이 사회를 올바르게 이끌 힘이 된다고 보았다. 윤휴는 왕이 일종의 종교적 권위를 보유하고 있는 커다란 '가족 국가'를 구상했던 것이다.

이에 비해 송시열은 일종의 분권론자 또는 재상론자라고 말할 수 있다. 이들의 구호가 된 것은 '격군심格君心' 즉 '군주의 마음을 바로잡는다.'라는 표어였다. 송시열에 따르면 신하된 사람들의 의무는 군주가 도덕성을 회복할 수 있도록 돕는 것이었다. 군주가 도덕적이어야 한다는 생각은 유학의 기본적 생각이지만 정치적 표어로 격군심을 주장한다는 것은 또 다른 문제였다. 격군심의 주체는 왕이 아니라 바로 신하들이기 때문이다. 왕의 마음을 바로잡는 실질적인 정치의 주체는 바로 사대부들 즉 관료 지식인들이었다.

이들에게 중요한 것은 왕의 도덕적 각성과 신하들의 주체적 자각이지 왕의 초월적 권위가 아니었던 것이다. 조선 왕조는 이런 전통 아래서 경전을 강의하는 일종의 세미나인 '경연經筵' 등을 통해서 왕에게 도덕적 훈계를 하고 타락을 감시하는 등 다양한 방식으로 왕권의 절대화를 막았다고 말할 수 있다. 따라서 이런 분권론자 혹은 재상론자들의 입장에서는 왕을 하늘과 직접 관계 맺는 존재로 보고 왕권을 초월적인 힘이라고 본 윤휴의 주장을 견제하지 않을 수 없었을 것이다.

왕권이냐 신권이냐의 갈등은 정치적 성격을 띠고 있지만 궁극적으로 이 갈등은 정치적 신념의 배후에 깔려 있는 철학적 신념의 차이에서 비롯된 것이다. 세계관의 차이에서 오는 갈등은 예송 논쟁이나 북벌론과 같은 실질적인 문제와 맞부딪혔을 때 더욱 분명하게 드러나게 된다. 역사적으로 볼 때 당쟁의 형태로 굳어지기도 한다. 당쟁이 격화된 이후에는 정치 세력들의 이권 다툼과 권력 투쟁의 성격이 강해지지만 그 근본과 원류에는 이처럼 학문적 신념과 세계관이 뿌리 깊게 자리하고 있었던 것이다.

결국 예송 논쟁은 서인 계열과 남인 계열의 정치적 갈등으로 나타났고 그 내막에는 왕도 예를 따라야 하는 존재라고 보는 학자들과 왕은 예외적인 존재로서 전제적인 권력을 가져야 한다고 본 학자들의 사상적 입장이 대치하고 있었다. 이들은 모두 유학이라는 거대한 체계 안에 있었지만 '주자학을 어떻게 받아들이느냐'라는 점에서 다른 길로 나갔던 것이다.

이후 정치적 구도는 주자학을 정통으로 절대화하는 학자들에 의해서 주도되었다. 당시 시대 상황을 이해하면 이들이 왜 주자학을 정통으로 자리매김하려 했는지 이해하지 못할 것도 아니다. 이미 각종 왜란과 호란을 겪으면서 조선 지식인들은 상당한 피해의식을 지니게 되었다. 당시 사회는 전쟁으로 피폐해져 있었고 사회적 기강과 도덕은 해이해져 있었다. 관리의 수탈과 백성들끼리의 약탈도 흔한 일이었다. 유학을 바탕에 둔 문명국가라는 자존심이 땅에 떨어진 것이다.

이들은 주자학을 통해 도덕국가의 토대를 다시 다지고자 했다. 그들에게 강한 도덕국가는 곧 강력한 문명국가를 의미했다. 야만족과는 다른 문명국가라는 자부심을 되살리고 사람들의 도덕성을 독려하려면 선택 가능한 여러 이론들보다는 권위 있는 하나의 이론이 더 절실했을 것이다. 이런 생각이 곧 다른 사상을 가진 정치 세력과의 경쟁으로 표면화되었다. 그것이 바로 당쟁이라고 할 수 있다.

조선에서는 정치적 구도가 학문적 세계에도 그대로 반영되었기 때문에 주자학을 제외한 양명학이나 서학, 고증학적 학풍은 정치를 움직이는 중심 학문의 자리에 서지 못했다. 그러나 유일한 하나의 학문의 권위가 높을수록 다른 시선, 다른 문제의식도 반동적으로 성장할 수밖에 없다. 모든 것이 하나로 통일된 세계는 굳어져 변화할 수 없는 경직된 세계일 뿐이다. 따라서 지배적 힘을 가진 사상의 이면에는 반드시 다른 생각들이 자라나고 피어난다. 조선 사회에서 유독 이론적 토론이 많았던 것도 권위를 단순히 답습하지 않으려는 적극적이고 능동적인 시도가 끊이지 않았기 때문일 것이다.

조선이 유학을 건국 이념으로 삼은 뒤 주자학은 정치적 다툼에서 사회적 가치의 유일한 기준으로 자리 잡았다. 그러나 다른 학문을 인정하지 않는 주자학의 정통 의식은 사실 정치적 명분일 수 있음을 간과해서는 안 된다. 유학 자체는 언제나 새롭게 해석될 여지가 있기 때문이다.

조선 사회 안에서 어떤 이들은 양명학을 받아들였으며 어떤 이들은 서학을 받아들였고 어떤 이들은 주자학을 벗어나 현실에 바탕을 둔 다양한 주제를 연구했다. 또 어떤 이들은 고대 유학에서 새로운 길을 찾기도 했고 어떤 이들은 청나라의 문물을 받아들이자는 주장을 펼치기도 했다. 조선 후기의 사상계는 관학화된 주자학 아래, 다양한 지류들이 변화를 안고 찾아오는 막바지 겨울과도 같았다. 표면은 굳어 있었지만 아래에서는 새로운 지류들이 움직이고 있었던 것이다.

17

변혁을 위한 사상적 모색

조선 실학의 도전

청나라 최전성기의 마지막을 장식한 것은 강희제, 옹정제에 이어 건륭제가 집권한 18세기 말이었다. 중국에 강희제나 건륭제가 있었다면 조선에는 영조와 정조가 있었다. 같은 시기 조선에서도 영·정조의 정치적 개혁들이 진행되면서 학술 출판 사업이 활발하게 전개되는 등 이른바 조선의 르네상스가 전개되고 있었다. 중국, 조선 할 것 없이 일종의 지각 변동을 준비하고 있던 시기였다.

수많은 책이 인쇄되고 고전을 다시 연구하게 되자 학자들은 이전보다 더욱 다양한 사상을 접하게 되었고 독특한 자신들만의 관점을 갖게 되었다. 유일한 정통이 아니라 선택 가능한 다양한 사상의 시대가 온 것이다. 이런 경향은 중국이나 조선에서 비슷하게 나타났다. 청나라와 조선 모두 사회·경제적 발전과 더불어 새로운 학문적 경향이 싹트고 있었다. 경직된 학문 풍토와 초월적 세계를 규명하려는 이론적 시도를 넘어서서 현실에 발을 붙이고 미래를 바라보는 새로운 지적 경향이 생겨나기 시작한 것이다.

당시 조선 사람들은 사회·경제적 변화와 더불어 학문 풍토와 연구 분야의 다변화 그리고 서양과의 접촉까지, 그 어떤 시대보다도 많은 변수 앞에 놓여 있었다. 이로부터 한 세기 이상 조선은 위기 속에서 스스로를 변화시키려 노력했지만 결국 중심을 잃고 역사의 소용돌이로 휩쓸리게 된다. 서구 열강과 신흥 강국 러시아, 아시아의 패권을 차지하려는 일본 등의 사이에 끼어 자주권을 잃었기 때문이다. 18세기 이후 조선은 점차 격변의 시대를 향해 발걸음을 옮기고 있었다.

❖ 동아시아 변화의 진앙, 청나라

우리에게 청나라는 만주족이 세운 오랑캐의 나라라는 이미지가 남아 있다. 이는 중화를 계승한 소중화로서 자부했던 조선 시대의 사관 때문일 것이다. 그러나 객관적인 입장에서 역사를 바라보게 된 지금, 청나라는 동아시아 전체에 변화의 바람을 몰고 온 근대적 변화의 시대로 새롭게 인식되고 있다. 박지원과 홍대용 같은 북학파가 배우고자 했던 것도 바로 청나라의 새로운 사상과 문화였다. 당시 청나라는 예수회 선교사들이 들여온 서양의 철학과 과학의 영향이 확대되고 있었고, 국가 주도로 거대한 학술 총서 《사고전서四庫全書》가 출판되는 등 사상적·문화적 성숙이 결실을 맺고 있었다.

실학에 대한 오해와 이해

우리가 익히 알고 있다시피 조선 후기는 화폐가 널리 쓰이고 상업이 활발해지는 등 여러 면에서 변화가 나타나기 시작하던 시기였다. 부자들은 돈을 벌어 점점 더 많은 토지를 차지하게 되고 농민이 대다수인 백성들은 비싼 소작료를 내가며 간신히 먹고 사는 지경에 이르렀다. 농사짓기가 어려워지자 고향을 떠나 여기저기 떠돌면서 장사를 하는 사람도 많아졌다.

시대가 변하면 시대를 이끄는 사회 제도나 법도 변해야 하고 제도나 법이 변하려면 바탕을 이루는 사상과 이념이 달라져야 한다. 결국 사상의 변화와 시대의 변화는 동전의 양면처럼 함께 붙어 있다.

조선 후기의 사회적 변화는 학문에 대한 학자들의 인식도 바꾸어 놓았다. 인간의 본성이나 도덕적 수양의 문제에서 눈을 돌려 변화하는 사회를 바라보게 된 것이다. 추상적인 이론이나 철학적 논쟁이 아니라 당시 사회가 처한 문제들을 바라보고 해결법을 찾고자 하는 학자들이 많아졌다. 또한 청나라의 새로운 학풍인 고증학이나 서학은 조선 후기 학자들에게 세계를 새로운 눈으로 보게해 주었다. 이들은 토지제도나 조세제도와 같은 사회 경제적인 측면에서부터 역사, 지리, 군사 등 여러 분야를 실용적 관점에서 연구하기 시작했다. 이렇게 조선 후기의 새로운 학풍을 이끈 학자들과 그들의 학문을 '실학實學'이라고 부른다. '실학'이라는 용어는 1930년대 최남선이 《조선역사朝鮮歷史》에서 처음 언급한 이래 여러 학자들에 의해 일반화되었다.

그러나 실학은 조선 후기의 특정한 학파나 학풍만을 가리키는 고유명사가 아니다. '실학'이라는 용어를 사용하는 것은 우리만이 아니다. 중국이나 일본에서도 실학이라는 말을 사용해서 자국의 근대적 학문 풍토를 설명한다. 현재 중국이나 일본에서는 특정 학파의 학술이라기보다는 한 시대의 학문적 경향을 가리키는 용어로 사용하고 있다. 삼국의 실학 개념은 다른 경로를 통해서 만들어졌기 때문에 실질적인 의미도 각기 다르다고 할 수 있다. 그렇다면 조선의 '실학'은 어떻게 정의할 수 있을까?

　현재 실학은 대체로 '성리학의 이념 논쟁을 극복하고 근대 사회를 지향했던 조선 후기의 진보적 사상'이라고 이해된다. 그런데 이런 상식적 정의의 이면에는 보다 다른 문제가 포함되어 있다. 사람들이 실학이라는 이름으로 끌어내고자 하는 무언가가 있었기 때문이다. 근현대 학자들이 조선 후기의 학풍을 실학이라고 정의하고 주목했던 데에는 실학에서 '우리 스스로 근대화할 수 있는 힘'을 찾으려는 의도가 깔려 있다. 외세에 의해 억지로 근대화되었지만 조선 후기에 우리 스스로 근대화를 이룰 힘이 있었고 그 힘의 원동력이 바로 실학이라고 보았다는 것이다. 어떤 학자들은 실학을 봉건적 지형을 뚫고 올라온 근대적인 사상이라고 파악하고 외세의 침략 같은 다른 외적인 요인들이 아니었다면 실학을 통해 우리 스스로가 근대화를 이룰 수 있었을 것이라고 생각했다. 이런 생각이 크게 틀린 것은 아니다. 그러나 이런 측면을 지나치게 부각할 경우 문제가 생길 수도 있다.

　먼저 지적할 것은 지나치게 이전 학문과의 불연속을 강조하면 문제가 일어날 수 있다는 점이다. 이전의 학문이란 성리학 내지는 유

조선의 지식인들을 각성시킨 것 중 하나는 청 대의 고증학적 학풍이나 중국을 통해 유입된 서양 학문, 즉 서학이었다. 조선인들은 서양 선교사가 만든 세계 지도를 보고 중국이 세계의 중심이 아님을 깨달았고 천문학이나 수학, 생리학 이론을 보고 근대 과학적 세계관에 눈을 뜨게 된다. 홍대용, 최한기처럼 음양오행 같은 전통적 개념을 버리고 만물이 물, 불, 흙, 공기로 되어 있다는 서양의 4원소설을 받아들인 학자들도 있었다. 이들에게 청나라의 학문과 서학은 근대적인 세계를 바라보게 한 새로운 창이었다. 그러나 그들은 고증학이나 서학 자체를 받아들인 것이 아니라 이를 이용해 자기 학문을 혁신하고자 한 창조적 변용의 주인공들이었다.

학을 말한다. 물론 조선 후기의 사상적 흐름은 기존의 조선 성리학과는 다른 것이었다. 조선 성리학이 지나치게 이론적 공박을 펼치느라 구체적인 현실의 문제를 등한시했고 이에 따른 반동으로 실학이 나타났다는 평가도 크게 틀리지 않는다. 그러나 이들이 모두 과거의 학문을 극복해야 할 '적'으로 생각했다는 것은 옳은 평가가 아니다. 성리학적 논쟁에 빠져서 사회 변화에 대처하지 못하는 풍토에 대해서는 경계하고 비판했지만 이들이 자기가 성장한 토양을 완전히 부정하고 새로운 사상을 시도했다고 볼 수는 없다. 어떤 실학자도 유학의 근본적 이념이나 가치를 부정하지 않았기 때문이다. 이용후생利用厚生, 실사구시實事求是와 같은 실학의 이념들도 궁극적으로는 유학의 테두리 안에서 전통적으로 논의되던 것들이었다.

조선 후기에 활동했던 이른바 실학자들은 대부분 유학의 경전에서 시대를 바꿀 힘을 찾았다. 청나라에서 들어온 고증학과 서학도 이들에게 큰 충격과 영향을 주었지만 궁극적으로 이들의 토대가 된 것은 고대 유학이었다. 결과적으로 이들은 유학의 전제들을 바탕으로 다양한 분야를 연구했다는 점에서 유학을 비판적으로 계승해 시대의 요구에 부응하고자 했던 사람들이라고 할 수 있다.

더 나아가 실학자들이 모두 근대적이었고 진보적이었다고 보는 것도 무리가 있다. 실학자로 분류되는 학자들 중에는 보수적이고 복고적인 성향을 보이는 경우도 많다. 실학의 선구자로 알려진 이익도 고대 유학의 기본 토대였던 농업 공동체로 돌아가고자 주장했고, 실학의 집대성자로 알려진 정약용도 고대의 유학으로 돌아가 상제를 신앙해야 한다고 주장했다. 조선의 역사를 연구해 민족의식을 고취시켰다는 평가를 받는 안정복도 조선을 소중화小中化로, 청나라를 오랑캐로 보는 화이사상을 벗어나지 못했다. 이들은 실학자였지만 동시에 유학자였고 앞을 내다보기 위해 먼저 뒤를 돌아보았던 사람들이었다. 이들의 진보성 이면에는 전통적인 유학의 전제들이 공존했던 것이다.

조선 후기의 학풍이 성리학을 넘어서려 했다는 점은 사실이다. 많은 학자들이 개방적이고 진보적인 태도로 자기 전통을 극복하고자 했고 새로운 세계관을 활용하고자 했다. 이들은 진취적으로 근대적인 가치를 향해 생각을 바꿔나갔다. 그러나 그것이 자기 전통과의 완전한 단절을 의미하지는 않는다. 예를 들어 청나라에 오고가면서 청나라의 고증학이나 서학에서 영향을 받은 북학파는 성리학적 주제에 관심을 두지 않았다. 그러나 이들을 단순히 성리학을 극복한 학자들로 평가하는 것에는 무리가 있다. 이들은 성리학적 주제들에 관심이 없었던 것이지 성리학적 전제를 벗어난 것은 아니었기 때문이다. 그런 의미에서 어떤 학자들은 실학자들이 거부했던 것은 고답적인 조선의 성리학적 분위기, 또는 오직 주희만을 숭상하는 경직된 '주자학' 이었지 유학이라는 학문적 토대 전체는 아니었다고 평가하기도 한다. 어떤 학문도 자기가 성장한 토대와 전제를 완전히 거부하거나 부정할 수는 없는 것이 현실이다.

이처럼 조선 후기는 일면적으로만 평가할 수 없는 다양성과 복합성의 시대였다. 시대를 앞서는 개혁적인 사상이 나타났다는 점에서 개혁의 시대였으며 중화의식, 신분제와 같이 전통적인 굴레에서 벗어나려는 시도가 나타나는 진보의 시대이기도 하다. 한마디로 말해 조선 후기는 학문적 다양성을 바탕으로 한 도전의 시대였다고 말할 수 있다.

실학은 복합적인 요인과 다양한 학자들이 만들어낸 스펙트럼이기 때문에 단편적으로만 이해하면 도리어 조선 후기의 사상적 의의와 풍요로움을 놓칠 수 있다. 이런 파派니 저런 파니 하면서 실학을 억지로 일정한 도식에 넣어 이론을 정당화시키기보다는 각 사상가들의 주장을 들어보고 그들이 진짜 원했던 것이 무엇인지를 따져보는 것이 실학을 제대로 이해하는 올바른 길일 것이다.

성호 이익과 그 제자들

성호 이익(星湖 李瀷, 1681~1763)은 조선 후기의 새로운 사상적 경향에서 일종의 문 역할을 한 학자다. 이익 자신의 학문도 다양하고 깊이가 있었지만 그의 제자들이 조선 후기 사상계에서 중요한 역할을 했기 때문이다. 그러나 이익의 삶은 겉보기에 그리 성공적이지 않았다.

이익은 당쟁으로 아버지와 형을 잃은 정치 싸움의 피해자였다. 이익은 숙종이 통치하던 1681년 겨울에 당쟁에 휘말려 귀양을 다니던 아버지의 유배지에서 막내로 태어났다. 부친은 이익이 태어난 다음 해 끝내 세상을 떠나고 말았다. 이익의 어머니는 결국 식솔들을 이끌고 친정인 지금의 안산에 자리 잡았다. 농사도 짓고 물고기도 잡는 한적한 마을에서 이익은 시대와 인간을 염려하고 바른 길을 제시하는 올곧

성호이익
조선 영조 때의 실학자. 실용적인 학문을 주장하며 평생을 학문 연구에만 몰두해 《성호사설星湖僿說》과 《곽우록藿憂錄》 등 수많은 책을 저술했다. 그의 혁신적인 사고는 정약용 등에게 이어져 더욱 계승 발전되었다.〈성호기념관 소장〉

은 학자로 성장했다. 양반의 신분이었지만 이미 벼슬길이 막혀 있었던 이익은 평생 어민, 농민들과 함께 직접 닭을 기르고 농사를 지으며 벌을 쳤다고 한다. 그의 사상은 한 번도 땅과 그 땅에 사는 사람들의 삶을 벗어나지 않았다.

재야에 묻힌 선비였음에도 이익의 학문이 뛰어나고 폭넓게 전개될 수 있었던 데에는 아버지가 남긴 책의 영향이 컸다. 이익의 아버지 이하진(李夏鎭, 1628~1682)은 연행사燕行使로 중국에 갔다 돌아오는 길에 수천 권의 책을 사가지고 돌아왔다고 한다. 이 책들이 이익의 자양분이 되었던 것이다. 또 집안에 처박혀 있지 않고 여러 곳을

유람하며 사람 사는 이치를 배웠던 것도 그의 학문적 시야를 넓히고 탁월한 식견을 갖게 한 배경 중 하나였다. 정치 무대에는 나가지 않았지만 그는 넓은 세상을 바라보는 큰 시야를 가졌던 대학자였다.

또한 이익은 생전에 여러 제자들을 길러낸 훌륭한 스승이었다. 그의 문하에서 이후 신후담, 안정복, 정약용 같은 이름난 학자들이 많이 배출되었다. 이익이 죽은 뒤 이익의 제자들은 두 갈래로 갈라졌다. 서학 그 가운데서도 특히 천주교에 비판적이던 신후담, 안정복 등과 천주교를 수용하고 연구한 권철신, 이가환, 정약용 등으로 나뉜다. 가장 뛰어난 제자 중 한 사람으로 꼽히는 이가 하빈 신후담(河濱 愼後聃, 1702~1761)이다. 신후담은 이익을 통해 처음으로 서학을 접한 뒤 독자적으로 연구해서 성리학의 입장에서 서학의 이론을 비판한 수준 높은 비판서를 내놓았다. 그가 20대 초반에 쓴 《서학변西學辨》은 《천주실의》 등 서학서의 이론을 조목조목 반박한 수준높은 서학 비판서였다.

반면 이가환이나 이승훈 같은 이익의 제자들은 강학회를 열어 천주교를 공부했고 스스로 신앙하는 단계에 이르렀다. 그러나 이것이 불씨가 되어 천주교를 연구하고 신앙했던 젊은 학자 대부분이 형장의 이슬로 사라지고 만다. 천주교 신자가 늘어나면서 정치적 이슈가 되자 천주교에 대한 공식적 박해가 시작되었기 때문이다. 결국 대규모의 천주교 박해 때 권철신, 이승훈, 이가환, 정약종(정약용의 셋째 형) 등 이익 계열의 천주교 신자들이 사형을 당함으로써 이익의 학풍은 끊어지고 말았다.

경서를 읽고 서학을 연구하다

이익은 특별한 당파나 학파에 얽매이지 않고 넓은 시야에서 다양한 학문적 흐름을 받아들이면서 성장했다. 서민들과 함께 생활하면서 전국을 유람하고, 청나라와 서양의 책들을 보아 온 이익에게 더욱 중요했던 것은 실용적인 학문이었다.

이익은 현실 사회에 대한 관심을 바탕으로 천문·지리·농법·병법 등의 책을 다양하게 읽은 박학한 학자였다. 이익이 남긴《성호사설星湖僿說》에는 인용된 책만 1,000여 권이 넘는다고 한다. 그러나 그의 근본적인 관심은 고대 유학의 경전을 현대에 맞게 다시 해석하는 일이었다. 사서오경을 읽고 주석서를 남겼으며 그 가운데 특히《맹자》,《주역》,《시경》을 중요하게 여겼다. 그의 학문적 바탕이 전통적인 경서를 연구하는 경학에 있음을 알 수 있다.

그러나 이익의 관심은 경학에만 머물지 않았다. 그는 열린 태도로 서학서들을 읽어나갔다. 서학은 이익의 학문에서 중요한 축이었다. 당시 조선에는 1631년 이수광이 서학서와 지도를 소개한 이래 여러 종의 서학서들이 들어오고 있었다. 그 가운데 마테오 리치가 쓴《천주실의》, 알레니가 쓴 지리서인《직방외기職方外紀》등 여러 종의 서학서로 서양 학문을 접한 이익은 서양 학문과 과학에 대해 비교적 객관적이고 중립적인 태도를 가지게 되었다. 하지만 자연 과학과 관련된 학문에 대한 개방적인 태도와는 달리, 유학과 충돌할 여지가 있는 종교적 주장에 대해서는 거리를 두었다. 이렇게 이익이 서학에 대해 개방적이고 유연한 태도를 보여주었기 때문에 제자들은 각자 자신의 입장에서 스승의 학문을 다른 갈래로 발전시킬 수 있었다.

이익은 조선 사회에 대한 강한 문화적 자부심을 가지고 있었다. 이런 자부심을 바탕으로 기독교에 대해서는 비판적으로 접근하면서도 기독교적 윤리학이나 서양의 과학 기술에 대해서는 긍정적인 평가를 했다. 예를 들어 이익은 서양에서 주장하는 지구설地球說 즉 지구가 둥글다는 이론을 받아들였다. 17세기 이전 조선의 눈에 세계의 중심은 중국이었다. 중국은 문화적 중심일 뿐만 아니라 지리적 중심이기도 했다. 그러나 서양 선교사들의 서학서는 중국이 세계의 중심이 아니라는 사실을 일깨워주었다. 이익도 서양 천문서나 지리서를 보고 지구가 둥글다는 사실을 인정했다. 이익이 이와 같이 외래 문물을 받아들인 이유는 서학에서 우리 사회에 도움이 될 가능성을 발견했기 때문이다. 이익이 보여준 개방적 태도는 그의 학문적 목표에서 비롯된 것이다. 이익은 세상의 문제를 해결하고 개선하는 것만이 진정한 학문의 목표라고 믿었다. 그에게 서양 학문은 유학의 학문적 목표를 보완할 하나의 도구였던 것이다.

경학에서 경세치용의 학문으로

이익은 경서를 연구하는 목적이 세상에서 활용하기 위한 것이라고 분명하게 말한다. 경서를 논하면서도 천하의 일에 아무 쓸모가 없다면 그것은 그저 책을 잘 읽었다는 수준에 불과하고, 국가의 일과 백성의 삶에 실질적인 보탬이 될 때만 진정으로 경서를 연구했다고 할 수 있다는 것이다. 이익은 현실의 문제 해결에 활용되지 못하는 경학은 관념적 학문에 불과하다고 보았다. 책 속에 파묻힌 관념적 학문을 넘어서 실제 생활에 보탬이 되고 현실 문제를 해결하는 학문을 주장했다는 것은 그가 경학을 넘어서서 경세치용의 학문으로 나아갔음을 의미하는 것이다. 그는 이런 입장에서 정치·경제·사회에 대한 각종 제도 등 현실 사회 전반의 문제들을 비판하고 나아갈 방향을 제시한다.

이익이 가장 중요하게 생각했던 것은 농업의 발전을 통한 사회 안정이었다. 농촌 공동체가 안정되어야 사회가 발전할 수 있다고 보았기 때문이다. 그래서 이익은 농업을 중심으로 각종 제도를 개혁해서 농업을 사회 운영의 축으로 삼아야 한다고 주장한다. 이익에게 농업은 부의 원천이며 동시에 백성들을 도덕적인 풍토로 이끌 근본이었다.

이익이 농업을 중시했던 데에는 절용節用이라는 의식이 전제되어 있다. 농업 이외의 산업, 상업 등은 불필요한 욕망을 불러일으키기 때문에 사치나 과소비를 조장하기 쉽다고 보았다. 따라서 오직 농업을 통해 경제를 꾸려나가야 빈부격차나 가난한 자가 굶어죽는 폐단이 없어진다고 생각했다.

농업을 통해 국가의 경영을 안정시키고 백성들을 도덕적으로 이끈다는 것은 전통적인 유학 이념이라고 할 수 있다. 하지만 이익의 사상은 여기서 머물지 않는다.

이익은 농업 공동체를 중심으로 사회를 개혁하기 위해서는 선비들도 기꺼이 노동해야 한다고 보았다. 이익은 심지어 관리도 농업을 하는 자에서 뽑아야 나라가 부강해진다고 믿었다. 양반 중심으로 신분 차이가 엄격했던 조선 사회로서는 획기적인 제안이라고 할 수 있다. 이익이 농업을 중심으로 하는 전통적인 유가의 이상 사회를 꿈꾸었음에도 개혁적인 실학자로 분류될 수 있는 것은 바로 이 때문이었다.

이익의 사상은 골방에 머물지 않고 자유롭게 천하를 여행하며 백성들의 피폐한 삶을 곁에서 지켜본 체험을 통해 나온 것이다. 이 체험을 통해 이익은 현실과 새로운 학문에 발을 딛고 자기만의 길을 걸었다. 초야에 묻힌 선비로 그의 학설은 사회에 적용되지 않았지만 그의 학문은 이후 정약용 등 후학들에게 이어져 실학이라는 새로운 학풍을 여는 계기가 되었다.

중국은 세계의 중심이 아니다

30년 공부로 유·불·도에 도통한 인물이 있었다. 이 사람의 이름은 허자虛子로, 공부를 마친 뒤 사람들과 이야기를 하니 그 말을 듣고 웃지 않는 자가 없었다. 실망한 허자는 자기와 도道에 대해 이야기할 사람을 찾아 여행을 다녔다. 그러던 어느 날 허자는 실옹實翁을 만나게 된다. 이런저런 토론 끝에 실옹이 허자에게 다음과 같이 물었다.

"네 몸이 만물과 다른 것이 무엇인지 말해보아라."

허자가 대답했다.

"천지 생물 중에 사람만이 귀합니다. 저 금수나 초목은 지혜도 없고 지각도 없으며 예나 의도 없습니다. 사람은 금수보다 귀하고 초목은 금수보다 천합니다."

대답을 들은 실옹은 웃으며 말했다.

"너는 결국 사람이구나. 사람의 입장에서 만물을 보면 사람이 귀하고 만물이 천하지만, 만물의 입장에서 사람을 보면 만물이 귀하고 사람이 천할 것이다. 그러나 하늘에서 보면 사람이나 만물이나 결국 마찬가지다."

이 이야기는 북학파로 유명한 조선 후기 실학자 담헌 홍대용(湛軒 洪大容, 1731~1783)의《의산문답醫山問答》속 한 장면을 옮긴 것이다. 허자와 실옹이라는 이름부터 알 수 있듯이 홍대용은 유·불·도에 통달한 선비를 허자로 부름으로써 책 속에만 머문 전통적이고 보수적인 학문을 풍자하고 있다. 대신 실옹은 허자보다 높은 식견은 물론, 서양의 학문에도 능통한 실용적 지식의 소유자로 묘사된다. 허자가 실옹에게 배우는 내용으로 이루어진《의산문답》은 홍대용의 비판적인 인식과 개방적이고 진취적인 학풍을 잘 보여준다.

위의 이야기에서 가장 중요한 것은 홍대

홍대용
조선 후기 북학파北學派의 선구자. 그의 저서 《의산문답》에서 보여 주듯이 인류의 기원, 계급과 국가의 형성, 법률과 제도 등에서 시작하여 천문·율력律歷·산수 등 과학에 이르기까지 뛰어난 이론을 전개했다. 특히 지구가 둥글고 하루에 한 번 돌고 있다는 지구설과 지전설은 동시대 학자들의 수준을 뛰어넘는 혁신적 인식이었다.

용이 하늘의 관점에서 보면 모든 것이 같다고 주장했다는 점이다. 이는 단순히 상대적 구분을 넘자는 말이 아니다. 홍대용은 모든 것이 상대적이므로 어떤 것을 더 중심에 두어 생각해서는 안 된다는 말한다. 이는 당시로서는 대단히 진보적인 발상이라고 할 수 있다. 이런 발상에 따르면 문명의 중심인 중국도 세계의 중심이 아닐 수 있기 때문이다.

홍대용은 영조 7년인 1731년 서울 명문가의 아들로 태어났다. 그의 인생을 크게 바꾼 사건은 36세에 작은 아버지를 따라 북경으로 가는 연행 길에 나섰던 일이다. 북경에서 머문 3개월은 그의 인생과 학문에 큰 전환기가 되었다. 북경에 있는 동안 홍대용은 조선에서 천문 관측을 담당하던 관상감의 관료 이덕성과 함께 서양의 새로운 기계와 서적들을 구경하기 위해 서양인 신부가 머무는 천주당을 방문하기도 했다. 거기서 홍대용은 오르간, 자명종, 망원경 등을 구경하고 태양의 흑점에 대해 질문을 하는 등 서양 학문에 대한 지적 호기심을 펼친다. 이 경험은 세상에 대한 그의 인식을 바꾸는 계기가 되었다.

이후 많은 서학서를 통해 서양의 천문학을 받아들이면서 홍대용의 사상적 변화가 시작된다. 과학 이론을 통해 홍대용은 중국이 세계의 중심이 아닐뿐더러 지구도 우주의 중심이 아니라는 것을 알게 되었다. 이는 물론 실측이나 과학적 원리에 의한 결론은 아니다. 그러나 서양의 과학 이론을 인정함으로써 홍대용은 세계를 객관적이고 상대적으로 판단할 수 있게 된 것이다.

예를 들어 홍대용은 중국이 세계의 중심이라는 중화주의를 거부하고 세계 각지가 모두 각각의 중심일 수 있다고 보았다. 세계 각지가 각각의 중심이라면 더 이상 안과 밖, 나와 남, 중화와 오랑캐와 같은 전통적인 구분법은 의미가 없어진다. 모든 것은 보는 관점에 따라 달라진다. 사람의 관점에서는 사람이 귀하고 사물이 천하지만, 사물의 관점에서는 그 반대가 된다. 우리가 사는 땅도 다른 관점으로 보게 된다. 별들의 각도에서 보면 지구는 하나의 별이다. 한량없는 세계가 흩어져 있는데 오직 지구만이 공교롭게도 하늘의 중심에 있다는 것은 있을 수 없는 일이다. 이런 바탕에서 홍대용은 지구가 둥글다는 지구설地球說을 넘어서 조선에서 최초로 지구가 돌고 있다는 지전설地轉說까지 받아들이게 된다. 결국 홍대용은 우주 전체에서 본다면 인간과 사물은 모두 같다고 보게 된다. 이런 생각은 평등하고 개방적인 시야로 세계를 보는 진보적 세계관의 토대가 되었다.

그의 진취적인 의식은 비단 과학 기술을 이해하는 데에만 머물지 않았다. 그는 같은 맥락에서 근본적으로 사회 구조 또한 바꾸어야 한다고 주장한다. 그 중 하나가 신분제에 대한 개혁이었다. 홍대용은 신분과 관계없이 장정이라면 누구나 노동을 해야 하며 양반도 일하지 않고 먹는 일은 금해야 한다고 강조한다. 신분에 관계없이 교육의 기회를 주어 능력이 있는 자라면 과감히 등용해야 한다고 말한다. 또한 신분과 관계없이 누구나 자신이 생각하는 올바른 견해를 밝힐 수 있는 공적인 발언권을 가져야 한다고도 말한다. 홍대용이 신분제 자체를 비판한 것은 아니지만 적어도 계급적 위계가 사회적 소통을 막는 것을 거부하고 모든 사람에게 교육과 발언의 기회를 주어야 한다고 주장한 점은 진보적인 발상이라고 평가할 수 있다.

그는 전통적인 '리' 개념에 대해서도 비판적으로 접근한다. 그는 '리가 아무리 선해도 기의 악함에 따라 선악이 갈린다면 리는 왜 처음부터 탁하고 어그러진 기를 생성했는가?'라고 반문하며 리가 만물을 주재하는 위치에 있지 않음을 강조한다. 사물 속에 완전하고 선한 리가 본래부터 존재한다면 탁하고 어그러진 기가 처음부터 생겨날 수 없을 것이기 때문이다. 홍대용의 주장은 현실적인 힘보다 근원의 원리를 더 높이고 그 원리에서 현실을 지배하는 힘을 찾고자 했던 주자학의 구도를 날카롭게 비판하는 것이었다. 여기에는 실제로 존재하는 것 밖에서 세상을 지배하는 힘을 찾으려 해서는 안 된다는 현실적인 판단이 깔려 있다.

홍대용은 실용의 정신으로 백성을 이롭게 하는 정책을 통해 사회를 바꾸고자 한 조선 후기의 중요한 개혁론자였다. 홍대용과 비슷한 발상으로 청나라의 선진 문물을 배우고 상업을 확대시켜야 한다고

❖ 성호학파 vs 북학파

청의 학술과 문물의 도입을 주장했던 북학파와 성호 이익의 후학들인 성호학파는 자주 비교된다. 성호학파가 경전을 재해석해서 경학의 전통 아래 경세치용을 바탕으로 한 사회 개혁을 주장했다면, 연경을 왕래하며 새로운 문물을 받아들인 북학파는 경학보다는 자연과학을 중심으로 이용후생을 주장한 학자들이라고 말할 수 있다. 또 성호학파가 농업을 중심으로 한 경제적 안정을 위해 토지제도의 개혁을 주장했다면 북학파는 상공업을 중심으로 경제제도를 바꾸고자 했다. 이는 도시에서 살아가는 소상인들을 경제의 중심으로 보았다는 말이다. 이들은 각각 다른 방법을 취했지만 궁극적으로 학문의 목표를 나라와 백성들의 삶의 안정에 두었다는 점에서 결국은 유학의 혁신자들이었다고 볼 수 있다.

주장한 박지원朴趾源, 박제가朴齊家 등의 학자들을 묶어 북학파라 부른다. 북학파는 오랑캐라고 무시하던 청나라의 문물을 수용해서 백성들의 생활에 실질적인 도움이 되도록 해야 한다고 주장한 조선 후기의 개혁론자들이었다. 청나라 문물을 도입하자는 그들의 주장에는 사람과 만물의 본성이 같다는 이론적 전제가 깔려 있다. 오랑캐의 문물을 배워올 수 있는 것은 그들이나 우리나 근본적인 차이가 없기 때문이다. 이런 전제에서 북학파들은 오랑캐와 조선인, 양반과 평민이 근본적으로 같다고 보고 오랑캐의 문물이라도 실용적이라면

박지원
《열하일기》, 《연암집》, 《허생전》 등을 쓴 조선 후기 실학자 겸 소설가. 경제활동에 도움이 되는 실학을 강조했으며, 자유롭고 기발한 문체를 구사해 여러 편의 한문소설을 발표했다.

받아들여야 한다고 본 것이다. 이는 인간과 자연이 근본적으로 같은 본성을 지닌다고 강조한 조선 후기 인물성동론人物性同論의 영향에서 온 것이다.

　홍대용을 비롯한 북학파들이 사회를 개혁하고 변화시킬 실질적인 방법에 대해 연구했던 바탕에는 유학과는 다른 사상을 객관적이고 관용적인 태도로 받아들이는 개방적인 태도가 놓여 있다. 이들은 이런 태도를 통해 자신의 전통과 현재를 새롭게 조명했던 사람들이었다. 그들은 조선 후기라는 교착된 시대를 헤쳐나갔던 개방적이고 진취적인 세계관의 소유자였던 것이다.

정약용
실학의 집대성자로 평가되는 조선 후기 가장 독창적인 사상가 중 한 명이다. 고대 유학의 실천 윤리를 바탕으로 서양의 철학과 과학 등 새로운 이론들을 받아들여 당대의 학문을 비판하고 또한 혁신하고자 한 비판적 철학자다.

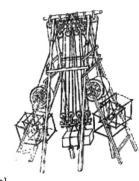

기중가
정약용이 서학서를 바탕으로 고안한 기계로 도르래의 원리를 이용해 작은 힘으로 무거운 물건을 들어 올리는 장치이다. 1796년 수원 화성을 쌓는 데 이용되었다.

정약용, 서학과 정조를 만나다

조선의 계획도시 화성을 건설할 당시의 일이다. 화성 설계에 관여하고 있던 다산 정약용(茶山 丁若鏞, 1762~1836)에게 어느 날 어명으로 책이 하사된다. 그 중의 하나가 예수회 선교사 테렌츠가 중국에서 쓴《기기도설奇器圖說》이었다.《기기도설》은 무거운 것을 들 수 있는 도르래의 원리를 글과 그림으로 설명한 책이었다. 정약용은 이 책을 참고해 기중가(起重架, 기중기)를 제작했다.

《기기도설》을 통해 각종 기계의 구조와 원리를 파악한 정약용은 조선에서 기술적으로 불가능한 부분을 과감히 버리고 필요한 기능에 최대한 집중한 조선형 기중가를 만들어냈다. 기중가의 제작에서 정약용의 독창적이고 실험적인 정신이 잘 드러난다. 서양 과학의 원리를 배운 적 없는 조선의 문인관료가 글과 그림만으로 원리를 파악하고 실제 사용할 수 있도록 기계를 제작한다는 것은 쉽지 않은 일이었을 것이다. 이렇게 만들어진 이 기계는

수원 화성 〈경기수원화성운영재단 소장〉

정약용이 참조한 책의 수준을 훨씬 뛰어넘는 독창적이고도 실용적
인 도구가 되었다. 이 기중가가 화성 건축의 경비를 절감하고 시간
을 단축했던 것은 말할 것도 없다. 개혁적인 군주와 그 군주의 신임
을 받는 창의적이고 진취적인 젊은 관료, 이것이 젊은 시절 정약용
의 모습이었다. 그러나 그의 미래는 그리 순탄하지 않았다.

정약용은 1762년 영조 시대에 태어났다. 그의 아버지는 영조에
이어 왕위를 물려받은 정조에게 등용되었고 정약용은 가족들과 함
께 한양에 올라와 살게 되었다. 한양은 지적인 욕심으로 가득 찬 청
년 정약용에게 새로운 우주와도 같은 곳이었다.

그는 한양에서 이가환, 이벽, 이승훈 같은 성호학파의 인물들과
교류하면서 스펀지처럼 여러 학문을 빨아들였다. 형이 성호의 뛰어
난 제자 중 한 사람인 권철신(權哲身, 1736~1801)에게 배우게 되면서

목민심서
정약용이 고금의 여러 책에서 지방관의 사적을 가려 뽑아 백성을 다스리는 데 지켜야 할 도리에 대해 논술한 책.

정약용 역시 권철신의 영향을 받았다. 권철신을 통해 그는 성호 이익과 백호 윤휴의 사상에 눈뜰 수 있었다. 이황을 높이 평가했던 이익의 영향을 받았지만 율곡 이이의 학설도 받아들이는 등 젊은 시절의 정약용은 개방적이고 진취적인 학생이었다.

이때 그는 일생에 지울 수 없는 영향을 받은 새로운 학문을 만나게 된다. 그것은 바로 천주교였다. 정약용이 23살 되던 해였다. 형수가 돌아가셨다는 소식을 듣고 고향으로 내려가는 뱃길에서 그는 사돈뻘인 이벽(李檗, 1754~1786)을 만나 천주교에 대해서 처음 듣게 된다. 이벽이 전해준 이야기는 놀라운 것이었다. 천지 만물이 천주라는 상제에게서 시작되었고 우리의 영혼은 영원히 불멸한다는 이야기였다. 배 위에서의 짧은 대화에 큰 충격을 받은 정약용은 나중에 이벽을 직접 찾아가《천주실의》를 빌려 읽었고 곧 새로운 사상에 매혹된다. 이를 통해 주자학과는 다른 방식으로 우주 만물을 이해할 수 있음을 알게 된 것이다.

정조

제도 개혁을 통해 정치적 균형과 안정을 도모하고 학문을 권장하여 인재를 기른 개혁적인 군주로 평가받는다.

그러나 1791년에 일어난 진산珍山 사건은 서학에 기운 정약용을 충격에 빠뜨릴 만한 것이었다. 진산 사건은 윤지충이라는 천주교 신자가 천주교 의식에 따라 제사를 거부하면서 위패를 불태웠다는 이유로 사형을 받은 사건이었다. 진산 사건은 천주교 신앙 문제가 조선 사회에 표면화된 최초의 사건이었다. 이 일을 계기로 조선에서 천주교는 공식적으로 금지되었다. 윤지충의 외사촌이었던 정약용은 이 일로 큰 충격을 받았다. 진산 사건을 계기로 정약용은 천주교에서 발을 빼게 된다. 그러나 천주교를 받아들였다는 꼬리표는 그의 인생에 족쇄가 되어 평생 그의 발목을 잡았다. 그럼에도 불구하고 젊은 시절 정약용이 공부한 서학의 사상들은 평생 그의 지적 자양분이 되었고 그가 주자학을 넘어서는 새로운 학문을 시도할 수 있었던 밑바탕이 되었다.

정약용에게는 서학만큼 중요한 만남이 또 있었다. 정약용을 등용해서 총애했던 정조와의 만남이었다. 정약용하면 정조를 떼놓고 생각할 수 없다. 정조는 당시 권력을 잡고 있던 노론老論을 견제하기 위해 민본주의적인 개혁 성향을 가진 인물들을 기용해서 점진적인 개혁을 시도하던 깨어 있는 군주였다. 정조가 등용한 젊은 브레인 중 한 명이 정약용이었다. 정조는 노론을 견제하기 위해 남인南人에 속했던 정약용을 불러들여 왕권 강화와 개혁을 뒷받침할 지원군으로 키울 생각이었다.

약 십 년간 벼슬을 하면서 정약용은 정조의 적극적은 후원을 받으며 승승장구했다. 화성의 건축에 참여한 것도 이때였다. 그러나 정약용의 앞길은 쉽게 풀리지 않았다. 그의 발목을 잡은 것은 젊은 시절 받아들였던 천주교였다. 정조 때는 노론이 장기 집권하고 있었기 때문에 권력에서 멀어진 남인들 가운데 중국에서 넘어온 서양의 학문과 종교에 관심을 가지는 이들이 많았다. 노론에게는 천주교 문제가 정약용을 비롯해 정조가 등용한 남인들을 무너뜨릴 절호의 도구였다.

정조가 죽은 다음 정약용은 천주교에 관계했다는 명목으로 무려 18년간이나 유배 생활을 해야 했다. 그러나 한쪽 문이 닫히면 다른 쪽 문이 열리는 것처럼 정약용에게는 새로운 인생이 시작된다. 18년간의 유배 기간은 그를 중국, 조선, 일본을 통틀어 가장 뛰어난 사상가 중 한 명으로 만들어 놓았던 것이다.

태극은 우주 만물의 중심이 아니다

정약용 철학에 대한 일반적인 평가 중 하나는 그가 주자학적 사유의 틀을 넘어서는 새로운 철학을 세웠다는 것이다. 주자학적 이기론은 당시 지식인들에게 넘어설 수 없는 정통성 그 자체였다. 리와 기의 관계는 학자마다 다르게 해석할 수 있지만 어떤 유학자도 태극, 리, 기의 사유 틀에서 결코 벗어날 수 없었다.

조선 학계는 특히 정통성에 대한 해석이 엄격했다. 중국에서 크게 유행했던 양명학조차 주자학과 다르다고 해서 받아들이지 않을 정도였다. 그래서 이기론을 넘어선다는 것은 일종의 모험이 아닐 수 없었다. 그러나 정약용은 관심을 돌리거나 이론을 수정하는 정도로 그치지 않았다. 정약용은 태극, 이기理氣, 음양오행과 같은 전통적인 주자학적 개념들을 다르게 해석하고 관계를 역전시키는 모험을 시도한다.

정약용은 먼저 리는 절대적인 원리가 아니라 기에 의존하는 속성일 뿐이라고 보았다. 독립적으로 존재하는 것(자유지물自有之物)이 '기'고 '리'는 다른 것에 의존해서 존재하는 일종의 속성(의부지품依附之品)일 뿐이라는 것이다. 이런 관점은 마테오 리치가 《천주실의》에서 기를 자립자自立者로, 리를 자립자에 의존하는 의뢰자依賴者로 본 것과 같다. 정약용이 《천주실의》의 이론에 영향을 받았음을 알 수 있는 대목이다.

그는 리와 기뿐 아니라 태극도 주자학과는 다르게 해석한다. 정약용은 모든 리를 총합한 근원적인 리가 태극이 아니라 기의 원형이 태극이라고 말한다. 기로서의 태극이 분화되어 천지가 되고 천天, 지地, 수水, 화火로 나뉘어져 이것들이 상호 작용한 결과로 만물이 발생한다는 것이다. 정약용은 우주 만물의 근원적 이치라는 태극의 지위를 인정하지 않은 것이다.

정약용이 태극, 리를 근원적 위치에서 끌어내리려는 것은 그것들에 어떠한 지적 능력이나 인격적 특성이 없기 때문이었다. 형체도 없고 감정도 없으며 지각활동도 하지 않는 등 아무런 인격적 측면이 없다면 어떻게 인간과 만물을 주재할 수 있는가? 이것이 정약용의 질문이었다. 정약용이 근원적 존재에서 인격적 특성을 끌어내고자 했던 것은 인격적 존재에 대한 두려움이 도덕성의 근원이라고 보았기 때문이다. 그래서 만물의 감시자로서 인간의 행동을 들여다보는 상제야말로 도덕적 행동을 이끌어내는 바탕이라고 보았다.

이 때문에 정약용은 천을 리로 보는 관점도 반대한다. 그에 따르면 주자의 가장 큰 한계 중에 하나는 천을 단순히 이치로 생각한다는 점이다. 정약용은 천을 이치로 보지 않았다. 하늘은 물리적인 푸른 하늘도 아니고 그 자체로 인간의 지배자도 아니다. 하늘의 진정한 주재자는 고대 유학에 등장했던 상제다. 상제는 하늘과 땅, 귀신과 인간을 만들고 다스리며 편안하게 길러주는 존재다. 인간을 비롯해 만물에서 가장 근원이 되는, 인격적인 존재가 바로 상제다.

태극과 리의 개념을 제한적으로 축소시키고 대신 상제를 내세우는 정약용의 관점은 마테오 리치의 《천주실의》와 상당히 유사하다. 그러나 정약용이 리치의 사상을 그대로 들여왔다고 볼 수는 없다. 마테오 리치의 태극 비판이 신유학적 전통 밖에 있는 존재로서 기독교적 신의 자리를 만들기 위한 초석이었다면, 정약용의 태극 비판은 조선 사회를 움직일 새로운 유학을 세우기 위한 개혁의 토대가 되었기 때문이다.

정약용은 비인격적인 태극이 아니라 상제가 철학의 중심이 되어야 사람들이 올바른 실천을 할 수 있다고 믿었다. 상제가 인간이 윤리적인 행위를 하게 할 근거이기 때문이다. 정약용의 주장에는 마테오 리치의 학설과 고대 유학이 결합되어 있다고 볼 수 있다.

상제를 경외하는 이성적 인간

정약용은 고대 유학에 등장했던 상제를 다시 부활시킨다. 그는 과거에는 인격적인 주재자인 상제를 숭배했지만 점차 타락하여 지금은 상제를 믿지 않게 되었다며 개탄한다. 주자학이 내세우는 리는 본래 아무런 지적인 능력이 없고 따라서 위엄이나 권능도 있을 수 없는데도 상제 대신 리를 앞세웠다는 것이다. 정약용은 단순히 텅 빈 원리에 불과한 리를 강조하면 할수록 인간은 자기를 스스로 삼가며 경계하고 도덕적인 실천을 하도록 조심할 필요가 없어지게 된다고 본 것이다.

정약용이 고대 유학에서 상제를 끌어 온 이유가 바로 여기에 있다. 인간을 감시하며 인간에게 화복을 주는 인격적 존재가 있어야 인간은 그 존재를 섬기면서 두려워하고 또 조심할 수 있다고 본 것이다. 상제는 인간이 올바른 삶을 살도록 이끌어주는 지표 역할을

❖ **고대인이 숭배한 상제**

상제上帝는 상上이라는 표현에서 알 수 있듯 하늘의 다른 표현이다. 동양인들에게 하늘天은 모든 생명의 시작이자 근원이다. 만물을 낳는 생명의 근원인 셈이다. 고대인들은 하늘을 우주 전체의 근원적인 힘으로 여기고 종교적으로 숭배했다. 하늘 즉 상제를 우주 전체를 관장하는 궁극적이고 초월적인 힘으로 본 것이다.

하는 것이다. 상제가 바로 인간이 도덕적 실천을 할 수 있는 궁극적인 근거가 된다. 바로 이 점에서 정약용의 철학은 《천주실의》와 갈라진다. 상제는 신앙의 대상이라기보다는 인간의 도덕적 근거가 된다. 정약용은 상제와 그 존재를 통해 각성한 도덕적 인간을 내세움으로써 고대 유학의 기본 이념을 새롭게 제시하고자 했다.

정약용의 이런 발상은 주자학과 크게 다르다. 주자학에서는 인간이 도덕적으로 살 수 있는 것은 도덕적 가치이기도 한 리가 내 속에 이미 들어와 있기 때문이라고 본다. 주희는 도덕적 본성이 내 안에 있다고 낙관했지만 정약용은 그 점을 받아들이지 않았다. 도덕적 가치는 내 안에 존재하는 것이 아니라 내 실천적 행위를 통해 후천적으로 얻어지는 것이라는 뜻이다.

이런 맥락에서 정약용은 본성의 의미도 다르게 해석한다. 주자학적 의미에서의 성은 태극이 나에게 들어온 것이지만 정약용은 전통적인 태극의 해석을 부정하기 때문에 나의 본성도 태극과 관계없이 단지 좋아하고 싫어함의 기호嗜好일 뿐이라고 주장한다. 좋아하고 싫어하는 성향이 우리의 본모습이라는 것이다. 물론 이때의 좋아하고 싫어함의 대상은 세상의 일반적인 욕망의 대상이 아니라 도덕적인 성향을 말한다. 사람은 본성상 도덕적인 것을 좋아하고 부도덕한 것을 싫어한다는 말이다. 정약용은 태극의 의미는 물론 본성의 의미까지 주자학적 테두리를 벗어난다.

대신 정약용이 강조한 것은 인간이 태어날 때 상제로부터 얻었다는 이성적인 능력이다. 이 능력을 정약용은 영명靈明이라고 부른다. 영명성은 인간이나 귀신같이 정신적인 활동을 하는 존재들만이 가지고 있는 특성이다. 정약용은 스스로 존재하는 실체를 두 가지로 나눈다. 하나는 인간이나 귀신처럼 정신적인 작용 즉 영명성을 가진 존재고 다른 하나는 영명성이 없는 존재다.

인간이 도덕적인 실천을 할 수 있는 것도 인간에게 영명성이라는 이성적인 능력이 있기 때문이다. 상제는 오직 인간에게만 자신의 영명성을 허용했다. 인간만이 상제로부터 그의 영명성을 부여받았기 때문에 이성적인 능력이 없는 동물 이하의 사물들은 인간과 근본적으로 다르다. 가장 큰 차이는 인간 이하의 만물에 인간과 같은 도덕적인 실천 능력이 전혀 없다는 것이다. 따라서 세계의 진정한 주인은 인간이며 그 근거는 바로 도덕적인 실천 능력이라고 할 수 있다. 이런 발상은 인간과 동물의 근본적 차이를 인정하지 않는 주자학을 뒤집는 것으로 동아시아 전통 사상에서는 보기 드문 인간중심주의적인 관점이라고 말할 수 있다.

정약용이 인간을 강조한 것은 단순히 인간과 동물을 한 줄로 세우고 인간을 보다 높이기 위해서가 아니다. 그가 인간의 특별함을 강조한 것은 인간이 다른 존재와는 달리 도덕적인 판단과 행위를 통해 세상에 참여할 수 있기 때문이다. 정약용 철학에서 가장 중요한 것은 세상을 향한 인간의 도덕적 실천이다. 이를 통해 정약용은 인간과 현실 사회를 벗어난 형이상학적 논의가 아니라 실천을 중심으로 한 새로운 철학을 세우고자 했다.

정약용은 인간이 선을 택하고 악을 버리도록 결정할 수 있는 주체적 판단 능력과 선을 행할 수 있는 능동적인 실천 능력이 있다고 믿었다. 정약용은 하늘이 사람에게 자유롭게 결정할 수 있는 권한, 즉 자주지권自主之權을 부여했다고 강조한다. 이 자주지권이 있기 때문에 사람은 선을 행할 수도 악을 행할 수도 있다. 자유로운 선택이라는 의미가 있지만 자주지권은 근대적 의미의 개인의 자유와는 다르다. 그러나 외부에서 강제된 규범을 억지로 따르는 수동적인 인간이 아니라 스스로 선택하여 주체가 될 수 있는 능동적 인간의 모습을 보여준다는 점에서 근대적 성격을 가지고 있다. 이런 인간관은 기질의 제한을 벗어나기 위해 자기 마음의 실마리만 들여다보고 있는 정적인 주자학과 달리, 동적이면서도 진취적인 정약용 사상의 특징을 잘 보여준다. 이런 토대 위에서 정약용은 조선 사회를 개혁할 여러 가지 경세 이론들을 내놓게 된다.

이렇듯이 성호 이익이나 북학파, 다산 정약용 같은 인물들은 당대의 주류 철학에 대한 비판적 검토를 통해 자기 목소리를 낸 비판자이자 개혁자였다. 이들은 대부분 여러 가지 이유로 정치적인 인정을 받지 못하고 재야에 묻혀 세계를 변혁할 자기 이론을 구축해나간 은둔의 학자들이기도 했다. 이 때문에 이들의 사상은 대부분 당대에는 인정받지 못했다.

그러나 우리가 이들의 철학을 고독한 천재들의 지적 유희라고 볼 필요는 없다. 이들의 사상적 모험은 실현 여부와 관계없이 시대의 모순과 불합리를 개혁하고 백성들의 삶을 풍족하게 만드는 실천적인 문제에서 떠나지 않았기 때문이다. 이들의 사상적 진보는 외세의 각축장으로 변하게 되는 조선 후기 사회가 자생적으로 자기 문제를 극복할 수 있는 힘을 가지고 있었음을 보여주는 중요한 지표였다.

18

유학을 넘어 국학으로

근세 일본의 사상

일본의 고베 시립박물관에는 '조선
통신사내조도朝鮮通信使來朝圖'라는 그
림이 있다.

18세기 조선통신사의 행렬과 구경
나온 일본인들의 인파를 그린 그림이
다. 조선통신사들의 모습이 상세하게
그려져 있어 역사적으로 의미 있는
자료라고 한다. 그런데 이 그림은 어
떤 이들에게는 반쪽짜리 그림이나
마찬가지다. 사람들이 이 그림에서

조선통신사내조도
일본 화가 하네가와 도에이가 그린 〈조선통신
사내조도〉를 보면 18세기 일본으로 건너간 조
선통신사들의 행렬에 환호하는 일본 현지의 열
기를 느낄 수 있다.〈일본 고베시립박물관 소장〉

각자 보고 싶은 것만 보려하기 때문이다.

이 그림에서 우리나라 사람들은 수준 높은 문화를 보유한 조선에 대한 일본인의 선망을 읽고 싶어 한다. 이에 비해 일본인들은 자신의 나라에 선물을 바치러 온 조공 사절의 모습을 보고 싶어 한다. 그러나 이런 편견에는 조선과 일본의 복잡하고도 미묘한 관계의 진정한 모습을 보지 않고 자국에 득이 되는 것만 받아들이려는 아집이 숨어 있을 수 있다.

조선 후기, 안정된 국제 정세 속에서 일본 막부는 끊어졌던 조선의 사절단을 다시 초청한다. '조선통신사'로 알려진 이 교류의 사절단은 19세기 초까지 이어졌고 수많은 문화적 영향을 일본 안에 남겼다. 일본의 일부 학자들은 조선통신사를 일본에 대한 조공 사절이라고 주장하지만 이는 사실과 다르다. 조선통신사는 대등한 국가들끼리의 교류 사절이었고, 초기에 사상적 · 문화적으로 더 성숙했던 조선의 문물에 일본이 영향을 받았다고 보는 편이 적절하다. 특히 정치적 의미가 약해진 18세기부터는 문화 교류의 성격이 강해졌다. 조선통신사 일행 중에는 유학자, 서기, 화가, 의원, 악대 등이 포함되어 있었다.

당시 일본은 쇄국 체제하에 있었기 때문에 유일하게 국교를 맺고 있던 조선에서 파견된 사절단에 큰 관심을 가지고 있었다. 통신사 일행이 입국하면 수많은 문인과 학자, 승려들이 몰려들어 조선통신사 일행과 대화를 나누기 원했다고 한다. 그들은 자신의 문집에 서문을 지어달라고 요청하거나 직접 지은 시나 휘호를 달라고 청하기도 했다. 어떤 조선인 서기는 한번에 천여 수의 휘호를 썼다는 기록도 있다. 고립되어 있던 일본은 조선통신사와의 교류를 통해서 조선의 수준 높은 지적, 문화적 세계를 흡수하고자 했던 것이다.

조선통신사의 교류는 일본의 학문을 조선에 소개하는 역할도 했다. 예를 들어 성호학파를 이끌었던 이익과 그 제자들이 조선통신사가 들여온 일본 유학자들의 책을 돌려 읽고 연구를 한 사실이 있다. 정약용도 일본 유학자들의 책을 읽고 높이 평가하면서 자신의 저서에 인용했다. 얼굴 한번 보지 못한 양국의 학자들이 학문적 영향을 주고받을 수 있었던 것은 그들의 학문적 토대가 바로 유학이었기 때문이다.

에도 시대, 유학이 독립하다

유학이 중국뿐 아니라 조선에서도 국가와 사회의 중심적 학문이었다는 점은 말할 것도 없는 사실이다. 특히 송 대 이후에 새롭게 체계화된 신유학은 중국과 조선에서 '국가의 학문' 즉 관학이 되었다. 유학 또는 신유학을 관학으로 받아들인 나라는 중국, 조선만이 아니었다. 베트남과 일본에서도 유학은 관학으로서 기능했다.

일본 역시 유학을 받아들여 사회 운영의 원리로 삼았던 나라였다. 중국과 바다를 사이에 두고 있던 일본은 자연스럽게 유학의 영향을 받아들였다기보다는 의식적이고 선택적인 방식으로 유학을 받아들였다. 일본에서 가장 위대한 인물 중 하나로 추앙받는 쇼토쿠聖德 태자(574~622)는 중앙 집권을 위해 유학을 적극 수용했고 17조라는 일종의 헌법을 통해 유학에 기반한 정치 질서를 수립하고자 했다.

그렇지만 일본에서의 유학은 중국이나 조선과는 다른 방식으로 전개되었다. 유학 특히 주자학을 정통에 두고 다른 학문이나 사상을 이단시했던 중국이나 조선과는 달리, 일본에서 유학은 여러 사상 중 하나에 불과했고 다른 학문들 위에 군림하는 제왕의 자리에 있지 않았다. 여기에 일본 사상의 기본적인 특징이 있다. 일본의 사상에 대해 좀 더 자세히 알아보려면 유학이 보급되기 시작한 에도 시대로 가야 한다.

쇼토쿠 태자
쇼토쿠 태자中와 동생左과 장남右. 《8세기 목판 복제》

국내의 내분을 돌파하고자 임진왜란을 일으킨 도요토미 히데요시豊臣秀吉를 물리치고, 도쿠가와 이에야스德川家康가 정권을 장악한 것은 1603년의 일이었다.

그는 스스로 가장 높은 지위인 세이이 다이쇼군征夷大將軍에 올라 각 지역의 영주격인 다이묘大名들을 관장하는 막부의 최고 권력자가 되었다. 그로부터 15대 쇼군이 정권을 조정에 반환한 1867년까지를 일본에서는 도쿠가와 시대 또는 에도 시대라고 부른다. 여기서 '에도'란 지금의 동경을 말하는 것으로 도쿠가와 정권의 본거지가 에도였기 때문에 이런 명칭을 얻게 된 것이다.

에도 시대는 무사 계급 중 가장 높은 지위에 있는 쇼군이 전국을 통일적으로 지배하는 중앙집권적 정치 체제가 확립된 시기이기도

하다. 물론 일본에 중국이나 조선과 같은 왕이 없었던 것은 아니다. 천황이라 불리는 전통적인 권위를 가진 왕과 귀족들이 수도인 교토京都에 자리 잡고 있었지만 그들에게는 실질적인 힘이 없었다. 국가를 통치하는 실질적인 힘은 무사들에게서 나왔다. 또 이 시대는 엄격한 신분제도를 통해 통치되던 사회였다. 사회적으로 지배자의 위치에 있었던 것은 무사 계급이었다.

도쿠가와 이에야스
일본 에도 막부의 초대 장군으로 일본 근세 봉건제 사회를 확립했다.

소수의 무사 계급은 쇼군이라는 최고 권력자 아래 여러 계층으로 나뉘어 있었고, 그들 사이에는 철저한 주종 관계가 성립되어 있었다.

이런 지배 계층 구조는 유학을 배운 문인 학자들이 관료가 되어 정치를 이끌었던 중국이나 조선과 다른 것이었다. 학문의 연구자와 정치의 담당자가 일치했던 중국이나 조선과는 달리, 일본에서는 정치의 담당자와 학문의 연구자가 분리되어 있었다. 따라서 학문에 종사하는 계층이 많지 않았고 그 영향력도 중국이나 조선에 비해 약했다. 특히 유학의 입지가 다른 주변 나라들에 비해 매우 낮았다.

일본에 유학이 전래된 것은 4세기 말엽으로 알려져 있다. 백제에서 왕인王仁이 《논어》와 《천자문千字文》을 가지고 와서 유학을 전했다는 것이 일반적인 설이다.

이후 유학은 국가 운영의 틀을 확립하는 데 큰 역할을 한다. 그러나 실제 왕실과 민간에서 큰 영향력을 얻었던 것은 유학이 아니라 불교였다. 불교도 비슷한 시기에 일본에 전해졌다. 처음에는 외래 종교로 그 지위가 약했지만 불교는 점차 나라를 통일적으로 지탱하는 정신적 구심의 역할을 하게 된다. 에도 시대 이전까지 불교의 시대였다고 할 만큼 불교는 일본에서 중심적 위치에 있었다. 이에 비해 유학은 주변적인 사상에 불과했다.

에도 시대는 유학이 불교의 그늘에서 독립한 유학의 전성 시대였다는 평가를 받는다. 혼란스러웠던 전국 시대를 끝내고 에도 막부 시대를 연 도쿠가와 이에야스는 유학을 신봉한 인물이었다. 도쿠가와 이에야스는 혼란을 수습하고 각 지역에서 맹주 역할을 하던 쇼군將軍들을 통합할 원리로 유학을 채택했다. 새로운 지배의 권위를 필요로 했던 도쿠가와에게 유학은 사회의 질서를 바로잡을 사회적 틀 역할을 했다. 특히 가부장적 유교 질서는 일본에 존재하던 사농공상(士農工商, 일본의 사 '士' 는 선비가 아니라 무사계급이다)의 엄격한 신분제와 가까운 것으로 여겨졌다.

그러나 학문을 담당하는 주체는 중국이나 조선과 달랐다. 지배계층이었던 무사가 나머지 계급을 지배했기 때문에 학문을 담당했던 계층은 주로 승려들이었다. 승려가 아닌 유학만 전문으로 배우고 익히는 학자 집단이 생겨난 것은 17세기 이후였다. 유학이 불교에서 독립하게 되자 드디어 학문과 종교가 분리되기 시작한다.

통치에 유학을 이용하다

도쿠가와 정권은 전쟁과 권력 다툼으로 혼란스러웠던 전 시대를 정리하기 위해 안정된 국가 체제를 세우는 것을 최우선의 목표로 삼았다. 그들에게는 국가의 체제를 안정시키고 법령들을 세울 새로운 학문적 토대가 필요했다. 특히 힘으로 각 지역을 복종시켰던 무사정권으로서는 대다수 사람들을 문화적·사상적으로 통일시킬 중심이 절실히 필요했다. 도쿠가와는 이런 통일의 힘을 유학에서 찾았다. 유학을 통치의 바탕으로 두고 안정된 질서를 구축한 중국과 조선이 모델이었다.

또한 유학은 일본인에게 불교와는 달리 현실주의적이고 세속적인 윤리를 제공할 수 있었다. 특히 민간에 보급된 유학 사상은 일본인들에게 지적 교양을 제공하는 역할을 했다. 수많은 전란으로 교양의 수준이 낮았던 에도 시대 일본인들은 유학을 통해 고도의 지적인 문화유산을 이해할 수 있는 능력을 얻게 되었다. 유학이 '계몽사상'의 역할을 했던 것이다. 유학 특히 주자학이 이런 역할을 담당했다.

처음에 주자학은 선종 계열의 승려들에 의해 일본에 유입되었다. 이들은 선불교와 주자학의 뿌리가 같다는 전제하에서 주자학을 일본에 소개한 것이었다. 승려들은 주자학이나 도교 모두 선불교에서 나왔다는 삼교일치론을 주장했지만 궁극적으로 불교를 가장 중요하게 생각했다. 그러나 현실적이고 세속적이며 이성적인 유학과 신앙을 바탕으로 한 불교 사이에는 만날 수 없는 간격들이 많이 있었다. 이때 임진왜란을 통해 유입된 조선의 유학 서적들이 학문을 하는 승려들을 유학 쪽으로 밀고 가는 역할을 한다.

모든 전쟁이 그렇듯 임진왜란도 조선에 커다란 상처를 안긴 뼈아픈 사건이었다. 물론 전쟁을 일으키고 몇 년 만에 퇴각한 일본 쪽에도 손실이 있었을 것이다. 그러나 전쟁 외의 측면에서 바라본다면 이 전쟁은 일본에 중국, 조선 등의 선진 문화를 흡수할 수 있는 계기가 되었다. 한 예로 일본이 끌고 간 조선의 기술자들이 일본의 인쇄기술, 도자기 제조법 등을 놀랍게 발전시켰다는 것은 많이 알려진 사실이다.

일본은 임진왜란 중에 수많은 서적들을 약탈하고 학자들을 포로로 끌고 갔다. 이때 상당수의 유학 서적들이 일본으로 건너갔다. 임진왜란을 통해 전래된 유학 서적들은 일본 사상계에 새로운 바람을 불러일으켰다. 일본의 지식인 집단은 이 서적들을 통해 유학의 세례를 받은 셈이다. 유학의 세례를 받은 승려 중 어떤 이들은 더 이상 승려가 아닌 '유학자'로서 자신의 사상을 세우게 된다.

유학자로서 최초의 혁신을 불러일으킨 사람이 후지와라 세이카(藤原惺窩, 1561~1619)였다. 승려였던 후지와라 세이카와 그의 제자 하야시 라잔(林羅山, 1583~1657)은 유학을 불교에서 독립시켜 독자적인 학문으로 구축해나간 '유학자'들이었다.

후지와라 세이카, 강항을 만나다

후지와라 세이카에게는 스승과도 같은 두 명의 조선인이 있었다. 그 중 한 사람은 조선의 사절단으로 일본에 갔다가 후지와라 세이카에게 유학을 소개한 허성(許筬, 1548~1612)이다. 세이카는 허성으로부터 조선의 유학서를 구해 읽고 큰 감명을 받았다. 성리학이 발달해 있던 조선의 유학은 세이카에게 진정한 학문의 길이 무엇인지를 보여주었다.

허성과의 교제를 통해 성리학 쪽으로 기울어가던 세이카를 승려가 아닌 유학자로서도록 영향을 끼친 사람은 강항(姜沆, 1567~1618)이었다. 강항은 정유재란 때 일본에 포로로 잡혀간 조선의 유학자였다. 강항은 일본에서 포로 생활을 할 때 일본의 승려들과 필담을 나누면서 학문을 교류했는데 그 중 한 사람이 후지와라 세이카였다.

후지와라 세이카
원래 불교 승려였으나, 임진왜란으로 일본에 끌려온 유학자 '강항' 의 영향으로 정식으로 유학을 공부하게 된다. 또한 그의 제자 하야시 라잔, 마쓰나가 세키고, 호리 교안 등은 일본 성리학의 독자적인 체계를 완성한다.

세이카는 강항으로부터 성리학적 체계가 완비된 조선의 정치 상황에 대해 듣는다. 세이카는 무사가 아닌 유학을 배운 문인들에 의해 정치가 이루어지는 조선 사회를 동경하게 된다. 그는 강항이 후시미伏見에 유배되어 있던 1년 반 동안 그와 교제하면서 주자학, 양명학 등에 대해 배운 뒤 결국 승려복을 벗고 유학자의 옷을 입게 된다.

후지와라 세이카가 유학자로서 독립할 수 있었던 근원을 추적하면 퇴계 이황의 영향을 간과할 수 없다. 세이카는 이황이 정리한 서적들을 통해 성리학의 이론에 접근했기 때문이다. 그런 의미에서 후지와라 세이카가 받아들인 것은 성리학 그 자체라기 보다는 퇴계학이라고 평가하는 학자도 있다.

세이카의 가장 큰 공적은 강항의 도움을 얻어 사서오경을 독해하기 쉽도록 훈점을 찍은 일이다. 원래 한문으로 된 경전에는 어디서 어떻게 끊어 읽을지 아무런 표시가 없다. 그래서 한문의 문법적 구조와 그 속에 담긴 사상을 이해한 사람에게는 아무 상관도 없지만 처음 배우는 사람들에게는 끊어 읽기 위한 훈점이 매우 중요했다. 당시 일본에서는 유학의 보급이 늦었고 불교의 영향 때문에 사상적 수준이 떨어졌으므로 후지와라 세이카의 훈점은 유학의 보급에 큰 역할을 하게 된 것이다.

세이카는 독창적인 학문을 세우는 수준에는 이르지 못했지만 자신의 뿌리였던 불교를 비판하면서 송명 시대의 유학과 조선 유학을 종합적으로 수용했다. 그의 영향을 받아 일본 주자학의 토대를 닦은 이가 바로 하야시 라잔이었다.

일본 주자학의 토대를 닦은 하야시 라잔

하야시 라잔은 22살 때 세이카의 제자가 되었다. 그들은 스승과 제자였지만 일방적인 사제 관계였다기보다는 토론과 논쟁을 통해 서로의 학문을 발전시키는 개방적인 관계였다고 한다. 실제로 정통 주자학자의 길을 가고자 했던 라잔은 스승인 세이카가 주자학, 양명학, 불교 등 주자학 바깥의 사상을 받아들였다는 점을 들어 비판하기도 한다. 그가 스승의 사상을 그대로 답습하는 제자가 아니었음을 알 수 있다.

하야시 라잔은 주자학이 도道에 이르는 문이라고 생각했고 주자학 이외의 학문을 이단으로 파악함으로써 주자학을 유일한 정통으로 세우고자 했다. 그러나 하야시 라잔은 주자학이나 퇴계의 사상이 중요시하는 형이상학적 세계에 대한 관심은 그다지 크지 않았다. 라잔은 주자학을 통해 사회 윤리와 지배 질서를 강화하고자 했기 때문이다.

세이카와 라잔이 역사상에 이름을 남길 수 있었던 배경에는 최고 권력자와의 만남이 있었다. 학문이 뛰어난 승려를 채용하는 막부의 전통에 따라 도쿠가와 이에야스는 후지와라 세이카를 부른다. 유학자로서의 자부심이 강했던 세이카는 승려복이 아니라 유학자의 옷을 입고 이에야스를 만나러 간다. 막부의 관직이 승려에게 주는 문관의 자리였기 때문에 이런 세이카의 행동은 일종의 도발에 가까웠다. 결국 세이카는 관직을 주겠다는 막부의 부름에 응하지 않고 대신 제자인 하야시 라잔을 추천한다.

하야시 라잔은 승복을 입고 이에야스를 섬겼다. 그러나 그가 강의한 것은 주자학이었다. 라잔이 승복을 입고 막부의 무사들에게 주자학을 강의할 수 있었던 것은 주자학에서 새로운 정치 질서의 모델을 보았던 도쿠가와 이에야스의 판단 때문이었다.

도쿠가와 이에야스는 무력으로 정복한 국가를 통일적으로 다스릴 새로운 정치 이데올로기가 필요했다. 군사적인 지배만으로는 사회 질서를 세우고 새로운 규범을 만들기가 어려웠던 것이다. 개인의 구원을 목표로 하는 불교 같은 종교로는 사회 질서를 세우고 통일적으로 통치하는 것이 어려웠다. 이에야스는 사람들을 마음으로부터 복종시키고 책무를 일깨울 규범과 윤리가 필요하다는 것을 깨달았다.

이런 고민 속에서 이에야스는 주자학자 하야시 라잔을 선택했던 것이다. 그는 먼저 현실주의적인 유학의 이념과 윤리가 불교와는 다른 방식으로 사회를 통합시킬 사상적 무기라는 점을 발견했다. 더 나아가 인간과 자연 모두를 아우르는 주자학의 '리'가 정치에 비유될 때 정치적 지배 질서를 정당화하는 근거로 활용될 수 있다는 점을 깨달았다.

하야시 라잔은 주자학적 세계상을 강의함으로써 도쿠가와 이에야스에게 정치적 정당성을 제공한다. 라잔은 인간의 신분적 차별은 리에 의해 보장되는 근본적인 것이라고 생각했다. 이 때문에 도쿠가와 막부 시대에 주자학은 타고난 신분에 안주해서 자기 몫을 다하는 것을 올바른 삶으로 생각하게 만드는 일종의 사회적 도덕률의 역할을 했다. 뿐만 아니라 무사들도 몸과 마음을 닦아 집안을 가지런히 하여 나라를 다스리고 천하를 태평하게 한다는 유학의 핵심 이념 '수신제가 치국평천하修身齊家 治國平天下'와 같은 《대학》의 구호를 통해 더 넓은 사회에 대한 공적인 책임을 자각하게 된다.

결국 하야시 라잔이 정치에 나아간 뒤 30여 년이 흘러 주자학은 막부의 관학이 되었다. 이에야스는 주자학에서 말하는 왕도 정치를 모범으로 삼아 각종 제도와 법령을 정비했다. 무사들도 주자학을 배워야 했다. 비록 조선에서와 같이 막강하고도 절대적인 사상 체계는 아니었지만 적어도 사회 내에 주자학의 영역과 의미를 만들었다고는 말할 수 있을 것이다. 그러나 그 시기는 그리 오래 가지 않았다. 에도 시대는 변화하고 있었다.

일본 니코에 있는 도쿠가와 이에야스를 모신 신사 도쇼구 東照宮

고의학과 이토 진사이

병법兵法이란 무사가 지켜야 할 법칙이다. 무장은 특히 이 법을 실행해야 하지만, 병졸이라 해도 또한 이 길을 알아야 한다. 하지만 지금 세상에는 병법의 도를 터득한 무사가 많지 않으니 어째서인가.

도道라면 불법佛法으로 사람을 구할 수 있다. 또한 학문으로 도를 바르게 하는 유교의 도도 있다. 의사는 병자를 치료하는 도를 가지고 있고 예술을 하는 자는 가무의 도를 가지고 있다. 사람들은 각기 자신의 도를 연마한다. 그런데 오늘 날에는 병법의 도를 즐기는 자는 드물다.

미야모토 무사시

미야모토 무사시(1584~1645)는 에도 시대 최고의 검객이자 화가였다. 대결에서 한 번도 패하지 않았다는 전설적 인물로, 그를 주인공으로 한 소설이나 만화가 많다.

무사들의 교본이라 할 수 있는 《오륜서五倫書》를 쓴 미야모토 무사시의 말이다. 병법의 도를 아는 자가 드물다는 미야모토 무사시의 한탄이 어디까지 사실인지 모르지만 실제로 에도 시대에 무사들은 변하기 시작했다. 임진왜란 이후 큰 전쟁이 없는 가운데 유교적 교육과 문화를 흡수한 무사들은 점차 전쟁이나 병법과는 멀어졌고 행정적 업무를 관장하는 관리로 변모하게 된 것이다. 전국 시대와 같은 영웅담은 먼 옛일이 되고 말았다. 허리춤의 칼은 장식용으로 변해갔던 것이다.

이런 현상을 다른 각도에서 본다면 에도 시대는 일종의 문예부흥기라고 할 만했다. 유학을 통해 소수의 귀족이나 무사들뿐 아니라 서민들에게도 배움의 기회가 확대되고 수준 높은 지식들이 공유되었다. 이들이 배운 유학은 근본적으로는 주자학이었지만 당시 일본에 유입된 유학은 정통 주자학만은 아니었다.

일본은 비교적 늦게 주자학이 수용되었기 때문에 주자학, 양명학, 그리고 조선 유학 등 이미 성숙의 단계를 거친 다양한 사상들을 동시에 받아들일 수 있었다.

이 때문에 학자들은 비교적 자유롭게 자신이 생각하는 올바른 학문에 대해 토론하고 글을 쓸 수 있었다. 막부는 중국과 조선의 관학을 모방해서 학교를 세우고 주자학을 무사들의 정규 과목으로 택했지만 다른 학문을 이단시하거나 박해했던 것은 아니다.

그러나 관학화된 주자학은 다른 한계에 부딪히기 시작했다. 신분을 고착화하는 논리로서, 강한 규범성을 가진 주자학이 시대의 변화를 담을 수 없었기 때문일 것이다. 주자학이 중앙집권적 국가를 위한 정치철학으로 기능했다는 점을 생각해본다면 이해하기가 쉽다. 예를 들어 상업이 발달하고 도시가 커지는 등 사회·경제적인 변화가 발생한다면 사회를 엄격한 규범 윤리로 통제하는 것은 점차 더 어려워지게 된다. 에도 시대는 상업이 발달하고 엄격한 신분제를 넘어선 개인이 등장하는 등 여러 면에서 근대로 향하는 과정이었다.

주자학이 더 이상 발전하지 못했던 것은 내부의 문제이기도 했다. 에도 시대의 주자학은 세이카와 라잔 이후 가장 큰 학파를 이루었지만 독창적인 이론을 세웠다기보다는 주자의 학설을 서술하는 수준에 머물렀다는 평가를 받는다. 보다 독창적이고 또한 일본적인 사상은 막부의 관학이었던 주자학을 비판한 일군의 학자들에게서 나오게 된다. 그 첫 번째 목소리가 고학古學을 일으킨 이토 진사이(伊藤仁齋, 1627~1705)다.

일본 사상계에서 '고학'이라는 명칭은 일본의 독창적인 사상이라는 자부심과 연관되어 있다. 고학은 간단하게 설명하자면 주자학이나 양명학 등의 신유학에 반대하면서 공자, 맹자 같은 고대의 사상으로 돌아가자는 일종의 학문 운동이라고 말할 수 있다. 물론 이런 사상적 복고주의는 일본에서만 나타난 것이 아니었다. 명칭은 다르지만 조선이나 청나라에서도 고대 사상으로 복귀하자는 사상운동이 나타났다. 그러나 새로운 사상적 경향은 언제나 그 시대, 그 사회의 변화와 관련 있다는 점을 생각해본다면 일본의 고학은 일본만의 문제의식과 자기 극복의 과정이었다고 말할 수 있다. 고학에는 당시 시대의 변화에 대처하는 일본인의 국민적 정서와 문화적 특성들이 담겨 있다.

사실 고학은 특별한 사제 관계로 엮인 한 학파가 아니라 입장과 생각이 다른 학자들을 통칭해서 부르는 표현이다. 서로 다른 목소리를 내는 이들을 한 데 묶을 수 있는 이유는 그들이 공통적으로 고대의 사상으로 돌아가 당대의 문제를 해결하고자 했기 때문이다.

상인의 아들, 《대학》을 읽다

후대 학자들은 고학을 이토 진사이로 대표되는 고의학古義學과 오규 소라이로 대표되는 고문사학古文辭學 등 크게 두 방향으로 나눈다. 먼저 고의학을 연 이토 진사이에 대해 알아보자.

이토 진사이는 교토의 상인 집안에서 장남으로 태어났다. 그는 11세 때 《대학》을 처음 읽고 유학에 뜻을 두게 된다. 그의 가족은 아무런 신분 보장도 되지 않는 유학자보다는 돈을 벌 수 있는 의사가 될 것을 권유했다. 당시 사람들은 책을 읽는 것은 무사가 할 일이 아니며, 유학자를 보면 중국인이라고 놀리기까지 했다고 한다. 이런 사회분위기 속에서 유학자가 되겠다는 이토 진사이의 결심은 쉽지 않은 결정이었을 것이다. 그러나 진사이는 가족의 반대를 무릅쓰고 주자학을 공부했다. 주자학의 핵심 이론 중 하나인 '경'의 사상을 중시해서 처음에는 호를 게이자이敬齋로 할 정도였다.

그러나 그는 주자학에 만족할 수 없었다. 양명학이나 불교 사상, 노장 사상 등을 전전하던 그는 결국 30대 중반에 들어서야 자신의 길이 주자학이 아님을 깨닫게 된다. 진사이는 결국 주자학을 포기하고 36세부터는 교토에 학교를 열어 자신의 사상을 제자들에게 가르쳤다. 그가 가장 열렬하게 주장했던 것은 주자학이나 양명학 같이 유학의 본래 의미를 변형시킨 학문이 아니라 공자와 맹자의 본뜻으로 거슬러 올라가야 한다는 것이었다.

그는 일단 고전을 깊이 분석해 그 안에 담긴 진정한 뜻을 파악해야 한다고 보았다. 그의 학문이 고의학으로 불리는 것도 그가 문헌학적 연구를 학문의 기초로 삼았다는 데서 온 것이다. 그는 문헌을 면밀히 검토해서《논어》가 가장 중요한 책이라는 주장을 내놓는다.

공자는 일상생활에서 드러나는 인간의 본성에서 윤리적 실천의 근거를 찾고자 했지만 주자학은 윤리적 실천의 근거를 형이상학적인 '리'에서 찾았다. 따라서 주자학은 인격의 완성과 도덕적 실천이라는 고대 유학의 목표를 넘어서 형이상학적이고 관념적인 차원으로 전개되었다. 그런 의미에서《논어》로 돌아가야 한다는 이토 진사이의 주장은 결국 주자학에 대한 적극적인 비판을 의미했다.

진사이는 먼저 이기, 태극과 같은 주자학의 핵심 이론을 부정한다. 초월적인 리는 존재하지 않는다. 모든 것은 기일 뿐이고 리는 기에 따라 나타나는 무늬나 결일 뿐이다. 그가 리나 태극에 근거한 세계관을 부정하는 것은 그런 개념들이 실實이 아니라고 보았기 때문이다. 진사이는 학자들이 신기하고 새로운 이론을 좋아하기 때문에 공자나 맹자의 일상적이고 실질적인 사상을 멀리하게 되었다고 보았다. 일상생활에 뿌리를 둔 실질적인 것들을 멀리한다면 그것은 진정한 학문이 아니라고 생각했다. 현실 사회를 넘어서는 형이상학적 도를 인정하지 않았던 것이다.

진사이는 성性 역시 초월적인 리의 다른 이름이 아니라 단지 타고난 성질일 뿐이라고 생각했다. 정情 또한 모든 사람들이 공통적으로 타고난 성이 바깥 사물에 감응해서 움직이는 바를 포착한 것이 된다. 따라서 정은 주자학에서 주장하듯 억제해야 할 것이 아니라 자연스럽게 발현되어야 할 것이다. 성을 타고난 성질로 보기 때문에 본성의 순수함을 보존하려는 주자학적 노력보다는 맹자처럼 마음의 단서들을 길러나가는 방법을 더욱 강조하게 된다. 마음의 단서들을 길러나가는 과정은 결국 인仁의 발현으로 나타나게 된다.

인은 진사이 사상의 핵심 개념이다. 진사이는 "자기를 극복해 예로 돌아가는 것이 인克己復禮爲仁"이라는 《논어》의 구절을 해석하면서 자기를 극복하는 것이 결국은 다른 사람을 사랑하는 것이라고 보았다. 자기를 극복하는 과정은 나를 버리고 다른 사람의 마음을 헤아려 타인을 사랑하는 길이라는 의미다. 본래 유학에서 인은 사람을 사랑하는 방법이고 원리다. 진사이는 인을 더욱 적극적인 사랑과 책임으로 이해한다. 사랑에서 나오지 않는 행위는 모두 거짓일 뿐이다. 사랑이 마음에서 우러나와 다른 사람에게도 미치게 하는 것이야말로 인간 삶의 목표가 되어야 한다. 진사이는 나와 남이 하나가 되는 인륜의 실현에서 진정한 도의 모습을 보았다.

　진사이의 학문은 일차적으로는 주자학을 넘어서서 유학의 본령에 도달하고자 하는 복고적 사상이었지만 그 속에는 권위적인 학문을 무비판적으로 받아들이는 풍토에 대한 경계가 담겨 있었다. 진사이는 중국이나 조선의 유학을 공부하는 데 머물지 않고 일본화하고자 했던 것이다.

　진사이는 유학이 현실을 벗어난 공리공담에서 나와, 당시의 시대와 사람들의 일상을 올바르게 이끌어갈 수 있는 진정한 삶의 원리가 될 수 있도록 다양한 씨앗을 심은 것이다. 진사이 이후 자기 목소리를 갖게 된 일본의 유학은 점차 시대가 요구하는 방향을 따라 변모하게 되었다.

오규 소라이, 도를 새롭게 정의하다

　고학파古學派란 에도 중기 일본 유학계에 큰 영향력을 끼친 사상가들을 묶어 부르는 말이다. 그들은 공통적으로 이기, 성性 등 추상적인 개념에 파묻혀 현실 세계를 벗어나버린 주자학을 비판하고 고대 유학의 정신으로 돌아가 그것을 삶의 실천적인 원리로 삼아야 한다고 주장한다.

　주자학이 비판 대에 오른 것은 일본만이 아니었다. 청 대의 학풍이나 조선 실학의 유파 중에서도 고대 유학의 경전에서 새로운 돌파구를 찾으려는 시도들이 있었다. 그러나 일본의 주자학 비판은 중국이나 조선과 달랐다. 어쩌면 주자학의 사회적 위상이나 철학적 이론의 전개가 달랐기 때문에 주자학에 대한 비판도 다른 길로 진행되는 것이 당연할 것이다.

보다 독특한 방법으로 주자학을 비판하고 고대 유학을 통해 일본이 나아가야 할 길을 찾았던 일본 유학자 중 한 사람이 오규 소라이(荻生徂徠, 1666~1728)였다. 오규 소라이는 아버지를 따라 유배지에서 성장하는 등 인생의 굴곡을 겪으면서 성장했다. 그가 유명해진 것은 학계의 선배 격이었던 이토 진사이를 격렬하게 비난했기 때문이다.

오규 소라이가 이토 진사이를 비판하게 된 것은 오해 때문이었다. 젊은 시절의 오규 소라이는 이토 진사이를 동경했다고 한다. 도쿄에 살고 있던 소라이는 몇 번이고 존경의 뜻과 학문적 질의를 적은 편지를 교토에 사는 이토 진사이에게 보냈다. 그러나 답장은 한 통도 오지 않았다. 이미 늙고 병들어 오규 소라이에 답할 기력이 없었던 이토 진사이는 결국 답장을 보내지 못한 채 숨지고 말았다.

사정을 알 리 없는 오규 소라이는 자존심에 큰 상처를 입었다. 게다가 이토 진사이의 아들이 아버지의 문집에 오규 소라이가 보낸 편지를 허락도 받지 않고 싣자 분노가 극에 달했다. 결국 오규 소라이는 개인적인 감정까지 겹쳐 이토 진사이를 격렬하게 비판하게 된다.

그러나 오규 소라이도 근본적으로는 이토 진사이와 마찬가지로 주자학을 벗어나 고대 유학의 경전으로 돌아가 그 정신을 다시 되살려야 한다고 주장한 점에서는 같은 출발선에 있었다. 그의 학문을 고문사학古文辭學이라 부르는데, 고문사학이란 옛글의 실증적 연구를 통해 고대 세계의 본질에 가까워져야 한다는 일종의 학문 방법론이라고 할 수 있다. 선왕의 가르침을 문헌학적 방법으로 규명한다는 것이다.

소라이가 이런 방법론으로 발견한 세계는 도덕적 수양을 목표로 하는 마음의 세계가 아니었다. 그는 유학의 목적은 도덕적 수양으로 성인이 되는 것이 아니라 백성의 생활을 안정시키고 정치적 제도를 이끄는 데 있다고 보았다. 따라서 그에게 진정한 학문의 대상은 공자가 계승하고자 했던 고대 선왕의 도였다.

오규 소라이가 말하는 도는 노장의 천지자연의 도도 아니고 신유학에서 말하는 형이상학적 리도 아니었다. 그가 말한 도는 인간의 마음에 내재하는 것도 아니고 세계의 형이상학적인 근원도 아닌, 성인에 의해 만들어진 객관적인 제도들이었다. 따라서 소라이가 생각하는 도란 여러 선왕이 만든 제도와 문화 그 자체였다.

도가 마음에 내재하는 도덕적 규범이 아니라 제도와 문화를 의미한다면 도의 실제적인 내용도 사회를 경영하고 백성을 구제하는 것이 된다. 소라이가 보기에 개인의 도덕적 완성이 쌓이고 쌓여 천하와 국가의 정치가 올바르게 이루어진다는 생각은 정치를 도덕의 문제 안에서 녹여버리는 결과를 낳는다. 따라서 소라이는 정치의 문제와 도덕의 문제를 나누어야 한다고 생각했다. 개인의 도덕적 완성만으로는 결코 정치적 질서가 자리 잡힐 수 없고 올바른 통치가 이루어질 수 없다.

그러나 그가 보기에 당시의 학문은 지나치게 본성이나 마음 같이 눈에 보이지 않고 손에 잡히지 않는 세계로 흘러 들어가 있었다. 그는 유학의 흐름이 기이하게 흘러 결국 불교나 도가로 빠지거나 마음을 다스리고 본성을 밝힌다는 이상한 일을 제일 중요하게 생각하게 되었다고 한탄한다. 그 결과 성인의 도가 천하와 국가를 다스리는 일이라는 본래의 뜻이 사라져버렸다는 것이다. 소라이는 마음의 문제에서 손을 떼어야 한다고 주장한다. 본성이나 마음은 지나치게 주관적인 영역이므로 자기의 마음만 잘 다스려 이를 확대하면 천하와 국가가 모두 잘 다스려질 것이라는 생각은 낙관적인 주장에 불과하다는 것이다.

오규 소라이는 성인의 의미도 다르게 해석했다. 신유학에서 말하는 성인은 완전한 도덕성을 이룬 최상의 인격자를 의미한다. 물론 도덕적으로 완전한 인간이기 때문에 그 도덕성을 발현한 결과가 올바른 정치로 나타난다고 본다. 신유학에서의 도덕적 완성은 사회를 향한 의무와 책임을 포함하기 때문이다. 그러나 소라이는 성인을 도덕적인 완성을 이룬 사람으로 생각하지 않았다. 성인은 사회적 질서와 문화를 만든 뛰어난 제작자들이며 입법자들이다. 따라서 성인의 일차적인 의무는 백성들을 편안하게 하는 실천을 펼치는 것이다.

따라서 누구나 성인이 될 수는 없다. 성인으로 태어나지 않는 이상 인간은 아무리 노력하고 공부해도 성인이 될 수는 없다. 이런 생각은 깨끗하고 완전한 본성의 차원을 회복하려는 노력을 하면 모든 사람이 성인이 될 수 있다고 본 신유학의 인성론을 전면적으로 부정한 발상이었다.

소라이의 생각은 사람들의 주체성과 가능성을 부정하는 것처럼 보일 수도 있다. 그러나 이런 발상의 배후에는 어차피 불가능하다면 누구나 도덕적으로 성인이 되려는 노력을 할 필요가 없이 자기의 개성과 능력에 맞게 살면 된다고 하는 현실주의적인 생각이 담겨 있다. 모든 사람이 도덕적 완성을 위해 살 필요가 없이 각자의 다양성을 발휘하는 한에서 자기의 자리에서 최선을 다하면 된다는 것이다.

그렇다고 해서 소라이의 주장이 근대적인 시민 사회의 발견으로 연결된 것은 아니었다. 정치가 도덕으로부터 분리되고 사람들이 직분에 맞게 사는 것이 권장되었다고 해도 여전히 봉건적 정치제도와 신분제는 유지되는 사회였기 때문이다. 그는 정치와 도덕을 분리시키기는 했지만 그가 생각한 정치란 각자가 가업의 직분을 떠맡아 최선을 다하는 것이었다. 그가 생각하는 위정자는 유학에서 말하는 것처럼 백성들을 널리 껴안고 그들을 편안하게 해야 할 의무를 다하는 존재다.

이처럼 그는 유학의 테두리 안에서 사상을 펼쳐나갔다. 다만 그의 유학은 도덕적 엄숙주의를 벗어난 현실주의적 성격이 강했다고 볼 수 있다.

오규 소라이의 영향

오규 소라이는 주자학을 극복함으로써 사회적이고 공적인 유학의 기능을 부활시키고자 했다. 사적인 본성과 마음의 학문에서, 공적인 경세제민의 학문으로 분위기를 전환하고자 했던 것이다. 이 때문에 소라이가 도덕과 분리된 '정치'를 발견했다고 평하는 학자도 있다.

이토 진사이와 오규 소라이로 대표되는 고학의 영향은 뒤이어 나타난 국학자들에게로 이어졌다. 국학이란 일본의 고전에 관한 학문을 뜻한다. 이는 일본인의 생활방식이나 바람직한 사회상에 대해 일본 고전으로부터 정신적 귀감을 찾고자 하는 사회 운동의 성격을 띠고 있었다. 일본적 학문을 세우려는 풍조가 점차 강해진 것이다.

모토오리 노리나가(本居宣長, 1730~1801) 같은 학자는 중국 학문을 정통으로 여기고 일본 학문을 멸시하는 풍토를 개탄하면서 일본 고대의 신들로부터 민족의 발원을 찾고자 했다. 노리나가에게 도란 일본의 신이 전해준 것으로, 천황이라 불리는 왕이 나라를 다스리는 도를 의미한다. 노리나가는 정치적 변화도 모두 신의 계획으로 보았다. 이렇게 국학에는 유교와의 대결을 통해 중국에 비해 열세인 일본의 학문을 높이려는 민족주의적인 발상이 담겨 있다.

이런 국학자들의 민족주의는 왕조가 자주 바뀌는 중국과는 달리 천황의 가문이 영원히 지배하고 있다는 점을 들어 일본 사회의 우월함을 찾으려고 한 것에서 정점에 이른다. 물론 노리나가 등의 주장은 유학을 지나치게 단순화해서 공격하고 일본의 고대 정신을 지나치게 높이려 했다는 점에서 비판받을 여지가 있다. 그러나 중국 등에 종속되지 않는 자주적인 학문을 세우고자 했다는 점에서 일본 사상사 안에서 크게 주목받고 있다.

또한 소라이의 학문은 조선 실학과 연관해서 새롭게 조명되고 있기도 하다. 최근의 연구에 따르면 정약용은 주자학적 세계관을 거부하고 고대 유학에서 경세제민의 방법을 찾았던 소라이의 학문을 높이 평가했다고 한다. 비록 표면화되지는 않았지만 근세로 향하는 조선과 일본의 지식인들은 사상적 교류와 영향을 통해 각자 변화에 대처하는 새로운 사상을 모색했던 것이다.

사상사는 학자가 남긴 책 속에서 벌어지는 세계가 아니기 때문에 역사, 정치, 경제, 사회상 등을 종합적으로 이해해야 하는 숙제가 따라다닌다. 일본 사상 역시 다양한 각도에서 살펴보아야 한다. 그러나 한 가지 주의해야 할 것이 있다. 많은 일본의 학자들은 일본 유학이 형이상학적 논쟁에 소모적으로 몰두하지 않았다고 평가한다. 그리고 주자학의 틀을 벗어날 수 있었기 때문에 일본이 중국, 조선보다 먼저 근대적인 세계관과 인간관을 세울 수 있었다고 본다. 이런 관점에 의하면 주자학의 탈피를 그대로 근대적 사유의 싹이라고 해석하는 오류를 범하기 쉽다. 더구나 일본의 근대화는 곧 제국주의로 전환되기 때문에 '주자학의 탈피=근대화'라는 도식은 근대화라는 명분으로 진행된 일본의 제국주의를 정당화할 가능성이 있다.

또 많은 일본 학자들이 일본의 문화와 사상이 밖으로부터 온 것을 나름대로 융합한 독자적인 것이라고 주장한다. 중국이나 조선의 영향을 부정하지는 않지만 결국 중국, 조선에 비해 일본 문화가 독자적이라고 보는 것이다. 자기 문화와 사상을 독자적인 것으로 보려는 태도는 자연스럽지만 이 독자성을 근거로 일본을 동아시아라는 범주 밖으로 세우고, 심지어 서구 사상과 연결시키려는 시도도 나타난다. 이런 발상은 다른 아시아 국가들에 대한 일본의 우월감과 지배를 정당화하는 바탕이 될 수 있다. 어느 나라건 근대 사상에 대한 이해는 현재와 분리되지 않는다는 점, 주변과의 관계 속에서 파악해야 한다는 점을 잊어서는 안 될 것이다.

동양 철학 여행을 마치며

미국의 권위 있는 중국 고대 연구자 H. G. 크릴이 쓴 《공자 — 인간과 신화》에는 촌철살인의 구절들이 나오는데 예를 들면 다음과 같다.

> 백발만큼 예언자의 신뢰도를 높여주는 것은 없다.
> 공자는 제자들에게도, 자기 자신에게도 난처한 존재였는지 모른다.

첫 번째 문장은 공자가 동년배들보다는 젊은 세대와의 관계가 더 좋았고, 공자처럼 비현실적인 이상주의나 사명의식을 가진 사람의 독선적 태도는 동년배들보다는 젊은이들의 감탄을 받게 마련이라고 말하는 대목에서 나온 구절이다. 두 번째 문장은 공자가 그렇게 열망하면서도 아무 지위를 얻지 못했다는 사실이 점점 주변 사람들을 불편하게 만들었을 것이라고 추측하는 대목에서 나온 말이다.

공부를 하면서 얻는 교훈이 있다면, 그것은 깊이와 통찰력은 복잡하고 현학적인 문장이 아니라 명쾌하고 자연스러우면서도 핵심을 담고 있는 평이함에서 나온다는 사실이다. 그리고 그런 통찰력 있는 글쓰기는 정말 넓은 시야로 바라보되 깊이 파고드는 공부의 내공에서 비롯되는 것일 것이다.

남과 비교하지 않고 오로지 하고 싶은 것을, 하기로 한 일을 하는 능력은 아주 특별한 사람에게만 허락된 것인지도 모른다. 하고 싶은 일에 대한 열렬함도, 남과 비교하지 않고 밀고 나가는 단단함도 없는 나 같은 사람은, 하나에만 빠져들고, 그래서 다시 수면에 올라오지 않는 그런 사람들이 부러울 뿐이다. 그래도 해야 할 공부들이 많이 있으니, 아직은 '고통에 대한 자각과 반성 없이 지적 성취에 이르면 차갑고 오만해지기 쉽고, 지적 성취 없이 고통에 대한 민감성만 키우면 자기와 주변을 위태롭게 만든다學而不思則罔 思而不學則殆'는 공자의 말을 생각하며, 공부와 생각을 계속해볼 작정이다. 감사하고 미안한 사람이 많지만 올해 큰 고비를 겪으셨으면서도 묵묵하게 삶의 자리를 지키시는 부모님께 고개 숙여 감사드린다. 이 책이, 작더라도 그분들께 위로가 되기를 바란다.

동양 철학 공부에 도움이 되는 책들 서가書架 탐험 안내도

　동아시아의 철학과 사상, 역사적 흐름들을 다룬 책 가운데서 철학적 넓이와 깊이를 모두 만족시키는 책들을 찾기는 그리 쉽지 않다. 그래도 도서관이나 서점의 서가에는 대가들이나 전문가들, 젊은 연구자들이 쓴 의미 있고 재미도 있는 책들이 꽂혀있기 때문에 간략한 안내도만 가지고 탐험을 해도 충분히 즐거운 지적 모험을 즐길 수 있을 것이다. 특히 요즘은 전문가들이 대중들을 위해 쉽게 풀어 쓴 책들이 많이 나오고 있어서 그만큼 접근이 쉬워지는 추세다. 다만 주제들이 많이 알려진 분야에 한정되어 있어서 사상적 틈새들에 흥미를 느끼거나 전체가 세밀하게 제시된 지도를 발견하려는 사람들에게는 조금 불만족스러울 수도 있다.

기본에서 시작하고 싶은 사람들에게는 철학사를 추천한다. 시중에는 다양한 수준의 중국 철학사들이 나와 있다. 풍우란의《중국철학사》나 노사광의《중국철학사》같은 중국 철학자의 전문적인 연구서도 있지만 대중적인 목적으로 쓰여진 수많은 철학사들이 있으므로 관심이 있다면 자기 눈높이에 맞는 책을 고르기가 어렵지 않을 것이다. 이규성의《동양 철학, 그 불멸의 문제들》, 신영복의《강의 —나의 동양고전 독법》, 미조구치 유조의《개념과 시대로 읽는 중국사상 명강의》같은 책들은 비교적 쉽게 중국 철학의 흐름과 특징을 조망할 수 있게 해주는 책들이다.

제1부_문명 앞에 선 선구자들

1장 문명을 향한 도전 중국 고대의 신화와 사상

이 책에서는 철학적 사고와 연관된 신화만을 중심으로 다뤘지만 중국 신화는 대단히 다양하고 복잡한 면모를 가지고 있다. 워낙 여러 민족이 뒤섞여 살았던 다양성의 공간이었기 때문에 각 민족의 신화를 찾아보면 그리스 로마 신화에 비할 수 없을 정도로 풍부한 상상력의 세계로 들어갈 수 있다. 중국 신화에 본격적으로 접근하고 싶다면 하신의《신의 기원》이나 사라 알란의《거북의 비밀: 중국인의 우주와 신화》같이 신화 속의 세계관과 중국 고대의 우주관을 다루고 있는 전문 연구서들이 이정표 역할을 할 것이다. 또 정재서의《정재서 교수의 이야기 동양 신화》, 이토 세이지의《중국의 신화와 전설》같은 책을 통해 좀 더 쉽고 재미있게 신화의 세계로 들어가는 것도 좋은 방법이다. 중국 고대 사회에 대해 좀 더 알고 싶다면 두 일본 원로학자들의 대담집 《주술의 사상》도 흥미롭다.

모든 사상이 그렇지만, 《주역》이나 《시경》, 《서경》 등 고대 사유를 담고 있는 경전은 원전을 그대로 읽어서 사유의 몸통에 바로 접근하는 것이 올바른 공부법이다. 그러나 전문 연구자가 아닌 이상, 한문 원전을 그대로 읽는 것은 쉽지 않을 것이다. 다행히 주석과 해설을 달아 쉽게 설명한 책들이 많이 나오고 있다. 경전의 경우 특정한 역자의 책보다는 자신의 눈높이에 맞는 주석서를 고르는 편이 좋을 것이다.

《주역》의 성립과 구조, 내용을 비교적 쉽게 소개하고 있는 이기동의 《하늘의 뜻을 묻다》는 《주역》에 대해 좀 더 자세히 알고 싶은 독자에게 도움을 줄 수 있다. 그 밖에 프랑스의 저명한 중국학자 마르셀 그라네가 쓴 《중국의 고대 축제와 가요》는 《시경》에 대한 연구서로서 정평이 나 있는데, 두껍긴 하지만 한번 도전해볼 가치가 있는 책이다. 중국 철학의 발생과 전개에 대해 관심이 있다면 중국 철학의 원류라는 부제가 붙어 있는 김충렬의 《중국철학사》가 도움이 된다.

2장 인仁, 인간의 길, 정치의 길 공자의 철학

공자와 《논어》에 관한 책은 수없이 많다. 《논어》를 현대어로 옮긴 책만 수십 종에 이른다. 수없이 많은 책들 가운데 H. G. 크릴이 쓴 《공자 — 인간과 신화》는 한번 읽어볼 만한 흥미로운 책이다. 공자와 그 제자들의 삶과 사상을 정리하고 있는 이 책은 상당한 내용을 담고 있으면서도 중간 중간 번뜩이는 재치가 돋보여, 읽는 사람을 즐겁게 해준다. 그 밖에 일본 연구자의 공자와 《논어》에 대한 성실한 연구서 《요시카와 고지로의 공자와 논어》 같은 책에서도 많은 정보를 얻을 수 있다. 《논어의 숲, 공자의 그늘》, 《공문의 사람들》, 《공자, 제자들에게 정치를 묻다》 같은 책도 전통적인 철학사적 해석을 넘어서서 공자 사상을 새롭게 바라볼 방법을 제시해준다.

3장 도의 형이상학과 무위의 정치학 노자의 철학

노자는 동양 철학계의 세계적 슈퍼스타다. 이 때문에 노자의 《도덕경》에 관한 연구서나 대중서들은 셀 수 없을 정도로 많다. 이 중에서 노자에 대한 개괄적인 정보를 얻고 싶다면 허항생의 《노자 평전》 같은 책이 도움이 된다. 최진석의 《노자의 목소리로 듣는 도덕경》은 《도덕경》에 관한 주석서이면서 풍부한 내용을 담고 있어 난해한 《도덕경》에 쉽게 접근하게 해준다. 이강수의 《노자와 장자》나 강신주의 《노자: 국가의 발견과 제국의 형이상학》, 김시천의 《철학에서 이야기로: 우리 시대의 노장 읽기》 같은 책은 전문가가 쓴 책이지만 일반인이 쉽게 접근할 수 있는 책이다. 김형효의 《노장 사상의 해체적 독법》이나 김충렬의 《노자 강의》는 어려운 책이지만 어려운 만큼 지적인 쾌감을 느낄 수 있는 철학서들이다.

제2부_세상을 바꾸는 각자의 길

4장 자연과 자유의 함수관계 **장자의 철학**

장자는 노자만큼이나 많은 사람들의 관심을 끄는 독보적인 사상
가다. 장자는 노자와 함께 도가로 묶이지만 장자를 좋아하는 사람들
은 장자에게서 노자와 다른 매력을 느낀다. 왕국동의《장자 평전》이
나 일본의 석학 모로하시 데쓰지의《장자 이야기》는 비교적 쉽게 장
자에 대한 개괄적인 정보를 얻을 수 있는 책이다. 복영광사의《장
자》나 유소감의《장자철학》, 로버트 앨린슨의《장자, 영혼의 변화를
위한 철학》은 연구자들의 특색이 드러나는 장자 해설서라고 할 수
있다. 그 밖에 강신주의《장자, 차이를 횡단하는 즐거운 모험》이나
왕보의《장자를 읽다》같이 장자에 대한 흥미로운 접근을 담고 있는
책들도 있다. 고대 철학 원전 가운데 가장 재미있는 책이 바로《장
자》일 것이다.《장자》를 읽으면 신화적인 상상력과 촌철살인의 우화
들이, 읽는 재미를 줄 뿐만 아니라 그 속에 담겨 있는 깊이 있는 사
유에 감탄하게 된다.《장자》는 여러 종의 주해서가 있으므로 골라서
읽을 수 있다.

5장 도덕적 인간이 세상을 구한다 **맹자의 철학**

맹자 역시 현대인들에게 끝없이 재해석되는 철학자다.《맹자》의
주해서 역시《논어》만큼 많이 나와 있다. 특히 맹자 사상 자체가 정
치, 경제 등 많은 주제들을 담고 있기 때문에 철학적 관점이 아니라
다른 분야에서 맹자 사상을 조망하려는 시도도 많은 편이다. 맹자

사상의 기본적 구조와 핵심적인 개념을 알고 싶은 독자라면《맹자, 선한 본성을 향한 특별한 열정》이나《맹자, 진정한 보수주의자의 길》, 채인후의《맹자의 철학》같은 책이 도움이 된다. 서양 철학 관점에서 맹자를 끌어낸 프랑스 학자 프랑수아 줄리앙의《맹자와 계몽철학자의 대화》나 김형효의《물학 심학 실학: 맹자와 순자를 통해 본 유학의 사유》같은 책은 어렵지만 맹자 철학을 보는 새로운 눈을 제공할 것이다.

6장 공동체에 운명을 걸다 묵자의 철학

묵자를 쉽게 소개하는 책이나 전문적인 연구서를 찾기는 쉽지 않다. 동양 철학 연구가 유가나 도가 위주로 진행되어온 경향이 있기 때문이다.《묵자, 사랑, 그리고 평화를 향한 참지식인의 길》이나 기세춘의《묵자》, 김학주의《묵자, 그 생애, 사상과 묵가》는 묵자 사상에 대한 개괄적인 안내서 역할을 할 것이다. 이운구의《동아시아 비판 사상의 뿌리》는 제자백가의 사상을 검토하면서 묵자를 중요하게 다룬 연구서다.

제3부_나를 넘어 깨달음을 향해

7장 깨달은 자의 길 인도의 사상과 불교의 성립

최근 인도의 철학이나 힌두교에 대해 소개하는 책들이 나오고 있어 과거에 비해 이들에 접근하기가 수월해졌다.《인도철학산책》,

《처음 읽는 우파니샤드》, 《우파니샤드, 귓속말로 전하는 지혜》, 《고대인도의 신비사상》 같은 책은 비교적 쉽게 인도 철학과 우파니샤드에 접근하게 해준다. S. 라다크리슈난의 4권짜리 방대한 저서 《인도철학사》나 길희성의 《인도철학사》, 존 M. 콜러의 《인도인의 길》은 체계적으로 인도 철학에 접근하게 해주는 정통적 연구서들이다.

불교에 관한 개론서들 역시 셀 수 없을 정도로 많다. 《인도불교사》나 한자경의 《불교 철학의 전개》 같은 책들을 통해 불교의 성립과 전개에 대한 대략적인 정보를 얻을 수 있다. 그 밖에 오강남의 《불교, 이웃종교로 읽다》, 데미엔 키언의 《불교란 무엇인가》도 불교에 쉽게 접근할 수 있게 해준다. 조금 어렵지만 D. J.칼루파하나의 《불교철학사》, 에드워드 콘즈의 《한글세대를 위한 불교》 같은 책은 불교 철학에 대한 깊이 있는 시각을 제공할 것이다. 그 밖에 프레데릭 르누아르의 《불교와 서양의 만남》같이 서양의 지적 전통에서 본 불교에 대해 다루고 있는 책들도 있다.

8장 **불교, 큰 수레로 중국까지** 불교의 발전과 중국 전파

K.S.케네쓰 첸의 《중국 불교》, 심재룡의 《중국불교철학사》 같은 책들은 불교가 중국에서 어떻게 뿌리내리고 열매 맺는지를 철학적 각도에서 깊이 있게 조명한 책들이다. 중국에 불교가 들어왔을 때 지배적인 사조였던 위진 현학에 대한 책으로는 정세근의 《위진 현학》 같은 책을 참고할 수 있다.

9장 온 우주이자 하나의 마음 화엄종과 선종

화엄의 사상은 흥미로운 반면 어렵기 때문에 종교적 관점에서 쓰여진 대중서는 많아도 사상적 관점에서 쉽게 풀어 쓴 책을 찾기가 쉽지 않다. 《화엄경》에 대해 관심이 있다면 《행복한 화엄경》 같은 대중서나 김홍호의 《화엄경강해》 같은 책을 통해 쉽게 화엄의 세계로 들어갈 수 있다. 또 기무라 키요타카의 《화엄경을 읽는다》나, 스티브 오딘의 《과정형이상학과 화엄불교》, 김형효의 《하이데거와 화엄의 사유》 같은 책은 어렵지만 화엄 사상이 어떤 깊이로 다른 사상들과 만날 수 있는지를 보여주는 의미 있는 시도라고 할 수 있다.

선종에 관한 책도 다양하지만 사상적 각도에서 도움이 될 만한 책으로는 선종의 성립과 전개를 평이하게 풀어놓은 존 C. H. 우의 《선의 황금시대》가 기본적이다. 국내 학자들이 쓴 《육조혜능평전》이나 《달마와 그 제자들》 같은 책도 비교적 쉽게 선종사에 접근하게 해준다. 혜능의 언행을 기록한 《육조단경》은 주해서가 많기 때문에 자기 수준에 맞는 것을 골라서 보면 된다.

제4부_극복과 종합, 유학의 창조적 혁신

10장 새로운 창으로 유학을 보다 북송의 철학자들

성리학을 다룬 책들은 많지만 대부분 철학사의 형태로 되어 있거나 전문적인 주제를 담고 있는 경우가 많다. 특히 북송오자의 철학에 대해서는 다양한 연구서나 대중서가 나와 있는 편이 아니다. 연

구자들이 대중을 위해 풀어 쓴《주돈이 — 성리학의 비조》,《장재》
나 중국학자 장덕린의《정명도의 철학》, 서원화의《정, 주 철학의 뿌
리를 찾아서》는 각 인물의 사상과 영향을 엿볼 수 있게 해준다. 또
신유학 전반을 다룬 시다마 겐지의《주자학과 양명학》, 고지마 쓰요
시의《사대부의 시대 — 주자학과 양명학 새롭게 읽기》, 국내 연구
자들이 쓴《새로운 유학을 꿈꾸다》는 성리학의 성립과 전개를 비교
적 평이하게 풀어주고 있기 때문에 일반 독자들이 접근하기 쉽다.
성리학자들의 원전은 많이 번역되지는 않았지만 주돈이의 〈통서〉를
주희가 주해한《통서해》나 장재의《정몽》은 번역이 되어 있기 때문
에 참고할 수 있다.

11장 천리天理를 실현하는 도덕적 인간 주희의 철학

주희의 철학 역시 다양한 연구서가 나와 있다. 주자학은 넓고 깊
기 때문에 전문 연구서나 논문들은 헤아릴 수 없을 정도다. 이 때문
에 도리어 일반 독자가 쉽게 접근할 만한 책을 찾기가 어렵다. 미우
라 쿠니오의《인간 주자》는 주희의 생애와 사상을 풀어 쓴 책으로
주희라는 철학자에게 다가갈 수 있는 길을 열어준다. 진영첩의《진
영첩의 주자강의》나 진래의《주희의 철학》은 난이도의 차이는 있지
만 모두 주희 철학의 면모를 깊이 있게 밝혀준 연구서라고 할 수 있
다. 조남호의《주희 — 중국철학의 중심》이나 이용주의《주희의 문
화이데올로기》는 주희 철학을 현대적 관점에서 풀어가고 있기 때문
에 주자학에 쉽게 접근할 수 있게 해준다.

주희 사상에 좀 더 본격적으로 접근하고 싶은 사람들은 주희가 쓴

글을 직접 읽어보는 것이 좋을 것이다. 주희의 강의를 제자들이 기록한 《주자어류》나 인仁에 관한 글 《인설》, 태극에 관한 이론을 모은 《태극해의》 등의 주해서를 통해 주희 사상에 진입하는 것도 좋은 방법이다.

12장 본성에서 마음으로 왕양명의 철학

미국에서 활동하는 중국 철학자 뚜 웨이밍은 청년 왕양명의 인생 역정과 드라마틱한 깨달음을 한 권의 책에 담았다. 《한 젊은 유학자의 초상》은 생각보다 쉽진 않지만 그래도 철학책 읽는 재미를 준다. 그 밖에 《내 마음이 등불이다 — 왕양명의 삶과 사상》 같은 책도 왕양명의 지적 여정을 엿보기에 좋은 책이다. 왕양명 철학을 좀 더 깊이 있게 공부하고 싶은 사람이라면 진래의 《양명철학》이나 아라키 겐고의 《불교와 양명학》 같은 책을 선택할 수도 있다. 왕양명의 사상을 담은 《전습록》을 읽는 것도 좋은 방법이다. 여러 종의 주해서가 나와 있기 때문에 자신의 수준에 맞는 책을 고를 수 있다.

제5부_변화를 모색하는 비판자들

13장 격변기의 목소리들 명말明末의 사상 지형

왕양명 후학들의 사상은 대중서로 만나기 어렵다. 전문 연구자가 쓴 왕기 사상 연구서 《무위유학》에서 왕기의 사상을 알아볼 수 있지만 대중적인 책은 아니다. 대신 이지에 대한 책들은 몇 권 찾아볼 수 있다. 《이탁오 평전》이나 미조구찌 유조의 《중국 전근대 사상의 굴절과 전개》를 통해 이지의 삶과 사상을 살펴볼 수 있다. 이지가 쓴 《분서》, 《속분서》는 번역이 되어 있기 때문에 관심이 있는 사람은 읽어볼 수 있다. 명말청초의 사상적 분위기를 이해하려면 레이 황의 《1587 만력 15년 아무일도 없었던 해》를 읽어 보는 것도 좋다. 때로는 시대를 통해 사상에 다가가는 것도 효과적인 방법이 될 수 있다.

14장 푸른 눈의 유학자, 서양을 들여오다 서학의 전래와 영향

마테오 리치로 대표되는 서양 종교, 철학, 과학의 중국 전래는 중국과 조선, 일본 등에 큰 영향을 끼친 사상사적 사건이다. 그래서 이 분야와 관련된 책들은 생각보다 많이 출판되어 있다. 《천주실의》, 《교우론》 등 마테오 리치가 쓴 책들이 번역되어 있고 《칠극》, 《영언여작》같이 다른 예수회 선교사들의 책들도 번역되어 있지만 쉽게 손이 갈 만한 책들은 아니다. 대신 조너선 D. 스펜스의 《마테오 리치, 기억의 궁전》 같은 책을 통해 당시의 상황과 동서양의 만남을 살펴볼 수 있다. 이 책은 마테오 리치의 중국 전교를 한 편의 소설처럼 엮고 있기 때문에 읽는 즐거움을 준다. 또 히라카와 스케히로의 《마테오 리치 — 동서문명교류의 인문학 서사시》는 방대한 범위의 연구로 당시 동서양의 학술적 상황을 흥미롭게 연결해 놓은 책이다. 보다 깊이 있는 철학적 쟁점이 궁금하다면 송영배의 《동서 철학의 교섭과 동서양 사유 방식의 차이》나 금장태의 《조선후기 유교와 서학》 같은 책을 읽어보는 것이 좋다. 전문적인 연구서들이지만 읽어나가다 보면 동서양 사상의 만남이 어떤 변주를 만들어냈는가를 살펴볼 수 있을 것이다.

15장 전통을 딛고 근대를 열다 청 대의 철학자들

왕부지의 사상은 학자들에게 매우 중요하게 평가받지만 대중적인 소개서를 찾기는 어렵다. 이규성의 《생성의 철학 왕선산》이나 프랑수아 줄리앙의 《운행과 창조》는 전문학자의 깊이 있는 연구서로, 대중들이 접근하기는 어렵지만 낯선 언어와 깊이 있는 서술 구조들을 견디며 읽어나갈 수 있다면 '철학' 이 가진 어떤 깊이를 만날 수도 있을 것이다.

청나라의 학풍은 우리의 근대와 연결되기 때문에 관심을 가지고 살펴볼수록 재미를 발견할 수 있는 분야다. 조너선 D. 스펜스가 쓴 《강희제》나 건륭제 시대의 사고전서 편찬 과정을 다룬 켄트 가이의 《사고전서》 같은 책은 청나라의 사회적 · 사상적 분위기를 흥미롭게 전달해준다. 시대를 조금 내려와 강유위의 사상에 관심이 있다면 《모두가 하나 되는 세상을 꿈꾸며 ― 강유위의 대동서》,《중국 근현대 사상의 탐색―캉유웨이에서 덩샤오핑까지》와 같은 책을 통해 그리 어렵지 않게 강유위의 사상에 접근해볼 수 있다. 또 강유위가 쓴 《대동서》는 번역이 되어 있기 때문에 우리말로 강유위 사상의 본 모습에 다가가는 것도 가능하다.

제6부_조선과 일본—사상적 변용과 창조

16장 성리학의 또 다른 깊이와 넓이 조선 성리학

조선 성리학을 다룬 책들은 많다. 현재의 우리를 설명해줄 사상이기 때문에 많은 연구자들이 다양한 방면에서 결과물을 내놓고 있다. 그래도 조금 쉽게 접근하고 싶다면 재일 학자 강재언이 쓴《선비의 나라 한국유학 2천년》같은 책이 좋다. 저자가 일본과 한국 모두에 뿌리를 두고 있기 때문에 외부의 시선으로 조선 유학의 모습을 엿보는 것이 가능하다. 사단칠정론을 다룬《조선조를 뒤흔든 논쟁》이나 한형조의《조선 유학의 거장들》도 어렵지만 흥미 있는 책들이다. 조선 성리학에 대해 좀 더 깊이 있게 알고 싶은 사람이라면 다카하시 도오루가 쓴《조선유학사》도 읽어 볼 가치가 있다. 조선 유학에 대한 저자의 해석은 비판의 여지가 있지만, 일제 시대에 활동했던 일본 학자의 조선 성리학에 대한 이해를 객관적 거리에서 판단해볼 가치는 충분하다.

퇴계 이황에 관한 책들은 어린이용 위인전부터 학자의 연구서까지 다양하다. 퇴계의《성학십도》는 여러 종이 번역되어 있고, 사단칠정론과 관련해 퇴계와 고봉이 주고받은 편지 역시《퇴계와 고봉, 편지를 쓰다》라는 제목으로 번역이 되어 있다.

17장 변혁을 위한 사상적 모색 조선 실학의 도전

실학 역시 관련 서적들이 수없이 많기 때문에 하나하나 거명하기 어렵다. 특히 정약용에 관한 책은 어린이용 전기부터 연구서까지 다양하게 나와 있다. 《목민심서》나 정약용의 편지글들도 번역이 되어 있기 때문에 쉽게 구해 볼 수 있다.

《정약용 & 최한기, 실학에 길을 묻다》나 금장태의 《실천적 이론가 정약용》 같은 책은 비교적 쉽게 정약용 철학을 이해할 수 있게 한다. 홍대용 사상에 관심이 있다면 《홍대용 — 조선시대 최고의 과학사상가》를 읽어보는 것도 좋다. 홍대용의 핵심 사상을 담은 《의산문답》이나 홍대용 선집 《우주의 눈으로 세상을 보다》도 찾아볼 수 있다. 성호 이익의 삶과 사상을 알아보려면 《이익 — 인간소외 극복의 실학자》를 보면 된다. 성호 이익의 저술 《성호사설》도 번역이 되어 있다. 그 밖에 18~19세기 조선의 상황을 다룬 책들을 통해 조선 후기의 사상적 배경을 이해하는 것도 좋은 방법이다. 중인 계급을 통해 조선 후기를 해부한 《조선의 르네상스인 중인》이나 이익, 정약용 등의 실학자들을 경제학의 관점에서 묶은 《조선을 구한 13인의 경제학자들》 같은 책을 통해서도 조선 후기의 사회적·사상적 분위기를 살펴볼 수 있다.

18장 유학을 넘어 국학으로 근세 일본의 사상

일본 사상은 우리에게 그리 많이 알려져 있지 않은 분야다. 일본의 사상을 간략하게 소개한 책들은 여러 권 있지만 단편적인 정보의 나열인 경우가 많다. 그래도 《이또오진사이》나 《도쿠가와 시대의 철학 사상》은 일본 사상을 이해하는 데 도움이 된다.

일본의 석학 마루야마 마사오의 《일본정치사상사연구》는 일본 근세 사상 분야의 고전이다. 오규 소라이 등 막부 시대의 학자들을 연구해 일본의 근대정신이 형성되는 과정을 추적한 이 책은 학문적 깊이 때문에 접근하기는 쉽지 않지만 한번 읽어볼 가치가 있다.

|사진자료 제공에 도움을 주신 분들과 단체|

- 숙명여대 정병삼 선생님
- 사진작가 권태균 선생님

- 국립중앙도서관 http://www.nl.go.kr
- 국립중앙박물관 http://www.museum.go.kr
- 서울대학교박물관 http://museum.snu.ac.kr
- 성호기념관 http://seongho.iansan.net
- 수원화성운영재단 http://hs.suwon.ne.kr
- 한국학중앙연구원 http://www.aks.ac.kr
- 향토문화자료실 http://hyangto.pe.kr

자료 제공에 도움을 주신 분들께 진심어린 감사의 말씀을 드립니다.

＊《동양 철학 스케치》는 관련 사진의 출처 및 저작권자를 찾기 위해 끝까지 최선을 다했으나, 찾지 못한 몇 개의 사진을 실었습니다. 허락을 받지 못한 점 깊이 사과드리며, 이 부분에 대해서는 출처 및 저작권이 확인되는 대로 본 도서에 명기하도록 하겠습니다.